会展实务丛书

会展文案写作

（第三版）

张凡　编著

MICE
Copywriting

华中科技大学出版社
http://press.hust.edu.cn
中国·武汉

内 容 简 介

本书既可以作为高校的教科书，也可以作为会展业者常用的工具书。本书由资深会展业者携手高校教师编著，旨在凸显专业性、实用性和科学性。本书根据会展主办方经营业务的实际需要，将常用文案分为会展公文和会展新闻两大类。其中，会展公文细分为方案、报告、合同、代拟稿、信函及请示、通知、声明、会议纪要、服务手册、电话话术脚本十一个种类。本书在介绍写作方法的同时，特别介绍了文案的应用背景以丰富学习者从业会展的专业知识，了解写作需求。本书收录 88 个文案的案例，一方面促进案例教学，另一方面为学习者的格式化写作提供参考性模板。本书各章均配设二维码，置放部分案例和参阅资料，意在减少书本篇幅，适应网读，同时为补充内容以及与学习者互动提供平台。

图书在版编目(CIP)数据

会展文案写作/张凡编著. —3 版. —武汉：华中科技大学出版社，2023.10（2025.1 重印）
ISBN 978-7-5772-0140-5

Ⅰ.①会… Ⅱ.①张… Ⅲ.①展览会－文书－写作 Ⅳ.①H152.3

中国国家版本馆 CIP 数据核字（2023）第 200715 号

会展文案写作（第三版）
Huizhan Wen'an Xiezuo (Di-san Ban)

张凡 编著

总 策 划：李 欢	
策划编辑：胡弘扬	
责任编辑：胡弘扬　仇雨亭	
封面设计：廖亚萍	
责任校对：李 弋	
责任监印：周治超	
出版发行：华中科技大学出版社（中国•武汉）	电话：(027)81321913
武汉市东湖新技术开发区华工科技园	邮编：430223
录　　排：孙雅丽	
印　　刷：武汉科源印刷设计有限公司	
开　　本：787mm×1092mm　1/16	
印　　张：16	
字　　数：348千字	
版　　次：2025年1月第3版第2次印刷	
定　　价：59.80元	

本书若有印装质量问题，请向出版社营销中心调换
全国免费服务热线：400-6679-118　竭诚为您服务
版权所有　侵权必究

总序

如果从1984年国内第一家专业展览公司创立算起，我国会展业已经走过了近三十年的历程。时至今日，从产业规模来看，中国已跻身世界展览业大国行列。

2019年，全国举办的经贸展览会超过1.1万场，展览面积超过1.4亿平方米，举办的非官方会议（主要是学术会议、企业会议、社团会议）的数量超过400万场，与会人数不下2亿人次。此外，以现代节庆、民俗赛事为代表的各类活动丰富多彩、难以计数。

作为服务贸易的一个重要行业，中国会展业的从业人数超过300万。而会展专业教育自2002年起步。如今，全国已有300余所高校开设会展专业，每年有近万名会展专业大学生毕业。培养高素质的会展专业人才，是中国从展览业大国向展览业强国转变的战略需要。

《国务院关于进一步促进展览业改革发展的若干意见》（国发〔2015〕15号）（以下简称《若干意见》）要求，"坚持专业化、国际化、品牌化、信息化方向，倡导低碳、环保、绿色理念，培育壮大市场主体，加快展览业转型升级，努力推动我国从展览业大国向展览业强国发展，更好地服务于国民经济和社会发展全局"。《若干意见》提出，"鼓励职业院校、本科高校按照市场需求设置专业课程，深化教育教学改革，培养适应展览业发展需要的技能型、应用型和复合型专门人才。创新人才培养机制，鼓励中介机构、行业协会与相关院校和培训机构联合培养、培训展览专门人才。探索形成展览业从业人员分类管理机制，研究促进展览专业人才队伍建设的措施办法，鼓励展览人才发展，全面提升从业人员整体水平"。

根据《若干意见》的精神，联系我国会展人才需求的实际，针对国内会展教育普遍存在的问题，应华中科技大学出版社邀请，由张凡、王春雷策划并担任联合主编的"会展实务丛书"，经积极筹备、整合资源，在2017年应运而生。2017年6月，"会展实务丛书"编委会在武汉召开编研座谈会，提出以创新的思路和务实的态度，认真做好丛书的编写工作。会议明确，"会展实务丛书"将在以下几个方面体现特色：

丛书将根据中国会展业高质量发展的趋势，从培养技能型、应用型、复合型"三型"专业人才的要求出发,按会展业相关领域设计书目,在传播会展管理及业务的实操经验的同时,介绍相应的专业知识和理论知识,力求在国内诸多会展教材中独树一帜。

丛书书目将注重三方面创新:一是补充目前会展教材中短缺的课程;二是反映近五年来在会展业界形成共识的新经验、新成果;三是弥补既有教材中缺乏实操实用案例的短板,力求体现应用型学科教材与时俱进的时代特征。

丛书将由会展业者和高校会展专业老师共同编著,以利业界实践经验与高校教学经验有机结合,力求拓展产学研合作和校企合作的新领域。

丛书将面向两个市场,即高校的学历教育和会展业者的继续教育,力求兼顾两方面使用教材的需要。

"会展实务丛书"将包括10本教材,编委会将竭诚为学习者奉献一套操作性强且知识体系比较完整的丛书,敬请业界同仁和广大读者关注,并多提供宝贵意见和建议。

"会展实务丛书"主编
张 凡 王春雷
2023年10月

前言

  会展业是运用文案较多的行业。

  会展机构常用文案根据开展业务的实际需要，分为公文和新闻两大类。其中，常用公文涉及的种类较多。

  在会展业，市场调研、整合资源、项目策划、组织实施、对外公关、联系客户、宣传推广诸多业务事项的开展，都需要写作文案。无论是对中高级管理者，还是对普通员工来说，文案写作都是经常性和普遍性的工作。

  本教材以"教科书+工具书"为定位，希望既可作为高等院校会展专业的教材，又可成为会展从业者因写作需要而经常翻阅的手边读物。

  本教材特点如下：

  一是，将会展业常用公文与新闻写作融于一书，以满足从业者在业务工作中的实际需要。

  二是，从会展主办方的角度介绍文案写作的专业知识，偏重于会展主办方对外文案的写作需要。

  三是，将会展公文分为方案、报告、合同、代拟稿、信函、请示、通知、声明、会议纪要、服务手册、电话话术脚本十一个种类。其中，合同、代拟稿、声明、会议纪要、服务手册、电话话术脚本等，是同类教科书中介绍得相对较少的。

  四是，会展新闻写作在书中只有一章，但篇幅却占全书的16%。本章是本教材的"重头戏"，意在适应会展主办方在新媒体、自媒体时代生产新闻的现实需要。

  五是，在介绍会展文案写作知识的过程中，尽可能地介绍相关文案的需求背景，以帮助学习者理解"为什么写"和"为什么要这样写"的问题。这在同类教科书中也是不多见的。

  六是，本教材第三版新增"写手修炼"一章，即第九章，旨在帮助学习者掌握写作方法论，同时分享写作技巧。

  七是，全书汇集了88个案例，涵盖所介绍的文案种类。其中，公文案例68个，新闻案例16个,写手案例4个。作者对每个案例都进行了说明和评点,以利学习者参详。许多案例可作为模板,方便学习者借鉴。

八是,将《党政机关公文处理工作条例》《党政机关公文格式》和新华社《新闻报道中的禁用词(第一批)》列为附录,以便学习者查阅参照。

九是,将部分案例放置在二维码中,学习者可以通过手机扫码阅读或下载这些案例。此举不但节省纸质印刷的成本,还便于作者补充新的案例。

希望此书能够为会展业培养"技能型、应用型和复合型"人才(《国务院关于进一步促进展览业改革发展的若干意见》的要求)发挥作用。

张 凡
2023年10月

目 录
CONTENTS

第一章 导 论

第一节
会展文案的概念 4

第二节
会展文案的分类与应用 5

第三节
会展文案的写作特点与方法 7

第四节
学习会展文案写作的意义 12

开篇故事 中美签订"前所未有"的上海联合公报 /2
案例1 会展主办方的公函 /9
案例2 展览公司的简介 /10
案例3 展会邀请参观的手机短信 /11

第二章 方 案

第一节
方案的应用与意义 18

第二节
项目方案的写作 20

第三节
项目业务工作及专项工作的方案写作 34

开篇故事 故事一 耶鲁大学毕业生人生目标规划的追踪调查 /16
故事二 如何赚到100万元 /17
案例1 展览项目总体方案 /28
案例2 展览项目总体方案 /28
案例3 展览项目方案 /28
案例4 展览项目方案 /29
案例5 论坛项目方案 /31
案例6 节庆活动项目方案 /31
案例7 展览项目计划 /32
案例8 展览项目计划进度表 /32
案例9 展览项目财务预算方案 /35

案例 10　营销及财务预算方案建议　/ 35
案例 11　展览项目营销工作方案　/ 37
案例 12　网站设计与管理方案　/ 37
案例 13　展览项目销售工作计划　/ 40
案例 14　会奖旅游活动接待工作方案　/ 41

第三章　报　　告

开篇故事　能不能兴办"子展"——酒店用品展"大佬"市场调研　/ 46

第一节
报告的定义与应用　　47
第二节
可行性研究报告的写作　　49
第三节
专项报告的写作　　54
第四节
工作简报的写作　　67
第五节
调查问卷的设计　　71

案例 1　创办展会项目的可行性研究报告　/ 53
案例 2　创办展会新项目的可行性研究报告　/ 53
案例 3　既有展会拓展新主题的可行性研究报告　/ 53
案例 4　展后报告　/ 55
案例 5　会展项目经营分析报告　/ 57
案例 6　展览会项目市场分析报告的撰写　/ 60
案例 7　展会考察报告　/ 61
案例 8　展会购并项目调查报告　/ 62
案例 9　展会竞争对手调查报告　/ 62
案例 10　展会阶段性工作情况的报告　/ 65
案例 11　主要领导人公务活动的工作简报　/ 69
案例 12　展会项目进展情况的工作简报　/ 70
案例 13　电话询问客商参展意愿的调查提纲　/ 72
案例 14　会议项目书面调查问卷　/ 73

第四章　合　　同

开篇故事　展会项目购并引发的产权纠纷　/ 78

第一节
会展合同的定义与分类　　80
第二节
会展合同的写作要求　　81
第三节
整合主办资源合同的写作　　86
第四节
整合客户资源合同的写作　　92

案例 1　民间社团与展览公司创办合资公司主办展会的合同　/ 88
案例 2　购并展会的合同　/ 88
案例 3　政府展会委托承办的合同　/ 90
案例 4　合作办展的合同　/ 91
案例 5　合作办展的合同　/ 91
案例 6　商请冠名主办会议的合同　/ 91

第五节
整合服务资源合同的写作　97

第六节
招标书与投标书的写作　105

案例7　展会主办方与参展客户的合同/参展合同　/94
案例8　会议主办方与客户的合同　/94
案例9　活动主办方与表演者的合同　/95
案例10　展会代理销售的合同文案写作的故事　/99
案例11　展会主办方租赁展览场馆的合同　/100
案例12　会议主办方与酒店的合同　/100
案例13　展会主场服务的合同　/102
案例14　展会主办方与物流服务商的合同　/102
案例15　展会主办方与餐饮服务商的合同　/102
案例16　展会主办方与信息服务商的合同　/104
案例17　展会主办方与媒体的合同　/104
案例18　展览项目招标公告　/108
案例19　展览项目招标书　/108
案例20　展览项目投标书　/108

第五章　代拟稿

第一节
代拟稿的定义与应用　115

第二节
代拟稿的写作方法　118

开篇故事　揭秘美国总统演讲幕后写手　/112
案例1　民间社团同意冠名主办会议复函代拟稿　/120
案例2　民间社团同意为会议组织参会者通知代拟稿　/121
案例3　总结报告的代拟稿　/123
案例4　展会开幕式致辞代拟稿　/124

第六章　信　函

第一节
信函在会展业的运用　129

第二节
会展主办方常用信函的写作方法　130

开篇故事　毛泽东三次改稿批准叶挺入党　/126
案例1　商请会议主办单位的洽商函　/131
案例2　商请展览主办、承办单位的洽商函　/132
案例3　展会参展商邀请函　/135
案例4　培训班邀请函　/137
案例5　会议结束后的感谢信　/138
案例6　展会配套会议业务联系函　/140
案例7　展会发布信息的函　/141

第七章　其他文案

第一节　请示　146
第二节　通知　149
第三节　声明　153
第四节　会议纪要　155
第五节　服务手册　157
第六节　电话话术脚本　160

开篇故事　"工作报告达人"李鸿章的奏折功夫　／144
案例1　动员参加展会的通知　／150
案例2　展会维护权益的声明　／154
案例3　引进巡回展会的会议纪要　／156
案例4　会议服务手册　／158
案例5　展览服务手册　／159
案例6　展览邀请观众电话话术脚本　／162

第八章　新　闻

第一节　新闻及其写作的概念　168
第二节　会展新闻传播的意义　172
第三节　会展主办方新闻生产的特点　175
第四节　会展主办方新闻写作的方法与案例　181

开篇故事　美联社机器人记者每季度撰写三千篇新闻报道　／166
案例1　展会新闻报道　／170
案例2　展会主办方合作的外媒体　／173
案例3　展会微信公众号的新闻报道　／176
案例4　展后新闻报道　／187
案例5　展后新闻报道　／189
案例6　展前新闻报道　／191
案例7　展会新闻通稿及媒体报道　／193
案例8　展前的新闻通稿　／193
案例9　会前新闻通稿及媒体报道　／193
案例10　展览开幕的新闻报道　／194
案例11　展前新闻报道　／196
案例12　宣传客户的新闻报道　／196
案例13　宣传展览主办方的新闻报道　／197
案例14　人物采访提纲　／199
案例15　人物采访新闻报道　／200
案例16　展会现场采访新闻稿　／201

第九章 写手修炼

第一节 写手的概念与职业特点　210

第二节 修炼意义与成长路径　212

第三节 写作方法　214

第四节 作品质量控制　227

第五节 培养良好习惯　233

开篇故事　任正非的文章　/206
案例1　会展文案写作的结构设计　/219
案例2　写作会展文案的思维导图　/220
案例3　会展文案的清单式写作　/222
案例4　会展文案的修改　/228

附录　239

参考书目　240

后记　241

Chapter 1

第一章 导论

本章教学要点

本章作为全书导论,在强调学习会展文案写作意义的同时,通过介绍会展文案的定义、分类、应用和写作方法,帮助学习者了解会展文案写作的基础知识。

开篇故事

中美签订"前所未有"的上海联合公报

1971年10月20日至26日,美国总统国家安全事务助理基辛格作为美国总统的特使,第二度访问北京,为尼克松总统访华做准备。

美方事先没有通报此次访问要商讨尼克松访华公报的起草问题,而是在到达后搞了个"突然袭击"。基辛格带来了一份美国政府所有中国问题专家共同草拟的公报初稿。为了突出尼克松访问的成就,这份初稿竭力掩盖中美之间的分歧,用一系列外交辞令彰显所谓的"共同点"。中国国务院总理周恩来不同意发表这样一个公报,指出:"中美在意识形态、社会制度和国际重大问题上存在严重分歧,20多年的隔阂不可能消弭于一旦,如果在这种情况下双方签署那种不讲真话,也不打算遵守的陈词滥调式的文件,那是不可取的。掩盖分歧的做法会给两国人民和全世界一些幻想,也将使他们失望,反而不利于两国关系。"

周恩来提出联合公报可以采取"各说各的"原则,"明确写出双方的分歧,同时也写出双方的共同点,以便共同遵循"。中央人民政府主席毛泽东对此表示赞赏:"各说各的可以,这个办法好。他们不是讲什么和平、安全、不谋求霸权吗?我们就要讲革命,讲解放全世界所有被压迫民族和被压迫人民,讲大国不应该欺负小国。"根据这一基本精神,中方人员提出了一份别具一格的公报草案:序言概述尼克松访问的情况;第一部分以明确的语言阐述中方对一系列重大问题的看法,然后留下一些空白由美方填写不同的意见;第二部分阐明中美关系的共同原则和共同声明;第三部分由中美双方各自说明关于台湾问题的立场;第四部分提出改善双边关系的一些具体建议。毛泽东在听取这份草稿的汇报后表示:"这一稿改得好。写了我们的一些老生常谈,有点神气了。"

面对中方提出的草稿,基辛格大吃了一惊。这位专门研究外交史的哈佛大学博士、饱经国际风云的外交老手,感到这是一份"前所未有"的公报。但他很快就理解了这种做法的高明之处,并对毛泽东、周恩来等中国领导人的智慧表示了由衷的敬佩。

在中美双方磋商公报文字内容时,台湾问题成为两国谈判的重点之一。基辛格强调美国要维护对台湾的承诺。虽然台湾问题不是有关世界格局的战略问题,但涉及中国主权,中方不能放弃原则。中美双方为此僵持不下。在移址杭州的继续谈判中,中国外交部长乔冠华与基辛格一度谈僵。其间,中方安排美方人员游览西湖。基辛格指着西湖的苏堤问:"那是什么?"乔冠华答:"那是苏堤,是1000多年前的一位杭州市长苏东坡修的。"基辛格又问:"这一边是西湖,另一边呢?"乔冠华答:"也是西湖。"基辛格忽有所悟,当晚就为公报表述台湾问题提出下列文字:"美国认识到,在台湾海峡两边的所有中国人都认为只有一个中国,美国对这一立场不持异议。"次日凌晨,在北京的毛泽东、周恩来同意了这一表述。

1972年2月21日至28日,美国总统尼克松访华。双方再次就台湾问题进行交锋。经过22个小时的艰苦谈判,公报文稿一直到27日凌晨2点才定稿。在公报中,双方指出:中美两国的社会制度和对外政策有本质的区别。但是双方同意,各国不论社会制度如何,都应根据和平共处的五项原则来处理国与国之间的关系。中国方面重申中华人民共和国政府是中国的唯一合法政府,台湾是中国的一个省,解放台湾是中国的内政,别国无权干涉。美国方面声明在台湾海峡两边的所有中国人都认为只有一个中国,台湾是中国的一部分。美国政府对这一立场不提出异议,并确认从台湾撤出全部美国武装力量和军事设施的最终目标。

2月27日下午,基辛格和乔冠华在上海展览馆宴会厅举行记者招待会,就《中美上海联合公报》发表谈话。28日,在尼克松结束访问之际,《中美上海联合公报》正式发表,这份"前所未有"的外交文件标志着中美关系从此揭开了新的一页。

说明:此稿依据余万里《确立两国关系指导原则 奠定双方未来发展基础 中美签署三个联合公报》的文章(《环球时报》2002年2月4日第13版),以及陈敦德《新中国外交谈判》(中国青年出版社2011年6月1日第1版)编辑。

> **说明与评点**
>
> 20世纪70年代,中美恢复外交关系震惊世界。此举改变了国际战略格局,为中国外交工作开创了全新局面,也为此后中国的改革开放创造了有利的国际环境。
>
> 然而,中美恢复外交关系的谈判一波三折,十分艰苦。其中,通过外交文件明确中美两国处理台湾问题的原则,是谈判的难点。基辛格博士关于"在台湾海峡两边的所有中国人都认为只有一个中国,美国对这一立场不持异议"的表述,成为国际关系史上外交文件的经典之笔。
>
> 这个真实的事件说明,文字表述对于文案的形成具有何等重要的意义。

会展业是使用文案较多的行业,也是文案应用种类较多的行业。

会展文案具有通行公文、商业文案的共性,同时有鲜明的会展业个性。

在中国,会展文案还具有鲜明的"中国特色"。

第一节　会展文案的概念

"文案"一词,古已有之。在近现代商业社会中,"文案"的概念有所演变。

了解"文案"概念的来龙去脉,有助于增长见识和提高写作能力。

一、文案的定义

文案,是用于公务且主要通过文字表达的文本。

文案的本义指公文案卷,原指放书的桌子,后指在桌子上写字的人。文案还代指古时官衙草拟的文书,或指掌管公文档案的人。在中国,"文案"源自"文按"。

近代以来,由书面文字形成的公文、契约或信件,逐渐成为"文案"一词的主要定义。

在现代商业领域,"广告文案"一词使用较早。广告文案是广告经营者根据广告业主需求提供的广告创意和实施计划的文本。广告文案的内容除文字以外,还包括图表、图片或影像。"广告文案"概念的流行对其他行业文案业务的发展起到了推动作用。

"文案"一词在英文中翻译为official documents and correspondences(《汉英词典》(外语教学与研究出版社1997年版))。其词义为"官方文件和通讯"。在英文语境中,"文案"被明确定义为公文,同时包括新闻、简报一类的文字作品。

由此可见,国际通行的文案概念,主要指社会上各类法人机构用于公务的文件,同时包括本机构用于宣传的新闻稿(这里的新闻稿,显然不是指新闻传媒机构采编的新闻稿)。

在此,需要说明文案与应用文的关系。语文学界普遍认为,应用文是人们在生活、学习、工作中为处理交际、公务、民事(如申请助学金、就业应聘、租赁居所、办公司等)惯用的格式文体,如信函、公文、契约等。写作应用文与写作文学性、新闻性作品的方法明显不同。应用文的写作讲求简明实用,无需以浪漫的方式讲故事(文学创作可以虚构人物和情节,新闻作品强调场景呈现和吸引读者的渲染)。应用文中许多文体的写作规范已约定俗成,如合同写作。文案是应用文的一大类别,但不等同于应用文。学习应用文的写作知识,有助于文案写作尤其是公文写作。

二、会展文案的定义

会展文案的定义,可以从五方面加以理解:

一是,会展文案是通行的公文或商业文案中的一种。

二是,会展文案是会展机构服务于公务活动的文字作品,是会展机构在公务活动中用于传播或记录相关信息的文本。

三是,会展文案是通过书写而形成的文件或新闻报道稿件,服务于会展机构的经营管理工作或市场营销。

四是,会展文案根据需要,或用于机构内部的信息交流,或用于机构对外的信息交流。

五是,会展文案的写作与编辑,已经成为会展机构中的一个职位——文字编辑(简称为"文编")的岗位职责。会展项目团队中的"文编",属于市场营销的业务岗位。

第二节 会展文案的分类与应用

会展文案内容丰富,按文案性质可分为方案、报告、合同、信函、代拟稿、新闻稿等大类。每一大类又包含诸多文案品种。

从应用的角度,会展文案分为内部应用、外部应用和内外结合应用三种。

在会展机构撰写文案的人,分为员工和管理人员。员工又分为一般员工和专员。专员是指专门从事某项业务工作的人员,如会展项目团队中的营销专员、运营专员。专员写作文案的能力应高于一般员工。写作文案的管理人员分为中层管理人员和高层管理人员,会展项目经理属于写作文案的中层管理人员。会展主办方常用文案的分类及其应用如表1-1所示。

表1-1 会展主办方常用文案的分类及其应用

文案类别	序号	文案产品种类名称	应用方向	作用程度	撰写者层级
方案	1	展会组织工作方案	对内/对外	重要	中高层
	2	会议组织工作方案	对内/对外	重要	中高层
	3	活动组织工作方案	对内/对外	重要	中高层
	4	展会项目经营工作计划	对内	重要	中层
	5	展会营销工作计划	对内	一般	专员
	6	展会自媒体建设方案	对内/对外	一般	专员
	7	客商参展方案	对外	一般	员工/专员
报告	8	会展项目可行性研究报告	对内	重要	中高层
	9	市场调查报告	对内	重要	中高层
	10	会展项目总结报告	对内/对外	重要	中高层
	11	会展项目经营分析报告	对内	重要	中高层
	12	特定工作情况的报告	对内	一般	中高层
	13	工作简报	对内/对外	重要	中层/专员
	14	市场调查问卷	对外	重要	专员
合同	15	整合会展项目主办资源的合同	对外	重要	高层
	16	整合会展项目客户资源的合同	对外	重要	专员/员工
	17	整合会展项目服务资源的合同	对外	一般	中层/专员
	18	会展项目招标投标书	对外	重要	中高层
函件及其他	19	洽商函	对外	重要	中高层
	20	邀请函	对外	一般	中层/专员
	21	礼仪函	对外	一般	专员/员工
	22	业务往来函	对外	一般	专员/员工
	23	发布信息函	对外	一般	专员/员工
	24	请示	对外	重要	中层/专员

续表

文案类别	序号	文案产品种类名称	应用方向	作用程度	撰写者层级
函件及其他	25	通知	对外	重要	中层/专员
	26	声明	对外	重要	中高层
	27	会议纪要	对内	重要	中高层
	28	服务手册	对外	一般	专员
	29	电话话术脚本	对内	重要	中层/专员
代拟稿	30	公文代拟稿	对外	重要	中高层/专员
	31	方案或报告代拟稿	对外	重要	中高层/专员
	32	讲稿代拟稿	对外	重要	中高层/专员

以上所列的会展文案产品,均属于公文性质,基本是会展主办方常用的。其中,会展合同按整合资源的需求分类,具体可看本教材第四章。

非主办方的会展机构,如展馆、会议中心、展览工程公司等机构所用的文案,可以参照会展主办方常用文案的分类。

会展机构的新闻稿未列入此表,本教材在第八章专门介绍。

第三节　会展文案的写作特点与方法

服务于会展业的文案,不但具有通行文案的共性,还具有行业文案的个性。因此,在了解普适性文案的写作知识的同时,掌握会展业文案写作的特点,可以帮助我们写好会展文案。

一、会展主办方文案写作的特点

会展项目的主办方(含承办方,下同)是会展业发展的主要驱动力量,也是使用文案较多的机构。会展主办方文案的写作有如下特点。

从文案性质看,会展文案是会展机构的官方文件即公文,还包括会展机构原创或改写的新闻性作品。除新闻性作品外,会展文案基本属于公文写作。

从服务需求看,大多数会展文案的写作,往往服务于某一会展项目的需要。如某展览公司举办机械装备展会,该项目从启动到结束,将产生一系列会展文案写作的需要。

从写作的难易程度看,方案、报告、合同、代拟稿属于写作难度较高的会展文案。如合同写作,撰写者需要做到"四个了解",即了解设立合同的意图,了解签约各方的情况与诉求,了解合同内容所涉及的法律知识,了解合同写作的格式与文字表述方法。

此外,主送单位重要、内容重大(指文案内容关乎会展机构或会展项目经营管理的重大事宜),或者篇幅较大(一般为5000字左右)的公文,虽然在会展文案中仅占少数,但往往关乎会展机构经营管理的重大事项。如,某行业协会所办展会向地方政府申请财政资金补贴的函件、某会议公司举办国际会议向政府有关部门申请批准与会外宾入境的函件、某地方政府向上级政府申报新办展会所需提交的全套材料。这些公文的写作都十分重要。

从写作方法看,会展文案大多可以借助模块化、格式化或清单式的方式写作。表1-1会展主办方常用文案分类及其应用中所列的文案,大多可以找到参考性的文案作为模板。例如,会议公司致与会嘉宾的函件(包括请柬、行程安排、感谢信等)、展会主办方提供给客商的参展参会合同、展会项目服务手册,等等。会展机构写作的新闻作品,也有许多约定成俗的"套路"可以借鉴。

从作品生产数量看,新闻在会展主办方的项目经营中需求量最大,因而产量最多。一个设立微信公众号的展览项目,如按周维护更新新闻信息,即便每周写作1篇新闻,全年需要写作52篇新闻。

从撰写者看,在会展主办方经常写作文案的人是营销人员,尤其是"文编"。写作重要公文的人,往往是会展主办方的中高层管理者。外请写手代写重要文案,在中小型展览公司并不鲜见。

二、会展服务提供方文案写作的特点

会展服务提供方包括会展场馆、酒店、展览工程、会议承接、展品物流、餐饮供应、广告、自媒体代运营及信息服务等机构。这些机构服务于会展主办方及其会展项目,故而属于会展服务提供方。

会展服务提供方的文案写作同样分为公文和新闻两类。其公文写作大多与自身的业务经营需要有关,合同写作尤其重要。举例如下:

会展场馆的经营机构,以向会展主办方提供场地租赁服务为经营业务。租赁合同乃其文案写作的主要对象。此类合同多为格式条款合同,故而格式化的写作特点十分鲜明。

会议项目的承接机构,以向会议主办方提供承接服务为经营业务。其一方面要与主办方达成合作合同,另一方面要落实主办方的委托事项,与酒店(会议中心)、会场布置、同声传译(因国际会议需要)、交通接送、会期旅游等服务提供方达成合作合同,以及代表主办方办理会议举办地的行政许可事项(提供许可申请文件)。此外,许多超千人的特大型会议主办方,以"全案服务"方式委托承接机构代行会议项目的部分经营事宜。在此情况下,承接机构需要提供包括会议嘉宾与代表接待方案、开幕式组织方案、会议配套活动组织方案、会议服务手册等系列文案的草案,以供主办方审定。

信息服务的机构,以向会展主办方提供信息服务为经营业务。其无论是提供计算机软件服务(如用于客户资源管理的软件,即CRM系统),还是承担展会现场的观众登记服务,均须与会展主办方订立合同。承担观众登记服务的机构,根据双方合同,需要提供登记观众信息的分析报告。

三、会展文案写作的四种方法

会展文案主要采用四种写作方法,即公文、商业文案、新闻以及适应服务对象需要的写作方法,分别介绍如下。

（一）公文的写作方法

除新闻写作外,会展文案写作多系公文写作。

公文的写作,在主送对象、文本标题、文本格式、内容表述、文本落款、随文附件以及语言表达等方面,都有一定之规,其中许多已经成为写作的范式。因此,掌握公文写作的基本规范,是写好会展公文的基本功。

案例1　会展主办方的公函

关于拜访××市工业与信息化委员会的函

××市工业与信息化委员会:

应贵方邀请,为协商共同举办国际人工智能高峰论坛暨展览会事宜,本公司总经理王长瑞先生一行将于2019年3月15日(周五)上午10时前来拜访。

本公司拜访人员如下:

王××,中国人工智能产业联盟副秘书长、中德合资宁德会展公司董事、总经理;

李×,中德合资宁德会展公司市场部总监;

常××,中德合资宁德会展公司项目经理。

本公司联系人:李×(电话)。

特此致函,请复。

中德合资宁德会展公司

2019年3月10日

说明与评点

(1) 这是一份联系公务会见安排的公函。发函方为会展公司(企业),收函方为某市工业与信息化委员会(政府部门)。

(2) 从此函的内容可知,中德合资宁德会展公司是应邀赴会,但宁德公司为表示礼貌,仍自称拜访。

(3) 宁德公司致函的内容,一是告知赴会时间,二是告知本公司赴会人员。其意在明确会谈时间,同时希望对方落实相应的接待工作。

(4) 此函将本方联系人及联系电话(一般是手机)告知对方,并请对方回复,意在请对方正式确认会谈事宜。

(5) 会展机构经常需要写作联系公务会见的公函。本案例就是此类文案的模板,可作为写作参考。

(二)商业性文案的写作方法

会展机构所需的文案,主要服务于经营管理,故属于商业性文案。

商业性文案的写作,除遵循公文写作的基本规范外,还须根据会展机构行文的需要,体现其商业属性。如,对外介绍会展机构情况的文案,在表达上需要满足会展机构自我推广的需要;又如,会展机构联系客户的信函,需要使用尊称或敬语。因此,掌握商业性文案写作的技巧,是写好商业性会展文案的必修课。

案例 2　　展览公司的简介

广州光亚法兰克福展览有限公司简介

广州光亚法兰克福展览有限公司由德国法兰克福展览有限公司与广州光亚展览贸易有限公司共同投资1250万美元于2005年组建(双方各占50%股份),是一家国际性展览及会议的组织机构,专业从事国内、国际展览及会议的策划、组织、承办、现场服务,业务涉及照明、灯光、音响、建筑电气、工业自动化、模具、电线电缆、电力及可再生能源等各领域。

公司坚持为世界各地参展商和参观商提供优质齐全的信息和服务,秉承"致力为客户创造价值"的经营理念,积极朝着品牌化、国际化的方向快速发展,取得了良好的社会效益和经济效益。

广州光亚法兰克福展览有限公司凭藉其丰富经验和专业知识,以及在世界各地拥有的强大的代理及销售网络,已成为华南地区能为世界各地的参展商和观众提供专业服务的知名展览公司。

(来源:广州光亚法兰克福展览有限公司官方网站)

说明与评点

(1)这是广州光亚法兰克福展览公司的简介。

(2)这份简介分为三个自然段:第一段介绍公司性质和业务范围;第二段介绍公司服务特点;第三段介绍公司的影响力。第一段为客观说明,第二段和第三段为主观褒扬(本教材编著者认为,这种褒扬并非虚夸)。这份简介具有浓厚的自我推广意味。

(3)在对外宣传中,会展机构经常需要使用简介,包括在自媒体上公布。

(4)与公文相比,简介的写作明显带有商业属性。

(5)文中"凭藉"一词即凭借的意思。我国香港、台湾地区习惯使用"凭藉"一词。德国法兰克福展览公司的亚洲总部设于香港,故用此词。

(三)新闻的写作方法

会展机构的新闻性作品,无疑应采用新闻写作的方法。

会展新闻的写作,必须遵循新闻写作的通常规范和基本原则。会展机构写作的新闻作品,因机构市场营销需要,具有"软文"色彩。这与专业新闻机构的新闻写作所推崇的客观报道区别明显。因此,掌握新闻写作,包括写作"软文"的技巧,对于写好会展机构的新闻作品多有裨益。

(四)适应服务对象需要的写作方法

除以上三种写法外,还须根据文案的需求决定写法。所谓文案的需求,是指文案所服务的对象提出的特殊要求。如,某展览公司承办政府主办的展会项目,负责主办工作的政府机构要求,该公司提供的展会组织工作方案在内容上要包括此展会项目对于拉动当地相关产业发展的简略分析。虽然展会组织工作方案一般不应有此内容,但因政府需要,该公司必须增写这方面的内容。再如,商业信函的内容与文字一般遵循简洁原则,但为照顾一些客商的阅读习惯,撰写者有时不得不加入宣介性内容,甚至采用新闻手法写作。

  案例3　　展会邀请参观的手机短信

邀请参观西部地区国际口腔医疗设备展览的手机短信

短信一:西部国际口腔展4月25—28日在成都世纪城国际会展中心举行,展出面积3万方,学术会议160场,敬请光临!欢迎垂询!

短信二:西部国际口腔展同期学术会议160场,课题丰富,专家授课,省口腔医学会办理培训学分,已有900多人报名参会。欢迎报名!

短信三:西部国际口腔展口腔医疗手术现场观摩,4月25—27日每天4场,著名专家临床示范,教学直观。手术室及设备提供商——××公司敬请观摩。

> **说明与评点**
>
> （1）这是西部地区某口腔医疗设备展览暨学术会议2019年用于邀请参观/参会的3条手机短信。
> （2）这3条手机短信的字数（含标点符号）均在电信运营商规定的70字以内（超过70字，电信运营商将加收发送费）。
> （3）这3条手机短信都是针对参观/参会者而编写的，但每条内容各有侧重。
> （4）编写此类手机短信，广告意味必须鲜明，但文字要精练，用语要礼貌。

第四节 学习会展文案写作的意义

为什么要学习会展文案写作？主要有三方面需要。

其一是从事会展业务工作的需要。

在会展机构，尤其是在会展主办方，员工在业务工作中会接触大量的文案，而且多数员工需要写作文案。

在会展主办方从事销售、营销、运营业务工作的员工，大多需要写作与业务相关的文案。对于会展机构的管理者，无论是项目经理、部门经理，还是公司或单位负责人来说，写作文案以及审查或修改文案，都是管理工作中不可或缺的职责。因此，写作文案是从业会展的基本技能之一。

其二是弥补会展营销人才缺口的需要。

由于会展业＋互联网促成的业务创新，自媒体对于会展机构及其项目的推广作用日益显著。但自媒体运维人才尤其是内容生产人才普遍短缺，用人单位为此苦恼不已。

知晓文案写作知识，掌握文案写作技能，进而成为会展自媒体运维和内容生产的高手，是会展业者充电赋能的重要选择方向，更是准备应聘入行的大学生应该加强学习的专业技能。

其三是成为会展"写手"的需要。

由于会展业需要大量使用文案（包括新闻稿），"写手"在会展机构中的作用不可或缺。合格、优秀的"写手"，是会展业的高端人才和稀缺人才。因此，学习会展文案写作并争取成为会展机构的"写作能手"，可作为青年从业者上进成才的目标。会展业的"写手"如何修炼，在本教材第九章有详细介绍。

除以上三方面需要之外，还应认识到，会展文案是会展机构的文字性作品，可以反映所在机构的文化品格。在会展机构的内部，优秀的文案可以凝聚共识、补益沟通，甚至可以辅助决策。在会展机构的对外联系中,准确而规范地表达本机构的诉求或意图的优秀文案,有助于配置外部资源以及维护包括客户关系在内的公共关系。反之,不合格或低水准的文案,在机构内部可能导致成本虚耗、绩效降低,对外则可能产生不利于树立或维持机构形象的负面影响。

思考题

1. 举例说明会展文案的模板化和非模板化写作的不同特点。
2. 在表1-1会展主办方常用文案的分类及其应用中所列的32个文案种类之外,还有哪些会展文案种类?请至少列出3个。
3. 为什么说,不合格或低水准的文案,在机构内部可能导致成本虚耗、绩效降低,对外则可能产生不利于树立或维持机构形象的负面影响?
4. 学习文案写作对于会展业者的成长有哪些积极意义?

Chapter 2

第二章 方案

本章教学要点

本章从会展主办方的角度介绍方案的写作方法。为帮助学习者了解会展方案的应用,本章将方案分为两个层次:一是项目方案,一是项目所属业务工作及专项工作方案。这两个层次的方案在写作方法上一脉相承,但前者强调整体规划,后者注重具体操作,各有特点,各资应用。

开篇故事

 故事一

耶鲁大学毕业生人生目标规划的追踪调查

1953年,美国耶鲁大学对应届毕业生进行了一项有关人生目标的调查,研究人员问参与调查的学生这样一个问题:"你们有目标吗?"结果只有10%的学生确认他们有目标。

研究人员又问了第二个问题:"如果你们有目标,那么,你们是不是可以把它写下来呢?"

结果只有4%的学生把自己的目标清楚地写了下来。

20年后,耶鲁大学的研究人员在世界各地追访当年参与调查的学生。他们发现,当年白纸黑字写下人生目标的那些学生,无论是事业发展还是生活水平,都远远超过了另外那些没有目标的同龄人。这4%的人拥有的财富居然超过另外96%的人的总和。那些没有目标或不能写下目标的人,一直都在直接或间接地、自觉或不自觉地帮助那4%的人实现人生目标。

书写文字具有非凡的力量,当目标或想法被写下来的那一刻,人的内在力量就被激活了,一个非常伟大的自身转变就发生了。但仅仅是把想法记在一个不为人知的地方,很长时间不去看它,没人"监督"你,过不了多久也就会被忘记了。

所以书写目标需要一个理由、一点触动和一种氛围。

耶鲁大学帮助学生设定目标的七个步骤：

(1)拟出你期望达到的目标；

(2)列出好处，即你达到这目标有什么好处？譬如你有一个想买房子的目标，那就列出买房子带给你的好处；

(3)列出可能的障碍，即你要达成此目标可能会遇到的障碍，如钱不够，等等，一一列举；

(4)列出所需信息，即思索达成此目标需要哪些知识、协助、训练等；

(5)列出寻求支持的对象，即一般而言，很难靠自己一个人达成目标，所以应将寻求支持的对象一并列出；

(6)订立达成目标的行动计划，即要有一个行动计划；

(7)设定达成目标的时间期限。

 故事二

如何赚到100万元

大学讨论职业生涯的课堂上，有个同学举手发言："老师，我的目标是在一年内赚100万！请问我应该如何计划实现我的目标呢？"

老师反问他："你相信自己能达成目标吗？"他说："我相信！"老师又问："那你准备通过哪个行业来达成目标呢？"他说："我将从事保险业。"老师再问他："你认为保险业能帮你达成目标吗？"学生坚定地回答："只要我努力，一定能达成！"

"我们来看看，你要为自己的目标付出什么样的努力。"老师说。老师开始分析："如果销售提成比例是30%，赚取100万元佣金大约需要完成300万元的销售业绩。如果一年完成300万元的销售业绩，一个月需要完成25万元，而每天需要完成8300元。"

"如果每天完成8300元的销售业绩，需要拜访多少客户？"在分析之后，老师接着提问。"50个人。"学生答道。"那么一天50人，一个月就是1500人，一年就需要拜访18000个客户。"

老师继续问他："你现在有没有18000个老客户？"他说没有。"如果没有，那就要靠陌生拜访累积客户资源。你认为拜访一个陌生客户平均要交谈多长时间？"他说："至少20分钟。"老师接着算账："一天拜访50个人，每人谈20分钟，那就是说你每天要花16个多小时与客户交谈。这还不包括路途时间。请问，你能做到吗？"学生怅然地说："不能。老师，我懂了。我的目标是凭空想象的，我并不了解保险业者是怎样做销售的。"

说明与评点

　　这是两个广为人知的故事，而且都是关于大学生如何规划职业生涯目标的故事。故事告诉我们，缺乏目标意识以及订立目标不切实际的人，是做不了或做不好规划的。

　　制订会展项目方案也是一种规划。但这种规划与人生目标规划不同。人生目标是基于个人愿景规划的，可以通过设想、梦想甚至幻想进行规划。而制订会展项目方案须有具体的需求，还要事先调查研究，方案提供者需要具备相关知识和经验，不可能浪漫行事。

　　耶鲁大学在调研中强调学生要把目标写下来。跟踪调查的结果表明，能够把目标写下来的毕业生，事业的发展都很有成就。这说明，经过缜密思考后的写作，对于规划具有积极意义。制订会展项目方案同样要写作。提高写作能力对于会展业者的事业发展同样具有积极意义。

第一节　方案的应用与意义

　　在会展文案中，展览、会议或活动的方案是项目组织工作的重要文件。

　　写作项目方案要求作者在专业知识、创意能力、经营管理经验以及文字表达诸方面具有良好的素质。

方案的定义与应用

　　方案，是为开展某项工作而制订的具体计划，或是为解决某一问题而制订的规划。

　　"方案"一词，由"方"和"案"两个字组成。方案的"方"，原义指方子，即中医给病人开的药方。后引申为方式、方法，即人们思想、说话、行动的路径或程序；还引申为方略，指为某项工作制订全盘计划的策略。方案的"案"，原指长形的桌子或架起来代替桌子的长木板。后引申为案卷、案牍、议案等。"案"的引申义中，已有文案的意涵（"文案"释义参看本教材第一章）。成语"拍案而起""堆案盈几"中都有"案"字，但前者用的是"案"字的原义，后者用的是"案"字的引申义。

　　由"方"和"案"两个字组成的方案一词，就是将思想活动与文本写作结合起来了。因此,通俗地理解"方案"一词,就是用文本记述做事情的方式、方法或方略。

方案作为公文的一种形式,广泛运用于党政机关、军队、社会团体和企业事业机构。比如,国务院办公厅发布的《国务院机构改革和职能转变方案》,中国人民解放军某部发布的《2016年冬季演习方案》,某行业协会发布的《质量管理工作培训方案》,某公司发布的《实施ISO9000质量管理体系方案》,某高校发布的《会展专业教学方案》,等等。

一般而言,凡需要制订方案的工作或问题,尤其是需要制订书面方案的工作或问题,都具有实施工作或处理问题的时间跨度长(少则数月,多则数年)、涉及面宽(需要整合多方面资源)、操作过程复杂的特点。制订这种方案的需求,来源于组织而非个人。而且,这种方案的形成须经组织审查批准,方案的施行须由组织督导落实。

二、会展项目方案的应用

会展主办方制订的展览、会议或活动的项目方案,旨在服务于主办方的项目管理工作。项目方案是主办方用于规划会展项目经营管理的工作性文件。

制订会展项目方案的需求,一般来源于两个方面:项目主办方和项目经理。其中,项目主办方对文案的需求又分为两种情况:一种是主办方自身需要方案,如某会议公司创办会议项目,需要制订项目经营管理的工作方案;一种是主办方将项目外包经营,需要承接经营方提供项目组织工作方案,如某省政府主办新能源产业展览,通过招标选择承办机构,承办机构投标需要提供新能源产业展览的组织工作方案。而项目经理对文案的需求,主要是需要制订项目经营工作计划,用于项目团队的内部管理,而非对外。

会展项目方案根据制订需求,一般分两种类型:一种是项目总体方案,一种是项目经营工作计划。其中,项目总体方案旨在体现主办方的战略思维,强调全面完整地规划项目的经营管理工作;而项目经营工作计划针对项目的具体业务,强调明确项目业务推进的事项分工、指标分解、时间控制等要素。

以展览项目为例,展览项目方案的分类及其制订需求如表2-1所示。

表2-1 展览项目方案的分类及其制订需求

方案分类	方案需求者	方案内容	方案撰写者
项目总体方案	项目主办方	项目策划方案、项目组织工作方案、项目工作计划	主办方或承办方中高层管理者
项目经营工作计划	项目经理(上报项目主办方)	明确项目操作的具体安排	项目经理

从写作角度看,写作会展项目总体方案的要求较高,但需求有限;写作(即编制)会展项目经营工作计划可采用模板化方式或清单式方式,撰写者易于掌握,但需求较多(每年都要编制,而且计划内容细分程度越来越高)。

必须说明,方案在文案的标题名称上,既可称之为"方案",如《创办工业互联网大会的方案》,也可称之为"计划",如《工业互联网大会项目组织工作计划》。一般而言,称为"方案"的文案,呈现方式是以文字为主、以表图为辅;而称为"计划"的文案,呈现方式是以表图为主、以文字为辅。

三、制订项目方案的意义

古人云:"凡事预则立,不预则废。"对于会展主办方而言,制订项目方案可以起到四方面作用。

一是,明定工作目标,减少盲目性。展览、会议或活动的组织属于时间跨度长、涉及面宽、操作过程复杂的工作。通过制订方案预先确立工作目标,组织工作才会有方向,工作措施才会具有针对性。否则,展览、会议或活动的组织工作可能陷入"瞎忙"而无效的状态。

二是,明晰资源配置,避免投入不足。主办方组织展览、会议或活动,须投入人力、财力和物力,以整合并利用诸多的外部资源。为此,方案预先规划与之匹配的资源及其投入,组织工作才会获得依托,工作措施才能顺利实施。否则,展览、会议或活动的组织工作可能因资源缺乏而难以前行。

三是,明列工作进度,防止进展失序。主办方组织展览、会议或活动,需要按时间节点、按细分事项及其相应的工作指标,有序推动工作进展。方案预先规划了工作进度,组织工作才会有条不紊,工作措施才会落地生效。否则,展览、会议或活动的组织工作可能陷入被动或"打乱仗"的境地。

四是,明确工作责任,预防责任悬空。组织展览、会议或活动涉及方方面面,项目团队推动工作需要依靠集体力量,方案在明定目标、明晰资源、明列进度的同时,还须明确组织工作参与者的责任。政府展经常动用行政资源,故而需要明确相关政府部门的责任。负责操作项目进展的项目团队因必须集体作战,需要明确团队中每个人的工作责任。否则,展览、会议或活动的组织工作可能因责任悬空而陷入相互扯皮、无法推进的窘境。

第二节　项目方案的写作

在会展主办方的项目方案写作中,撰写者必须了解项目主题所服务的行业,知晓项目操作的方法以及主办方组织工作面临的困难和问题。

一、制订项目方案的需求

主办方之所以制订展览、会议或活动项目的文本性方案(不是表格为主、文本为辅的经营工作计划),一般基于以下四方面的需要。

(一)新办展览、会议或活动项目的需要

由于项目操作事项复杂,加之主办方及其项目团队对于新项目的经营管理缺乏经验,需要制订项目方案,以利主办方指导和统筹操作工作。

例如,某中外合资展览公司长期在上海举办食品、玩具展览。根据跨国母公司的要求,2015年该公司要赴广州举办农业新技术展览。但该公司并不熟悉农业新技术这个展览主题,也不熟悉广州的展馆以及相关服务方的情况,加之新组建的项目团队中多数人没有做展览的业务经验,故而决定由公司市场部提供广州农业新技术展览的组织工作方案(草案)。公司及项目团队研讨后达成共识,将其作为该项目操作与经营管理的依据。

(二)既有会展项目增加新内容的需要

在既有的展览、会议或活动项目(又称为老项目)中增加新的内容,需要制订工作方案,以利主办方指导和统筹相关操作工作。

例如,某会议公司长期举办环境卫生专业的技术会议,根据市场需求,决定以该会议为基础创办专业展览,拟定首届展会于2018年在上海举办。因公司从未做过展览,项目经理又属新任,公司要求项目经理提交环境卫生设备与技术展览的组织工作方案以供研讨,并就此形成操作思路。

(三)党政机关主办会展项目的需要

党政机关主办展览、会议或活动,需要制订组织工作方案。这种需要,对于作为主办方的党政机关而言,主办展览、会议或活动并非其职能范围以内的工作,且需动用包括行政资源在内的相关资源,故而必须以组织工作方案明确职责范围和操作办法;另一方面是,中央于2015年明确规定,党政机关在境内主办会展活动必须上报方案及相关资料,以供上级机关审批。此外,党政机关主办的会展项目如需外包经营或服务,承接外包的企业也要提交工作方案。

例如,西部某省省会城市拟于2017年主办"一带一路"国际投资贸易展会,具体承办单位是市商务局和市贸促会,协办部门包括市发展和改革委员会、工业与信息化局、科技局、文化局和旅游局,同时需要公安局、城市管理局配合。为此,市政府要求市商务局提供项目方案。根据规定,这个项目方案须报请省政府批准。因展会名称涉及"国际",按中央规定,该项目方案还须省政府转呈商务部核准。

(四)民间社团委托商业机构承办或冠名主办会展项目的需要

行业协会、商会或专业学会等民间社团委托商业机构承办展览或会议,或是商业机构主办展览或会议,商请行业协会、商会或专业学会作为冠名的主办方,行业协会、商会或专业学会会要求商业机构提供展览或会议项目的组织工作方案,以供项目评估、审查或备案。

例如,某国家级机械工业协会拟主办机器人展会,选择某展览公司作为承办单位。协会要求该公司提供展会项目的组织工作方案,以作为双方谈判合作的基础性文件。

必须说明,并不是所有的会展项目都需要制订组织工作方案。是否制订组织工作方案,取决于主办方的需要以及项目的性质。根据2015年中央的相关规定,党政机关在境内主办会展活动,必须制订方案以报请上级机关审批。

还须说明,会展项目的组织工作方案并不等同于会展项目的策划方案。虽然两者多有相近之处,但前者是主办方决策"上项目"之后的工作规划,旨在明确项目操作的具体措施;后者一般包含项目的主题创意、市场分析和操作建议三方面内容,以供主办方决策使用。

根据本教材编著者调研,大多数会展主办方决策"上项目",一般不参照策划方案,而是依据可行性研究报告。此外,党政机关审批会展活动,要求提交的"总体方案"也非策划方案。因此,本教材从会展业的实际需要出发,不讨论项目策划方案的写作。

二、项目方案的内容构成

展览、会议或活动项目方案的文本一般由方案标题、方案正文和方案附件三个部分组成。

(一)项目方案的标题

项目方案的标题,主要由年份、项目届数、项目全称、组织工作方案或总体方案等关键词组成。

我们以《2016年首届中国(成都)环境卫生设备与技术展览会暨国际高峰论坛组织工作方案》为例,分析如下。

"中国(成都)环境卫生设备与技术展览会暨国际高峰论坛"是项目的全称,可简称为"成都环卫展"。一般而言,展会简称不宜用在项目方案的标题中。理由是,简称是在全称基础上简略或浓缩而产生的称谓。在方案文本中,应先用项目全称,再在全称之后加"( )"说明简称。如《2016年首届中国(成都)环境卫生设备与技术展览会暨国际高峰论坛组织工作方案》正文的开头:"中国(成都)环境卫生设备与技术展览会暨国际高峰论坛(以下简称"成都环卫展"),拟定于2016年春季在成都举办,特制订组织工作方案如下"。在没有说明简称之前,在标题中使用简称,就显得不够规范。

这个案例标题中的"2016年"和"首届"两个词组,是对"中国(成都)环境卫生设备与技术展览会暨国际高峰论坛"举办时间和举办历史的说明,有时可以省略。

这个案例标题中的"环境卫生设备与技术"词组,是项目主题。环境卫生设备制造业,是国民经济制造业中的一个细分行业。

这个案例标题中的"组织工作"词组,是"中国(成都)环境卫生设备与技术展览会暨国际高峰论坛"的后缀,表明文案内容关乎展会的组织工作。

这个案例标题中的"方案"一词,是整个标题这一复合句中的定语,表明文案的种类是方案。

(二)项目方案的正文

项目方案的正文,即方案的主体。党政机关或商业机构制订的项目方案,正文内容的构成有所不同。

1. 党政机关主办的会展项目

根据2015年中央有关文件的规定,下级党政机关在境内主办会展活动,须向上级党政机关提交"总体方案"及相关方案或资料,以报请审批。

党政机关主办会展活动即项目的"总体方案",一般包括以下内容:

指导思想、展会名称与主题、举办时间、地点、展会规模、展览范围、活动安排、组织机构、工作措施等。

党政机关主办会议项目制订的方案,与展会项目方案大同小异,其需要重点说明的内容是会议主题、演讲人及其邀约情况。

党政机关、人民团体、有关社团、国有企业举办节庆活动,依据中央办公厅、国务院办公厅2012年颁布的《节庆活动管理办法(试行)》,上报申办资料。该办法虽未明确上报资料的具体要求,但提交方案不可或缺。节庆活动项目方案的写作应与展会活动方案类似。

2. 商业机构主办的会展项目

商业机构主办的会展项目如需要制订项目方案,如果是创办新项目的方案,一般包括以下内容:

展会名称与主题、举办时间、地点、展览范围、展会规模、活动安排、经营目标、风险预测、工作措施等。

比较党政机关或商业机构会展项目方案正文的内容构成,两者异同对比分析如表2-2所示。

表2-2 党政机关和商业机构展览项目方案正文内容构成比较

正文内容构成	表述内容	党政机关方案特点	商业机构方案特点
指导思想或项目宗旨、目的、意义	举办项目的根据和意义	依据政府政策,服务行政需要	不强调这一内容
可行性	项目主题所涉行业发展状况及项目可行性分析	另做分析,单独报告	先有调研,但不强调文本报告

续表

正文内容构成	表述内容	党政机关方案特点	商业机构方案特点
展览范围	参展对象及其展品说明	大类综合，按展馆/展区分类	按产品分类，详列展品
项目目标	明确经营管理目标	注重社会效益或综合效益	量化展览面积、展位、参展商、观众、营收、利润等经营指标
组织机构	确立组织领导架构	强调规格，详列参与机构及负责人名单	因整合资源需要而简单表述
活动安排	设计配套活动	详细罗列，重视程度优于展览	列入工作措施，简略说明
工作措施	规划操作路线图	强调相关政府部门分工及职责	提出具体路径与方法
嘉宾邀请	嘉宾出席安排	官员出席须列入方案	根据需要邀请，但不强调列入方案
风险预测	预测项目风险	很少涉及	择要分析

（三）项目方案的附件

在提供项目方案的同时，一般需要提供与项目方案有关的附件。

自2016年起，党政机关向上级机关申请主办会展项目时，须上报包括总体方案在内的11种文本材料，如表2-3所示。

表2-3 党政机关境内主办会展活动申请材料一览

序号	材料名称	内容与要求	提供者
1	请示	包括展览、会议名称（涉外的展会活动需提供中英文名称）、内容、规模、时间、地点等，申办机关须加盖单位公章	申办机关
2	函件/协议	两个或两个以上单位共同主办的，须提供共同主办单位书面同意函原件；与外方政府、国际组织或相关机构共同举办的，申办机关须提供中方与外方的合作协议	申办机关
3	总体方案	展览、会议总体的实施方案（包括拟邀请的领导同志及外宾的范围）	申办机关
4	预算方案	经费预算方案（包括经费来源）	申办机关
5	招商招展方案	参展商、观众或会议代表招徕工作的方案	申办机关

续表

序号	材料名称	内容与要求	提供者
6	可行性报告	项目的可行性研究报告,注明举办理由	申办机关
7	知识产权方案	展会活动知识产权保护方案	申办机关
8	应急预案	处理突发性事件的应急预案	申办机关
9	复函	有关行业主管部门审批同意的复函或外事、台湾事务主管部门就展会涉外、涉台事项审批同意的复函	相关机关
10	函件	各省(自治区、直辖市)办展机构跨省区市举办展会的,应当提供展会举办地行业主管部门的同意函原件	地方政府主管部门
11	其他材料	其他与申办工作相关的材料	根据材料内容确定提供者

说明:1. 此表根据2015年中央文件的相关要求编制;
  2. 表中"申办机关",指拟主办会展活动的党政机关;
  3. 表中名为"总体方案"的材料,即为项目方案。

商业性会展项目方案的附件一般包括财务预算、租用场地平面图(如展馆展位图、会议室平面图)、项目经营工作计划等。

三、项目方案的写作方法

(一)明确制订项目方案的目的

制订项目方案不是回答会展项目"能不能上"的问题,而是解决会展项目"如何上"的问题。会展项目"能不能上"的问题,应由可行性研究报告或市场调研报告予以回答(其写作方法见本教材第三章 报告)。解决会展项目"如何上"的问题,就是通过方案提出项目操作的具体措施,即提出操作路线图。

(二)以"问题导向"的思路制订方案

思考会展项目"如何上",会产生一系列问题。比如,选择举办地点、时间,预测项目规模(项目规模与场地租赁相关),配置相关资源(财力、人力、物力和公关资源)等。围绕这些问题,明确提出解决的思路及其具体操作措施,是制订项目方案的出发点和归宿点。

(三)在方案写作之前做好准备工作

写作项目方案是技术含量较高的工作,足以体现撰写者的综合素质。在写作之前,撰写者的准备工作必须周详。准备工作可以概括为"一个领会""两个了解"和"四个明白",具体如下。

1. 一个领会

"一个领会",即领会主办方意图,尤其是领会主办方主要领导人的意图。

所谓主办方及其主要领导人的意图,就是"上项目"的决策意见。如果不能或不善于领会决策者的意图,方案的写作就会缺乏方向,即便完成也难以通过审查。

2. 两个了解

"两个了解",即了解项目主题的内涵和了解项目的组织工作情况。

了解项目主题的内涵,即了解展览、会议或活动主题所对应或所服务的行业(如,主题为环境卫生设备与技术的展览,需要了解环境卫生设备制造业的状况;主题为机器人的会议,需要了解机器人制造业的状况;主题为推广传统戏曲的戏剧节,需要了解传统戏曲演出与发展的状况)。

了解项目组织工作的情况,即依从"问题导向"的思路,了解项目组织工作所涉及的各方面情况,尤其要了解可能对项目运作产生障碍的问题。

3. 四个明白

"四个明白",即明白方案需求、明白方案内容主体、明白写作体例风格和明白方案申报程序规定。

明白方案需求,指撰写者必须清楚项目方案是为党政机关而写,还是为商业机构而写;是因向上级申报项目而写,还是因主办方内部需要而写。需求不同,项目方案的文本结构及内容呈现大有不同。

明白方案内容主体,指撰写者在"一个领会""两个了解"的基础上,根据方案的需求,确定"写什么"和"怎么写"。比如,党政机关项目的"指导思想"必须体现最新政策方向,强调围绕中心、服务大局的需要。又如,党政机关项目的"活动安排"需逐项罗列,组织工作责任要分解到相关政府部门;而商业机构项目将配套活动视为营销业务的一部分,往往将相关内容放在"工作措施"中表述。

明白写作体例风格,大体需要注意三点:

一是,采用公文用语,体现庄重、准确、朴实、精练、严谨、规范的特点。

切忌采用新闻体、论文体和口语表达。在行文中,除"指导思想"外,其他部分主要表述"做什么""怎样做",避免以论证方式空洞表述"为什么做"。

二是,注意文案体例格式。

党政机关申报的项目,其方案标题为黑体二号字或三号字,正文为仿宋体或宋小三号字。正文内容最多分为四个层次,所用序号为:"一""(一)""1.""(1)"。党政机关会展项目方案体例格式,可参看本章提供的案例(案例1)。商业机构的项目方案因机构需求各有不同,在体例上不可能有统一规定,但每个机构的方案仍然会自成一体,形成机构内部的规范。

三是,文字篇幅不宜过长,一般不超过5000字。

明白方案申报程序要求,是指根据方案上报送审的流程与要求,把握写作的分寸。如

2015年的中央文件规定了党政机关申报项目的具体流程(包括时间节点)和必须与总体方案一并上报的系列材料。因此,在写作此类项目的总体方案时,要同时考虑相关系列材料的写作,避免内容重复或缺口。商业机构项目方案的送审流程或审查方式,同样会对方案写作产生影响。例如某跨国公司审查项目方案采取答辩方式,要求方案简洁明了,同时答辩方必须制作幻灯片(PPT)在审查会议上进行演示演讲。该公司偏好采用图表并汇集统计数据的方案。

(四)在修改中提高写作质量

项目方案从草案到审查通过,是一个不断完善的过程。在此过程中,听取和收集各方面的意见,包括上级在审查方案时提出的意见,在集思广益的基础上对草案反复进行修改或补充,是方案写作工作的常态。这种修改或补充,既涉及方案内容的调整、要素的取舍、措施的细化,也涉及体例的规范和文字的加工润色。

必须说明,如果项目方案名称为"计划",考虑到其以图表为主、以文字为辅的呈现方式,在写作上要注意掌握以下要点:

一是,以"计划"为名的项目方案,撰写者要以"写说明"的思维替代"写文章"的思维。"写说明"所用文字,表述须直白、简略,尽可能避免论述。

二是,采用表格呈现的项目计划,旨在分时间、分类、分事项列明操作事宜。列入表格的操作事项,应与会展项目的业务操作流程相吻合,时间、类别、事项拆解细分得当,而且要明确工作质量指标和相关责任人。

三是,较为复杂的操作事项,一般需要在总计划之下另列子计划作为总计划的附件,如项目的营销工作计划。

四、项目方案的案例

为帮助学习者了解项目方案的写作方法,以下提供8个案例作为参考。

这些案例分别涉及展览、会议和节庆,涵盖党政机关项目、商业机构项目,并有文字性和表格式方案两种形式。

这8个案例分别是案例1《首届中国工业设计展览会总体方案》、案例2《中国体育文化·体育旅游博览会总体方案》、案例3《"中部地区N省W市家居用品展览会"组织工作实施方案》、案例4《天津健康美容食品展览会项目创办方案》、案例5《博鳌国际旅游论坛暨海口高尔夫与旅游主题论坛总体方案》、案例6《中国洛阳牡丹文化节总体方案》、案例7《中国(T省)电能替代博览会工作计划》和案例8《某专用设备展览会业务工作计划进度表》。

这8个案例中,展览项目方案有6个,论坛(会议)和文化节项目方案各1个。《首届中国工业设计展览会总体方案》《中国体育文化·体育旅游博览会总体方案》《博鳌国际旅游论坛暨海口高尔夫与旅游主题论坛总体方案》和《中国洛阳牡丹文化节总体方案》属于党政机关主办的项目,其他4个案例属于商业机构主办的项目。

案例 1 展览项目总体方案

内含案例说明与评点

 首届中国工业设计展览会总体方案

 案例 2 展览项目总体方案

内含案例说明与评点

 中国体育文化·体育旅游博览会总体方案

 案例 3 展览项目方案

内含案例说明与评点

 中部地区N省W市家居用品展览会组织工作实施方案

案例4　展览项目方案

天津健康美容食品展览项目创办方案

（PPT提纲）

华曜公司天津分公司

（2016年5月）

1. 客商定位与相互需求
1.1　参展商来源
　　健康/美容饮品
　　有机/天然食品
　　减肥食品
　　膳食补品
　　功能性食品
　　特种健康食品
1.2　参观商来源
　　零售商（百货商店、精品店、杂货店、网店）
　　美容院、诊所
　　饭店
　　健身机构
　　代理商、贸易商
1.3　参展参观需求
　　获取订单
　　开发新顾客
　　宣传新产品

2. 立项依据
2.1　中国社会消费升级，中高端消费市场扩大
2.2　民众食品安全意识提高，美容需求上升
2.3　国内外潜在参展商超过2500个，京津冀地区潜在参观商超过2.3万个
2.4　与天津化妆品展览同期举办，相互借势

3. 市场前景
3.1　中国健康美容食品行业规模可观
　　　2015—2020年持续增长，2020年市场规模将达680亿元人民币（华商国际公司提供调研数据）

3.2 健康美容食品新品开发势头强劲

七大品类品种超过2000个,每年新增150个以上。其中,膳食补品、减肥食品的新品开发占40%以上(华商国际公司提供调研数据)

4. 未来三年经营计划

4.1 展位数量

2017—2019年销售展位数分别为150个、250个和350个

4.2 营业收入

按6000元/展位/个的平均销售价格,2017—2019年营业收入分别为90万元、150万元和210万元人民币

4.3 财务测算

年营业成本约为140万元人民币,2017年亏损,2018年持平,2019年盈利。

5. 潜在参展商/参观商的反映

5.1 参展商意见(略)

5.2 参观商意见(略)

6. 竞争对手

6.1 北京健康养生产业展览会

主办方:中国健康产业协会

参展商来源:与健康养生产业关联的生产商和服务商

展会规模:463个参展商共685个展位(2016年)

参观商来源:医疗机构、零售商、健康服务机构

参展商人数:23000人

6.2 北京国际美容美发博览会

主办方:北京大图展览公司

参展商来源:美容美发设备与产品生产商、代理商

展会规模:631个参展商共1432个展位(2016年)

参观商来源:美容美发生产商、零售商、服务机构

参展商人数:38000人

7. 行业协会(略)

8. 行业媒体(略)

说明与评点

(1)本案例是某展览集团公司所属分公司提交的项目创办方案。但该项目并非独立创办,而是在公司既有展会中增加新主题形成的,也可称此活动为展览范围增加

新板块。这个案例是虚拟的,但借鉴了先进展览公司创办项目的方案写作经验。

(2)该方案系用于制作PPT的文本,因而采用短语提纲挈领的表述方案,并不是在写文章。PPT用于"上项目"的演讲。

(3)该方案的内容分为八个部分,包括客商定位、立项依据、市场前景、经营计划、客商调研反馈、竞争对手分析、行业协会、行业媒体,与本章案例3《中部地区N省W市家居用品展览会组织工作实施方案》大同小异,只是更加简练、直观。

(4)该方案的"1.客商定位与相互需求",在PPT里须用三个方框呈现,左边和右边方框分别列入参展商和参观商分类,中间方框列入参展商和参观商的相互需求。提纲中的数据采用表格或图形呈现。

案例 5　论坛项目方案

内含案例说明与评点

博鳌国际旅游论坛暨海口高尔夫与旅游主题论坛总体方案

案例 6　节庆活动项目方案

内含案例说明与评点

中国洛阳牡丹文化节总体方案

案例 7 展览项目计划

内含案例说明与评点

中国(T省)电能替代博览会工作计划

 案例 8 展览项目计划进度表

某专用设备展览会业务工作计划进度表

序号	项目	2016年		2017年										
		11月	12月	1月	2月	3月	4月	5月	6月	7月	8月	9月	10月	11月	12月
一	筹备工作														
1	项目立项	√													
2	确定展馆档期		√												
3	商请协会		√												
二	准备工作														
4	场馆租赁			√											
5	团队组建		√												
6	业务分工		√												
7	经营计划			√											
8	财务预算			√											
三	营销工作														
9	邀请函制作			√											
10	自媒体建设			√											
11	专业观众邀约			√	√	√	√	√	√	√	√	√	√		

续表

序号	项目	2016年		2017年											
		11月	12月	1月	2月	3月	4月	5月	6月	7月	8月	9月	10月	11月	12月
12	新闻发布		√	√	√	√	√	√	√	√	√	√	√	√	
13	广告发布					√					√	√	√		
14	配套活动											√	√		
四	销售工作														
15	展位图设计			√											
16	展位销售			√	√	√	√	√	√	√	√	√	√	√	
17	营收调度			√	√	√	√	√	√	√	√	√	√		
五	运营工作														
18	行政许可报备										√				
19	主场服务对接										√	√			
20	展位图确定												√		
21	展前对接											√	√		
22	观众登记对接												√		
23	服务手册编制											√			
24	证卡印制												√		
六	现场服务工作														
25	展商报到													√	
26	布展及公共搭建													√	
27	观众接待													√	
28	开幕式嘉宾接待													√	
29	撤展													√	
七	展后工作														
30	财务决算														√
31	工作总结														√
32	展后报道														√

说明与评点

（1）这是西部地区某会展中心与行业协会合作，联合创办某一行业专用设备展会制订的项目业务工作计划进度表。该项目系首届举办的新项目。

（2）该项目定于2017年11月举办，双方商定合作是在2016年9月。因此，项目工作进度从2016年11月排至12月。

（3）此表排列方法类似"甘特图"（有关"甘特图"知识，请学习者自行了解）。

（4）此表将该展会项目的业务工作分为7项，再细分为32个子项，分别以"√"对应月份进度。

（5）编制此类表格，旨在提醒展览项目的管理者和项目团队成员掌握各项工作的时间节点及进度，避免遗漏或贻误。此表由会展中心编制，有提醒行业协会及时配合的作用。

第三节 项目业务工作及专项工作的方案写作

在管理实践中，会展主办方新办项目很少，老项目依约定成俗的经验而运行，故而对于制订项目文本性方案的需求十分有限。

对于项目的财务预算、市场营销、销售等项业务工作，由于内部考核的需要，主办方往往要求按年度或按专项工作制订方案。

会展项目专项业务工作方案的写作，严格讲应称之为编制。所谓编制，本义指把细长的材料交叉组织起来，制成器物，如编制草垫、竹篓或藤椅。而我们在文案写作中讲的编制工作，是指根据相关资料编写的规程、方案或计划等。

为丰富知识，推荐参阅《展览项目管理》（张凡、张岚编著，华中科技大学出版社出版）一书，尤其是"计划管理""财务管理"和"营销管理"三章。

一、财务预算方案

编制会展项目的财务预算方案，需要掌握以下原则：

一是，依照主办方固定的表格进行编制。设计表格是编制方案的基础工作。

二是，收集填写表格所需的财务数据资料，尤其是收集属于计算标准的资料，包括展览租赁展馆的租金价格、展位销售价格、媒体广告价格等。

三是，根据项目经营目标预测营业收入、支出和利润。

案例9 展览项目财务预算方案

 中部地区某省会城市首届"家居用品展览会"财务预算表

内含案例说明与评点

 案例10 营销及财务预算方案建议

某网络媒体为某专业展会提供的营销及财务预算方案建议

刊例价格	内容项目	打包价40万元	打包价30万元	打包价20万元	打包价10万元
3000元/篇	创造话题	每周1篇	每周1篇	每周1篇	每周1篇
2000元/篇	资讯文章	每周2篇	每周2篇	每周1篇	每周1篇
50000元/个	专题	√	√	2选1	—
50000元/个	H5专题	√	√		—
30000元/个	论坛活动	√	2选1	2选1	2选1
30000元/个	导览图	√			
30000元/个	展会视频报道	√	√	√	√
5000元/篇	展会解析	√	√	√	√
5000元/天	"硬广告"导流	智能穿戴首页焦点图上通栏30天	智能穿戴首页焦点图上通栏10天	智能穿戴首页焦点图上通栏10天	智能穿戴首页焦点图上通栏10天
25000元/天	"硬广告"导流	网站首页单联10天	网站首页单联10天	网站首页单联6天	网站首页单联2天
6000元/条	官方微博配合	4次	3次	2次	1次
5000元/条	官方微信配合	4次	3次	2次	1次
500元/篇	厂商新闻稿发布	40篇	30篇	20篇	10篇

续表

刊例价格	内容项目	打包价40万元	打包价30万元	打包价20万元	打包价10万元
50000元/次	网站首页文字链接	每周1次	每周1次	每周1次	每2周1次
15000元/次	智能穿戴频道焦点图	每周3次	每周2次	每周1次	每周1次
6000元/次	智能穿戴频道文字链接	每周3次	每周2次	每周1次	每周1次
18000元/次	显示器频道焦点图	每周2次	每周1次	每周1次	—
5800元/次	显示器频道文字链接	每周2次	每周1次	每周1次	每周1次

说明与评点

(1)这是某国际知名科技媒体中文网站平台为国内某大型专业展会项目提供的媒体营销及财务预算方案建议。

(2)表中网站平台为展会提供的营销方式共18种,以新闻报道为主,包括文字、图片、视频报道,还包括信息传播的类型和途径。

(3)在表中,网站平台对于产品报道的数量及发布时间、发布的载体,都有量化指标,而且标明了收费的标准(包括打包服务的优惠价格。所谓"打包价"指会展主办方采购该媒体的全部营销服务产品的综合优惠价格)。

(4)该表由媒体编制,提供给会展主办方作为谈判合作的参考性文件。该表的编制者既要掌握媒体服务客户的内容及操作方法,又要了解会展主办方对于本方媒体配合营销的需求,包括双方达成合作后对接资源的方法。

(5)此表可作为编制会展项目营销工作计划的参考模板。

二、营销工作计划方案

在会展项目经营管理中,市场营销工作往往是主办方极为重视的业务工作。之所以重视,原因有三:一是,营销关乎项目品质与价值传播,营销不好将直接影响项目的销售;二是,营销需要花钱,必须有的放矢,精打细算;三是,营销业务内容丰富,必须计划周全,有序推行。

编制会展项目营销工作的方案,需要掌握三个原则。

(一)了解项目营销的需求

可以用"目标导向"+"问题导向"的方法,把握会展项目的营销需求。

"目标导向",就是确定营销工作目标。"问题导向",就是根据工作目标梳理影响实现目标的问题,进而提出解决问题的措施。

(二)细化项目营销工作措施

会展项目的营销工作涉及诸多内容,相关措施必须具体务实,不能泛泛而论。比如,展览的营销一般包括观众邀约、活动组织、新闻宣传、媒体维护、赞助销售、美工设计等项业务。开展这些业务工作都需要有针对性地制定具体措施。

(三)采用适合的表达形式

写作会展项目的营销工作方案,应根据主办方的需求灵活选择表达方式。属于项目总体的营销方案,可以写成结构完整的文本性方案;属于业务事项进度控制的方案,如广告发布进度计划,可做成表图形式的方案,或写成条目式的方案;属于单项业务或重要工作的方案,如会议开幕式活动,可以做成表单式的方案。

案例 11　展览项目营销工作方案

 关于加强中国(H市)智能制造技术装备博览会市场营销工作的建议

内含案例说明与评点

案例 12　网站设计与管理方案

A市玩具与婴童用品协会官网设计与管理的方案

(草案)

1　网站栏目设置及其具体内容

网站共设7个一级栏目:首页、协会简介、新闻中心、协会工作、会员专区、展会动态、联系我们。除"首页"作为返回按钮外,其他6个一级栏目内容具体如下。

协会简介:包括发展沿革、协会章程、组织机构三方面内容。
新闻中心:包括协会新闻、行业新闻、展会新闻三方面内容。
协会工作:主要公布协会文件、简报。
会员专区:介绍协会会员情况。
展会动态:介绍A市国际婴童产品博览会情况。
联系我们:公布协会、展会主办方联系方式。

2　网站平面设计

2.1　网站主色调

网站主色调拟为金黄色,辅色调拟为粉红色。

2.2　协会logo

建议在展会logo基础上变型设计,保持两者的关联性。

2.3　其他建议

网站首页要有突出图片的使用;

网站首页要有广告位置;

网站首页要有行业内知名网站或协会会员网站的链接;

版面设计要疏密有致,要留白;

上传文稿的字型要讲究,要合适浏览。

3　网站设计工作安排

3.1　确定设计原则

经协会研究,确定网站设计的原则。

3.2　设计外包与投入

根据协会确定的原则,选择网络技术公司负责网站设计工作(其服务包括按照国家相关规定,办理网站注册登记)。网站建设的投入由协会负责。

在完成网站初步设计后,本展览公司与设计者(网络技术公司技术人员)向协会展示网站设计版,听取意见,以便修改。

4　网站管理工作职责与安排

4.1　网站的管理权属

网站系协会的官方媒体,也是协会电子化、网络化的自媒体。其管理权及责任依据国家相关法规属于协会。

4.2　网站的管理内容

网站管理包括两方面:一是日常业务的管理,指内容的生产与上传,以及网站的技术性维护工作;一是网站的综合管理,指按国家有关规定履行的管理职责,如遵守媒体信息传播的纪律或规范,按期自检或接受有关机构检查等。

4.3　网站日常业务的管理建议

4.3.1　协会管理职责

协会负责网站的综合管理,同时负责提供与协会工作相关的内容素材,包括网站一级栏目中协会简介、新闻中心、协会工作、会员专区中所需要的内容。

负责审查网站上传的信息。

4.3.2 本展览公司管理职责

接受协会委托,负责网站日常业务管理,具体包括如下工作:

负责上传网站信息,并根据网媒传播特点,适当对于上传信息进行编辑(美化);

负责网站一级栏目中展会动态的内容生产;

负责网站的及时性维护工作,如计算机程序更新、防止黑客入侵等;

负责提醒协会及时履行管理者职责。

说明与评点

(1)这是某展览公司为某市玩具与婴童用品协会官方网站提供的设计与管理方案。之所以提供方案,乃因展览公司创办婴童用品展会需要借助协会公信力(协会同意作为展会主办方)。针对协会尚无官方网站但迫切希望建立的需求,展览公司提出网站设计与管理方案,并参与维护,旨在加强双方合作关系,促进展会推广。

(2)这个方案分为两部分:一部分是网站设计原则,包括栏目、形象设计和委托制作等方面的建议;一部分是网站管理办法,包括管理的职责与分工、网站的维护方法。

(3)该方案采取"条目式"的方法表述具体内容,没有论证,只是罗列事项,文辞简洁。其序号采用科技论文的格式排列。

三、销售工作计划方案

会展项目主办方的营业收入主要来源于销售业务。编制销售工作方案是主办方计划管理的重要内容。

编制会展项目的销售工作计划,需要掌握以下原则:

(一)明确销售业务的目标

销售业务的目标就是会展项目营业收入指标。该指标必须量化,而且要按时间节点分解。

(二)明确销售工作的业务环节

开展销售工作需要诸多业务环节予以支撑,这些流程性的业务环节必须在计划里逐一分解,具体说明。

(三)明确推进销售工作的时间节点

按整个项目的限定时间,按月或按周排列各项业务的工作进度。

（四）明确销售工作的责任人

根据项目团队人员的职责分工，在计划中按工作事项确定责任人，以形成责任到人、指标到人的内部制约。

案例 13　展览项目销售工作计划

内含案例说明与评点

中部地区 N 省 W 市家居用品展览会销售工作计划

四、配套活动安排方案

本章在此介绍的活动安排方案，系指展览、会议或节庆活动中配套活动的组织工作方案。

展览、会议或节庆活动中的配套活动，包括开幕式、专题会议、颁奖、文艺表演、技艺展演、会奖旅游、宴会、酒会、嘉宾接待等多种类型的专题活动。

编写会展项目配套活动的组织工作方案，需要注意以下问题。

（一）了解活动的目的

配套活动为丰富会展项目的内容而设计，每个配套活动都有独特的意义。了解活动的目的，对于方案写作具有指导作用。

（二）了解活动的参与者

配套活动的参与者即活动服务的对象。针对活动参与者的需求，在方案中设定活动内容、活动程序和活动安排，才能因人制宜、周到有序。

（三）了解活动组织工作的细节

在写作方案时，撰写者一定要掌握活动安排的细节，比如时间、地点、具体内容以及可能产生障碍的问题等。

案例14　会奖旅游活动接待工作方案

2017年无锡会展推介会灵山参访接待工作方案

一、时间
2017年3月28—29日
二、下榻酒店
无锡灵山精舍
三、具体行程安排
3月28日（星期二）
13:30—15:00　与会者出发前往灵山小镇·拈花湾
参访地点：君来世尊酒店
15:00—15:30　品味小镇 禅意风情
参访地点：香月花街、禅意客栈
15:30—16:10　法喜安然 欢喜抄经
参访地点：远山堂
16:10—16:50　落英缤纷 湿地观光
参访地点：云水间、礼堂、生态湿地
16:50—17:10　呦呦鹿鸣 食野之苹
参访地点：鹿鸣谷
17:10—17:40　禅意酒店参观
参访地点：波罗蜜多酒店及会议中心
17:40—18:40　怀石料理 和静清寂
参访地点：会议中心祥和堂
19:00—20:30　移步怡景《禅行》随心
参访地点：灵山小镇·拈花湾
21:00　返回精舍 修养生息
地点：灵山精舍
3月29日（星期三）
07:30—08:30　相会灵山 朝山礼佛
参访地点：灵山胜境景区
08:30—09:20　禅餐晨食 素心雅尝
参访地点：精舍素心堂
09:20—09:45　办理退房
10:00—10:25　观瞻《九龙灌浴》

参访地点:灵山胜境景区
10:25—11:30 贵宾接待 游览灵山
11:30—12:00 观赏梵宫《吉祥颂》歌舞演出
参访地点:梵宫圣坛(妙音堂)
12:00—13:00 纯素美味 餐叙话别
参访地点:梵宫二楼证心厅、怡心厅
13:00 收拾行李 行程结束
活动结束,圆满灵山之行!
温馨提示 天气预报

日期	天气现象	气温	风向	风力
3月28日	阴	9—22℃	北风	3—4级
3月29日	阴	8—18℃	东风	3—4级

活动联系人:
陈先生 138××××109
陈女士 159××××687

说明与评点

(1)这是2017年3月无锡市会展推介会的配套活动——与会者参访灵山的接待工作方案。这实际是会展推介会的会奖旅游活动方案。

(2)该方案按一天半的参访行程,顺时安排在灵山景区的各项参访活动。每项活动都标明了时间、地点和具体内容。

(3)该方案是纸质印刷品平面设计的文稿,与会者拿到的是这个方案纸质印刷品。

(4)该方案对于每项参访活动的意境刻意做了提炼,如写作中的"法喜安然 欢喜抄经""落英缤纷 湿地观光""呦呦鹿鸣 食野之苹""相会灵山 朝山礼佛"等,四言八句,文辞雅致,体现了作者的文学修养,同时为纸质印刷品的美术设计者提供了灵感。

思考题

1. 主办展览、会议或活动为什么需要制订方案?

2. 展览、会议或活动项目的组织工作方案与策划方案仅仅是叫法不同吗?为什么高校在校生参加策划比赛的会展项目方案,不能为会展业者所用?

3. 党政机关主办展览、会议或活动项目,需要申报的总体方案与商业机构的项目方案在用途和写法上有什么不同?

4. 怎样表述展览或会议组织工作方案中的"指导思想"?

5. 写作会展项目业务工作及专项工作方案,编制项目经营工作计划,需要了解和熟悉相关工作的业务流程,为什么?

6. 采用表格形式编制工作计划与写作文字性方案有什么不同?

7. 在案例3《中部地区N省W市家居用品展览会组织工作实施方案》的基础上制作用于创办项目演讲的PPT。

8. 将案例10《某网络媒体为某专业展会提供的营销及财务预算方案建议》改编为表格式的营销工作计划。

Chapter 3

第三章 报告

本章教学要点

本章重点介绍会展主办方可行性研究报告的写作方法。在会展业实践中,对非中高层管理人士而言,经常需要写作的是项目总结报告、专项报告、特定工作情况报告以及工作简报,还有设计调查问卷。换言之,"上项目"的可行性研究报告以及市场调查报告,属于中高层管理人士担纲写作的"大报告",其他报告则属于普通从业者都可能承担写作的"小报告"。依本教材作者经验,掌握"小报告"的写作方法,对学习者学习报告写作来说是循序渐进的有效方法。

开篇故事

能不能兴办"子展"

——酒店用品展"大佬"市场调研

李先生是中外合资TDS公司总裁。该公司在广州主办的酒店用品展览,系国内三大酒店用品展之一。2016年4月,李先生应西部省会城市展馆经营方的邀请,前往F市考察。

考察重点有三:一是考察当地的酒店用品展会;二是了解展馆设施状况,包括展馆周边服务设施配套情况;三是了解当地酒店用品市场的需求情况。李先生十分清楚,中国东部地区的酒店用品展竞争激烈,项目成长空间有限。中西部地区展览业发展较迟,但旅游经济日趋兴旺,酒店业前景较好。如在中西部地区选点兴办酒店用品展,将为公司开辟新市场,放大公司展会的品牌效应,从而带来营业收入和利润的增长。

李先生一行在F市考察三天。除展会外,考察对象包括会展中心、家具工业园区、家具或酒店用品专业市场、知名酒店等;还参访了酒店用品生产企业,拜访了市政府会展业管理办公室、市酒店业协会和3家展览公司。在此过程中,李先生的助手进行了问卷调查,获得了339份有效问卷。

经考察和集体讨论,李先生一行认为,酒店用品展在F市拥有市场,其市场辐射力可达西南四省。公司可将酒店用品展移植F市,但时间须在一年之后,理由是抵达展馆的地铁线路2017年1月才开通,而轨道交通对于方便观众参观至关重要。

李先生一行讨论认为,公司在F市兴办酒店用品展的"子展"仍存在风险,具体为:第一,兴办"子展"虽属移植,但培育市场仍需时日,至少需要三年(三届)时间;第二,展览规模在三年内须达3万平方米,第一届展览面积须达1万平方米,如若不然则难以立足;第三,首届展会销售只能按5000元/个标准展位定价,以1万平方米400个展位计算,营业收入为200万元,而项目成本预算约为280万元,亏损在所难免;而扭亏的条件是,展览面积达2万平方米,展位总数达700个以上;第四,首届展会现场专业观众须达3500人,而且市外观众须占多数,邀约工作颇有难度;第五,F市现有一个当地展览公司主办的酒店用品展,虽展览面积不足0.5万平方米,服务品质低劣,但公司如兴办"子展",双方必起竞争。

李先生要求随行的市场部经理负责撰写调研报告,两周之后提交总裁办公会议研究决策。

说明与评点

这是一个虚拟的故事。但此类调研在会展业中并不鲜见。

展览、会议或活动的主办方创办项目,在业内俗称"上项目"。决策科学、管理规范的主办方,"上项目"之前都要进行市场调研,一般要求提供调研报告。TDS公司总裁李先生要求公司市场部撰写的报告,实际是"上项目"的可行性研究报告。

第一节 报告的定义与应用

撰写报告,是会展主办方中高层人士或"会展写手"必须具备的能力。即便主办方的中高层管理者不必亲自撰写报告,也必须具备研讨、审议、修改报告的能力。

一、报告的定义

向上级汇报工作、反映情况,或者回复上级询问的书面材料,一般称为报告。政府官员在人民代表大会上汇报的工作报告,称为政府工作报告。

向公众或特定受众说明情况的书面文件,也采用报告形式,如国务院新闻办公室发布的《中国的人权状况》(白皮书),又如中国会展经济研究会发布的《中国展览数据统计报告》。

报告作为公文的一种形式,广泛运用于党政机关、社会团体和企业事业机构。

联合国作为国际上最大的官方机构,每年都要发布若干报告。如联合国开发计划署于2017年3月在瑞典首都斯德哥尔摩发布的题为《人类发展为人人》的2016年人类发展报告。此报告呼吁人们关心世界上被边缘化的弱势群体。又如,联合国开发计划署与联合国资本发展基金于2017年5月共同发布的题为《中国的社交网络、电子商务平台以及数字支付生态系统的增长——对其他国家的意义》的报告。此报告指出,数字技术在中国的不断发展和普及正全面改变着人们的生活方式,建议其他国家借鉴和学习。

中国政府每年都有诸多报告发布。如,国家统计局每年都要发布《国民经济和社会发展统计公报》,商务部每年分为春、秋两季发布《中国对外贸易形势报告》。

在中国,常年发布会展业发展报告的机构有商务部、中国国际贸易促进委员会、中国会展经济研究会、中国会议酒店联盟、中国会展杂志社、上海市会展行业协会、广东省贸促会、上海大学、成都大学等。

上市公司按规定公开发布的年报、季报,是企业经营状况的报告。2018年,在"新三板"上挂牌的会展公司有二十余家,从其发布的年报中既可以了解上市会展公司的经营状况,也可以观察会展业的发展态势。

本教材所指的报告,是会展主办方经常使用的报告,即包括可行性研究报告、专项报告、工作简报、展后总结报告在内的业务工作性质的报告,而不是分析会展业宏观发展状况的报告。

二、报告的应用

展览、会议或活动的主办方需要以书面报告形式汇报的工作、反映的情况或回复的问询,往往关乎主办方的重大事项或重要关切。

主办方常用的报告主要分为三类,其用途具体介绍如下。

(一)新项目可行性研究报告

新项目可行性研究报告指通过市场分析和操作评估,提出创办展览、会议或活动项目的可行性研究的文字报告,以供主办方决策使用。

既有展览项目的异地复制,或在既有展览项目中增加新的主题,也需进行可行性研究,也可以提出报告。既有展览项目,即主办方已经举办的项目。既有展览项目的异地复制,指主办方将某地展览项目移植于另一地方举办(如在多地复制,又称为"连锁办展");在既有展览项目中增加新的主题,指因市场变化或发展需要,在原有展会的展览范围中增加新的内容。如某公司主办机械装备展会已有十年(十届),为适应智能制造发展的需要,决定在展览范围中增加机器人的内容。机器人即为机械装备展会的新主题。

(二)专项工作报告

专项工作报告指根据主办方的需求或相关工作的需要,针对会展项目、特定市场、特定客户、特定竞争对手或某项工作,提供的专项或专门的文字报告,以供主办方决策或改善经营管理使用。

(三)工作简报

工作简报,即通报工作情况的简略文字报告。

党政机关或人民团体、民间社团、大型企事业单位为交流工作信息,会在内部设立刊物,其刊登的通报工作情况的简略文字报告一般称为"工作简报",也可称为"工作情况""信息交流""情况反映""要情通报"等。

会展主办方的工作简报多用于反映会展项目某一阶段的进展情况。这种简报多数是会展承办方应主办方(主要是主办展览、会议或活动的政府或民间社团)的要求提供的。主办方根据需要,可能将其登载于内部信息交流的刊物上。

此外,调查问卷与调研工作关系密切,故而安排在本章与报告写作知识一并介绍。

第二节　可行性研究报告的写作

在会展主办方写作的报告中,可行性研究报告属于写作难度较高的文案。

会展主办方的可行性研究报告,通常是关于"上项目"的研究报告。"上项目"的可行性研究报告事关主办方的发展战略,往往牵涉同行业的市场竞争,故属于主办方(尤其是商业项目的主办方)的保密性文件。

一、可行性研究报告的结构

本教材提供四个可行性研究报告的案例。本章列有其中的三个,即:《"中国国际(北京)咖啡展览会"项目的可行性研究报告》《在F市兴办酒店用品展会的可行性研究报告》和《在环保展会中新增环卫设备专题的可行性研究报告》;第九章"写手修炼"列有一个案例,即《C省创办消费博览会的可行性研究报告》。通过这些案例,可以了解写作可行性研究报告的文本结构。

(一)报告的标题

可行性研究报告的标题是一个完整的句子,一般由两部分组成:前面的部分是项目名称,后面的部分是报告的名称。如《"中国国际(北京)咖啡展览会"项目的可行性研究报告》中,"中国国际(北京)咖啡展览会"是项目名称,"可行性研究报告"是报告名称。

（二）报告的正文

可行性研究报告的正文,一般由调研工作情况、调研分析、调研建议或意见三部分组成。

调研工作情况的介绍并非报告必备,如《在环保展会中新增环卫设备专题的可行性研究报告》中就没有此部分内容。即便需要报告,也应简略扼要。

在"上项目"的可行性研究报告中,调研分析和调研建议或意见是主体内容。其中,调研分析的对象是要"上"的项目,分析内容包括项目的发展前景、市场需求、主办方优势或劣势等。通过调研形成的建议或意见,即是否"上项目",要在报告中明确地表达出来。如果提议"上项目",还须提出项目操作的意见。

（三）报告的附件

可行性研究报告的附件是报告的重要组成部分,是对报告所涉及的某个或多个问题、某项或多项工作进行的详细说明或重要补充。

可行性研究报告是否需要附件,需要什么样的附件,应根据报告的内容构成而定。一般规律是,凡在报告中不可缺少的重要内容、且叙述文字篇幅较大的,应该单独成文作为报告的附件,如项目的财务预算。

二、可行性研究报告的写作方法

根据案例,现对写作可行性研究报告的思路与方法做以下归纳。

第一,明确写作目的。

会展主办方的可行性研究报告通常围绕"上项目"的需要而撰写。《"中国国际(北京)咖啡展览会"项目的可行性研究报告》《C省创办消费博览会的可行性研究报告》所调研的项目属于创办项目,即创办新项目;《在F市兴办酒店用品展会的可行性研究报告》所调研的项目属于复制项目,即主办方复制本公司广州的"母展",在F市创办"子展";《在环保展会中新增环卫设备专题的可行性研究报告》所调研的项目属于在"老项目"中增加"新主题"。四份报告研究的问题都是"上项目"。

"上项目"的可行性研究报告,是提供上级审阅或审议的。《"中国国际(北京)咖啡展览会"项目的可行性研究报告》,是合资公司英方股东提议立项调研的。《C省创办消费博览会的可行性研究报告》,是C省发改委要求展览公司提供的;《在F市兴办酒店用品展会的可行性研究报告》,是TDS公司总裁布置本公司市场部撰写的。《在环保展会中新增环卫设备专题的可行性研究报告》,是项目经理自行撰写提交公司的。上级审阅或审议这些可行性研究报告,是为了决策是否"上项目"。

第二,收集写作资料。

要写作可行性研究报告，撰写者需要大量掌握与调研对象有关的资料。俗话说"巧妇难为无米之炊"。再善于写作的业者，如果没有资料就等于是没有食材做饭的"巧妇"。

撰写者掌握写作报告所需资料的最佳途径，就是直接参与调查研究工作。撰写者亲身参与调查研究，就能够直接掌握第一手资料。如果因故未能直接参与调查工作，也不是不能写报告。在此情况下，撰写者可以通过间接方式获取第二手资料，以满足写作报告的需要，包括参与"上项目"的研究工作，全面深入了解调查工作的过程以及收集相关资料。

调查资料除来自实地考察、访问之外（如TDS公司组织专班赴F市调研），还需要通过其他渠道和方式收集，如新力展览公司环保展项目经理郑红叶的报告中，介绍环卫产业的发展情况的资料，就是通过互联网收集的。如何收集资料，可以参看本教材第九章和《会展策划》一书第四章"展览会项目的市场调查方法"（张凡编著，华中科技大学出版社出版）。

第三，注重对象分析。

在"上项目"的可行性研究报告中，分析调研对象实为做经济分析。做经济分析，既考验撰写者梳理调查资料的能力，又考验撰写者利用经济学知识进行科学实证的能力。

如《"中国国际（北京）咖啡展览会"项目的可行性研究报告》，在报告的第二章"项目市场环境分析"中，从全球咖啡产需状况、中国咖啡生产状况、中国咖啡市场需求状况和咖啡文化四个方面分析中国咖啡业的发展状况，意在说明报告结论的背景与根据。

又如《在F市兴办酒店用品展会的可行性研究报告》，从F市基本情况、兴办"子展"的有利条件和兴办"子展"的挑战三个方面展开分析。其中，对于F市基本情况的分析，分为城市综合情况、酒店及餐饮业情况和会展业情况三个部分；对于兴办"子展"有利条件的分析，分为市场容量、客户兴趣、竞争对手和F市政府与会展中心支持四个部分；对于兴办"子展"挑战的分析，分为培育市场时间、配置项目团队两个部分。

再如《在环保展会中新增环卫设备专题的可行性研究报告》，对于新增主题的市场分析，分为环卫市场需求、环卫设备制造、小康建设促进和国内环卫专业展会兴起四个部分；对于新增主题的利弊分析，分为有利条件和不利条件两个部分。

第四，表明研究意见。

在"上项目"的可行性研究报告中，经过调研形成的建议或意见，必须明确表达出来。

首先是提出意见，即是否主张"上项目"。可行性研究报告的结论可以是同意，也可以是不同意。如《"中国国际（北京）咖啡展览会"项目的可行性研究报告》提出的意见是暂缓"上项目"。无论是同意还是不同意"上项目"，都需要在报告中明确阐述。

其次是提出建议。同意"上项目"的报告，必须提出该项目"如何上"的具体建议。《C省创办消费博览会的可行性研究报告》《在F市兴办酒店用品展会的可行性研究报告》《在环保展会中新增环卫设备专题的可行性研究报告》表明同意"上项目"的意见后，都详细而务实地提供了项目操作的建议。

第五，借助数据表达。

通过数据反映情况、分析问题、说明观点，是可行性研究报告的特征。报告中有没有数据,所采用的数据是否科学、权威,能不能佐证研究结论,是衡量报告品质的重要标准。是否擅长数据采集和数据分析,可以反映撰写者的认知水平和专业能力。

可行性研究报告所采用的系统性数据,应注明来源。

可行性研究报告的数据表达,一般采用文字与图表相结合的形式。制作符合统计学规范的表图,是写作可行性研究报告的基本功之一。

第六,把握写作风格。

可行性研究报告属于研究型报告,类似学术论文。较之学术论文,报告无须反映考证研究的过程,也不必介绍研究所有的理论依据,故而篇幅一般在万字左右。

报告的内容须通过分纲立目,有条理地展现,既可按章节排列顺序,如《"中国国际(北京)咖啡展览会"项目的可行性研究报告》;也可按"一、""(一)""1.""(1)"排列架构层次,如《在F市兴办酒店用品展会的可行性研究报告》和《在环保展会中新增环卫设备专题的可行性研究报告》;还可以按国际科技论文的格式设置目录,例如:

1 行业发展状况
1.1 国内外行业发展状况
1.2 展会举办地行业发展状况
2 创办展会的条件
2.1 有利条件
2.2 不利条件

报告的语言应为严谨的书面语言,包括表述规范的经济分析。

三、可行性研究报告的案例

本教材提供的四个案例各有特点:《"中国国际(北京)咖啡展览会"项目的可行性研究报告》《C省创办消费博览会的可行性研究报告》属于创办展会新项目的报告(前者系展览公司商业展"上项目"的研究报告,后者系省政府部门要求展览公司提供的政府展"上项目"的研究报告);《在F市兴办酒店用品展会的可行性研究报告》属于复制展览项目的报告;《在环保展会中新增环卫设备专题的可行性研究报告》属于在既有展览项目中新增主题的报告。

学习者应结合可行性研究报告的写作结构、写作方法以及常见毛病研读案例,同时参阅每个案例后面的"说明与评点",细加思考,梳理认知。

第三章 报告

 案例 1　创办展会项目的可行性研究报告

 → "中国国际(北京)咖啡展览会"项目的可行性研究报告

内含案例说明与评点

 案例 2　创办展会新项目的可行性研究报告

 → 在F市兴办酒店用品展会的可行性研究报告

内含案例说明与评点

 案例 3　既有展会拓展新主题的可行性研究报告

 → 在环保展会中新增环卫设备主题的可行性研究报告

内含案例说明与评点

四、可行性研究报告写作中常见的毛病

好的可行性研究报告,具有资料翔实、观点明确、格式规范、言简意赅的共性。而不好的可行性研究报告,经常可见的毛病如下:

一是,大篇幅地照抄党政文件,以为如此才显得"高大上"。要明白,引用党政机关文件的内容必须具有针对性。即便需要引用也不应连篇累牍,尤其是粘贴原文式的大量复制。这种"抄文件"的内容除徒增报告篇幅外,还会令审阅或审议者不悦。

二是,大量采用与报告主题缺乏逻辑关系的资料,以堆砌资料方式撑大篇幅,以为报告的页数越多越好。殊不知,在能够反映情况、说明观点的前提下,文案所采用的资料越精越好,文字的篇幅越小越好。

三是,分析问题、表达观点没有条理,逻辑混乱,前后重复甚至前后矛盾。

四是,分析论证缺乏数据,多以空泛的概念作为依据。报告中采用的系统性数据,没有注明来源。

五是,报告的文本呈现粗糙,文字中语病较多,字型混乱,格式不统一,观感欠佳。

第三节　专项报告的写作

专项报告也可称为专题报告。

在会展业中,主办方,尤其是管理规范的主办方,在经营管理工作中经常使用专项报告。而且专项报告的撰写者也不限于中高层管理者。

一、专项报告的分类

专项报告是指需要用书面形式提交的关于某项工作或某个问题的报告。

会展主办方常用的专项报告可以分成五类:项目总结报告、项目经营分析报告、市场调查报告、项目财务分析报告和特定工作情况报告(见表3-1)。

表3-1　专项报告的应用分类

分类	内容	用途	撰写者
项目总结报告	总结项目组织工作情况及其成效或问题	主办方内部交流或外部宣传	项目经理或营销人员

续表

分类	内容	用途	撰写者
项目经营分析报告	分析项目经营管理状况	主办方内部交流	项目经理或部门经理
市场调查报告	市场、客户、竞争对手考察分析	主办方内部交流，管理层决策	负责考察者
项目财务分析报告	分析项目财务管理情况	主办方内部交流	主办方财务部门人员
特定工作情况报告	根据主办方需要	根据主办方需要	负责或参与工作者

在专项报告中，项目总结报告既可用于主办方的内部交流，也可用于主办方的对外宣传，但报告的内容有所不同。项目经营分析报告、市场调查报告、项目财务分析报告和特定工作情况报告主要用于主办方的内部交流，具有报告工作、总结工作或研究工作的性质，也可以供上级决策使用。

二、项目总结报告的写作方法

在会展业内，常将展会项目总结报告称为展后报告，将会议项目总结报告称为会后报告。以下案例是主办方用于对外宣传的展后报告。

案例 4　展后报告

内含案例说明与评点

第十二届中国国际机床工具展览会 CIMES 2014 展后报告

2019 第二届中国国际进口博览会——企业商业展展后报告

中国国际机床工具展览会（英文缩写为CIMES）由中国机械工业集团公司、中国机床总公司主办。第十二届中国国际机床工具展览会于2014年6月18—22日在北京举办。

通过《第十二届中国国际机床工具展览会CIMES 2014展后报告》(以下简称"CIMES展后报告")案例,以下讨论写作项目总结报告所需掌握的基本方法。

第一,明确报告用途。

该项目总结报告主要用于主办方的营销推广,受众主要是该展会的客户。基于这两点,这种报告必然具有"软文"性质("软文"的具体解释见本教材第七章)。

作为公开发布且具"软文"性质的项目总结报告,在内容上是有选择性的,故而不完全是客观性质的总结。换言之,这种总结报告是通过正面信息反映主办方的办展成效,发挥宣传项目的作用,因此不会写入不利于自身的消极内容。

第二,把握报告内容。

展后总结报告的内容,一般分为展会概况、本届特点、客商调查、下届预告等部分。

在展会概况部分,报告通过数据展现展会的经营规模和发展状态。"CIMES展后报告"公布了2014年第十二届展会的数据,除展览面积、参展商数量、现场登记观众数量等基本数据外,还有参展产品、海外参展商、新参展商、展会同期配套会议、组团参观、到会媒体和展会期间贸易成交等方面的数据,以及海外参展商的国别统计数据。"CIMES展后报告"还将参展商、观众的数据与上届进行了比较。

在本届特点部分,报告通过概括展会的特色,反映展会"亮点"。"CIMES展后报告"突出介绍了"中国机床工具发展高端论坛""机器人自动化专区"等六个方面的"亮点"。

在客商调查部分,报告通过整理展会现场调查问卷所获信息,反映展会的效果和客商的好评。"CIMES展后报告"中,客商调查及其反映分为观众调查、展商调查、买家反馈、组团好评、国际观众寄语、展商寄语六个方面。其中,观众调查、展商调查中的数据,来自主办方在展会现场发放的问卷或展后的电话询问;买家反馈、组团好评、国际观众寄语、展商寄语的报道,来自主办方的现场采访。

在下届预告部分,报告预告下届展会的举办时间、地点以及主办方联系方式,意在提醒客商下届展会的举办时间,促进下届展会销售。"CIMES展后报告"。提醒客商,下届展会将在两年后的2016年于北京举办。此部分虽未预告具体举办时间,但详细罗列了联系方式,以便日后的业务联系。

第三,收集写作素材。

根据项目总结报告的写作内容收集相关资料,是撰写者必做的功课。

要根据预定的写作内容,事先收集资料,而不应边写找资料。展会往往是收集资料的重要场合。以报道方式呈现的客商反映,其采访工作一般应在展览现场完成。此类采访须事先有所策划(要考虑受访者的代表性,其中有的人需要预约),并安排专人负责,还需要配备采访设备(如录音笔、照相机)。

第四,创新编排形式。

项目总结报告有两种呈现形式。

一种是写成文章,以纸质文件或电子文件形式发送客商。一种是按广告风格设计成电子文件发送客商(需要时也可以打印为纸质文件)。"CIMES展后报告"采用的就是第二种形式。其通过平面美术设计,按16开版面规格、共8个页码(8P)置放报告内容,排版有序,色调鲜明(可扫码进入本章所附二维码,查看经过美术编辑的《第十二届中国国际机床工具展览会CIMES 2014展后报告》电子文档)。

平面美术设计这种形式的项目总结报告,需要文编和美编相互配合。文编提供文案,美编负责平面设计。目前,采用这种形式的项目总结报告已经成为主流。

无论以哪一种形式呈现报告,在编排上都要做到图文并茂。在展览、会议或活动现场拍摄的照片,是图片的重要来源。对于项目总结报告来说,图片不仅能丰富视觉效果,还能因"有图有真相"的阅读心理有利于提升传播效果。

在互联网时代,这两种形式的项目总结报告都会被主办方放在项目的官方网站上,供客户浏览或下载。为方便客户使用手机阅读,许多主办方设计手机版的项目总结报告,内容上更加简洁,版式上更加时尚。

第五,注重发布时间。

项目总结报告一般在会展项目结束之后的一个月之内发布。如果发布的时间超过一个月,甚至更久,随着客商对于展会的关注度下降,项目总结报告的营销作用就会减弱。

三、项目经营分析报告的写作方法

在会展业内,项目经营分析报告用于主办方内部的信息交流,不会对外公开。

案例5　会展项目经营分析报告

2015年"机器换人论坛"经营分析报告

广润会议服务公司财务部

(2015年11月)

"机器换人论坛"系本公司2014年创办的会议项目。2015年"机器换人论坛"于10月14—15日在成都召开,现就该项目经营情况分析如下:

一、基本情况

2015年"机器换人论坛"营业收入73.60万元,营业利润20.86万元,与会人数达316人,超额完成公司计划指标。

二、指标分析

2014年与2015年"机器换人论坛"主要财务指标分析如表3-2和表3-3所示。

表3-2　2014年、2015年项目营业收入比较　　　　单位:万元

年份	收入构成						收入总计	年度比较/(%)
	演讲销售	占比/(%)	注册费	占比/(%)	商业赞助	占比/(%)		
2014	19.60	38.89	20.80	41.27	10.00	19.41	50.40	100
2015	28.80	39.13	35.20	47.83	9.60	13.04	73.60	146

表3-3　2014年、2015年项目营业成本比较　　　　单位:万元

年份	成本构成											成本总计	营收成本比率
	会场租赁	占比/(%)	嘉宾接待	占比/(%)	住宿餐饮	占比/(%)	资料印制	占比/(%)	主办服务	占比/(%)	其他	占比/(%)		
2014	11.70	28.19	9.90	23.86	8.58	20.67	2.75	6.63	5.00	12.05	3.57	8.60	41.50	82.34
2015	13.90	26.36	14.01	26.56	10.52	19.95	3.22	6.11	5.00	9.48	6.09	11.55	52.74	71.66

根据以上统计,可做如下分析:

(一)2015年"机器换人论坛"的经济效益明显好于2014年,营业收入、营业利润指标同比分别增长46.03%和134.38%,增幅较大。

(二)2015年"机器换人论坛"的营收成本比率同比降低11个百分点。

(三)2015年"机器换人论坛"营收成本比率之所以降低并不是投入减少或节约开支所致,而是扩大销售的结果,例如与会人数增加(由2014年的183人增至2015年的316人)带来注册费收入增加。

(四)如扣除人工成本、办公费以及营业税,2014年"机器换人论坛"的纯利润为—2.31万元;预计2015年"机器换人论坛"的纯利润在3.7万元。该项目已扭亏为盈。

三、经营管理建议

(一)该项目经过培育现已扭亏为盈,但盈利水平偏低(项目营收利润率仅为

5%),发展尚不稳定,需要继续加强经营管理,努力使项目营业收入超过100万元,纯利润超过15万元(项目营收利润率达15%)。

(二)该项目2015年的业绩证明其具有良好的市场前景,应乘势而上,制订未来三年发展计划,明确发展战略,有针对性地提出发展措施。

(三)建议把扩大与会人数规模、增加注册费收入作为重点,继续强化销售工作,加码销售奖励政策,争取2016年与会人数超过400人。

(四)重视成本节约问题,建议2016年会议地点定在交通便利且机械制造业发达的中等城市,如湖北十堰、江苏无锡、河南洛阳,以降低会场租赁、住宿餐饮的成本。

说明与评点

这是会议项目的经营分析报告。

提交此类报告的,既可以是主办方的财务部门,也可以是项目经理。

通过财务数据分析项目经营状况,并提出改善经营管理的意见,是这种报告的基本作用。

要写好项目经营分析报告,需要熟悉会展项目和相关财务管理知识。

通过《2015年"机器换人论坛"经营分析报告》案例,以下讨论写作项目经营分析总结报告所需要掌握的基本方法。

第一,明确报告用途。

在主办方内部,项目经营分析报告通过提出对于经营活动的分析意见,便于主办方管理层深入掌握项目的经营状况,尤其是了解项目经营存在的问题。

由于报告内容涉及主办方的商业秘密,非但不可对外公开,也不是主办方普通成员可以知晓的。

第二,了解报告内容。

项目经营分析报告的内容一般分基本概况、指标分析和经营管理建议三个部分。

在基本情况中,只需要简述项目的举办时间、地点和主要经营指标的实现情况。

在指标分析中,主要分析营业收入、营业成本等财务指标的构成与变化情况。

在经营管理建议中,根据指标分析提出改善经营管理的意见或建议。

第三,掌握分析方法。

财务分析是项目经营分析报告的关键环节。

在《2015年"机器换人论坛"经营分析报告》中,撰写者主要分析了营业收入和营业成本的财务数据,而且采用了结构分析和对比分析的方法。其中,结构分析是梳理营业收入和营业成本的构成关系;对比分析是比较2015年与2014年的指标差异。

此类报告呈现分析的方式一般是采用统计表格。但分析的意见仍然需要通过文字来表达。《2015年"机器换人论坛"经营分析报告》在展现财务统计数据之后,提出了四点分析意见。这些意见是在统计数据的基础上提炼归纳的,比如对于项目经营效果的评价。

为提供科学客观的分析,撰写者必须收集相关资料,特别是项目的财务数据资料。

第四,提出改进意见。

提供改善经营管理的建议或意见,是写作项目经营分析报告的目的所在。

在《2015年"机器换人论坛"经营分析报告》中,撰写者一共提出了四条具体建议,涉及市场前景、发展目标、经营措施等方面。这些建议基本是站在财务管理的角度提出来的。

第五,把握写作风格。

简洁明了是项目经营分析报告的语言风格。

因为报告的阅读者是主办方管理层人员,在内容上无须自我粉饰,应该直奔主题,实情实证;在文字上也无须"添花加草",应该客观反映、率直表达。

提示

会展项目财务分析报告的写作,可以参阅《展览项目管理》(张凡、张岚编著,华中科技大学出版社出版)一书中"财务管理"一章。

四、市场调查报告的写作方法

市场调查是会展主办方的一项经常性工作。需要提交调查报告的重要事项,包括"上项目"或购并项目的市场调查、竞争对手调查、出差考察其他主办方的展会、拜访重要客户情况,等等。以下来看四个案例。

 案例 6 展览会项目市场分析报告的撰写

 中国中部某省会城市"家居用品展览会"市场调查报告

内含案例说明与评点

案例7　展会考察报告

考察"广州建博会"的报告

（恒立展览公司建材展项目组）

经公司同意，方明、王景东、孟琳三人于2014年8月7—11日赴广州考察第16届中国（广州）国际建筑装饰博览会（以下简称"广州建博会"）。

"广州建博会"8月8日开幕，11日结束，共四天。三人在11日下午返程，实际参观时间是三天半。

一、展会概况

"广州建博会"原由民营公司创办，后被中国对外贸易中心（"广交会"承办方、中国进出口商品交易会展馆即琶洲会展中心经营方）收购，目前是国内规模最大的建筑材料展会。

此届展会展览面积为32万平方米，基本满馆。

展会有建卫陶瓷、门窗、衣柜、遮阳、地材、石材、建筑五金、装饰玻璃、墙纸、布艺、楼梯、照明、化学建材、集成家居、整木家装和厨具等十多个展区。参展商超过4000家，观众超过20万人。

二、现场拜访

三人事先在广州临聘15名实习生，在展会现场散发本公司建材展邀请函，同时收集展商资料，共收集展商名片2953张、会刊2本、其他相关资料若干。

三人分别拜访413家展商，其中包括本公司建材展用户51家。有36家展商（新客户）表示了参加本公司展会的意向，其中，5家与本公司签订了参展合同，展位总数达16个。

三、考察观感

（一）虽然"广州建博会"在南国酷暑中举办，但是炎热的天气并未影响观众参观的积极性，说明展会具有吸引力。

（二）与上海建材展不同的是，"广州建博会"的参展商主要是中小企业，跨国公司或大型企业占比相对偏低。珠三角的企业在参展商中占比较高，集中在建卫陶瓷、门窗、建筑五金、装饰玻璃和厨具等行业。

（三）门窗、建筑五金、装饰玻璃三个展区均超过3万平方米，总共占"广州建博会"的展览面积的三分之一以上，体现了组展的特色。

（四）专业观众中，来自珠三角、华中和西南地区的居多；建筑装修、装修设计、建材专业市场行业的观众是主流；"80后"的观众占大部分。

说明与评点

这是本教材编著者亲历的案例。

参观考察其他主办方举办的同主题展会，尤其是行业标杆展会，是展览业者对标学习、收集信息的常规做法。

报告旨在汇报参观考察工作的情况，反映学习的收获或观感。

 案例8　展会购并项目调查报告

展会购并项目调查报告写作提纲

一、项目基本情况

项目发展沿革，项目主办方、主要权益人及项目团队情况。

二、项目近三届经营状况

展会最近三届经营状况，尤其是展览规模、观众人数、营业收入、利润等指标情况。

三、项目购并的利弊分析

分析评估购并项目的必要性、可行性、有利条件和不利因素。

四、项目购并建议

提出项目购并的意见以及关于购并操作的建议。

说明与评点

展会购并项目的调查报告极为复杂，属于专业度较高的工作，在购并方只是极少数人参与。故而只列出写作提纲，供学习者体会。

 案例9　展会竞争对手调查报告

展会竞争对手调查报告写作提纲

一、基本情况

竞争对手机构发展沿革，主要权益人及机构组织情况。

二、经营状况

竞争对手机构经营工作情况,主要是展会项目经营情况。其中,产生竞争的项目情况是报告重点。

三、竞争分析

调查方感兴趣的问题是报告的重点。

四、建议

根据调查情况提出针对性意见。

说明与评点

对竞争对手的调查极其敏感,是调查方极其机密的工作,参与者极少。

本教材列出展会竞争对手调查报告的写作提纲,供学习者参考。

通过《中国中部某省会城市"家居用品展览会"市场调查报告》《考察"广州建博会"的报告》《展会购并项目调查报告写作提纲》和《展会竞争对手调查报告写作提纲》四个案例,以下讨论写作调查报告的基本方法。

(一)明确报告用途

市场调查报告主要用于主办方内部进行信息交流。

在特殊情况下,市场调查报告也有用于进行外部信息交流的。如某展览公司承办政府展会项目,政府机构要求展览公司提供相关展会项目的市场调查报告。

但须明白,市场调查报告大多涉及主办方的机密事项,因而交流范围甚小。因此,报告的撰写者一般不会是普通员工。

(二)了解报告内容

市场调查报告的内容大体可分为两个部分:一是调查情况的归纳,一是调查意见的反映。前者俗称"摆情况",后者俗称"讲意见"。

"摆情况"不是无目的地罗列调查所获得的资料,而是通过梳理、分类、组合等方法,对资料进行归纳编排,以求反映被调查对象内在的变化规律或行为逻辑。

"讲意见"不是无的放矢或自说自话,而是调查者在"摆情况"的基础上阐述观点或意见。调查报告所提炼的观点,是报告的精华。

(三)收集调查资料

市场调查报告的资料收集工作与可行性研究报告的要求是一样的。如何收集资料,可以参看《会展策划》一书第四章"展览会项目的市场调查方法"(作者张凡,华中科技大学出版社2020年出版)。

(四)善于"摆情况"

市场调查报告中的"摆情况",需要根据一定的逻辑编排所获得的调查资料。如《中国中部某省会城市"家居用品展览会"市场调查报告》的"家居用品行业市场分析"部分,编排资料的逻辑如下。

  2 家居用品行业市场分析
  2.1 家居用品市场需求态势
  2.1.1 国际市场需求
  2.1.2 国内市场需求
  2.2 中国家居用品行业发展状况
  2.2.1 家具行业情况
  2.2.2 居家用品行业情况
   A. 家用纺织品制造业
   B. 灯具制造业
   C. 厨具、餐具、茶具制造业
   D. 玩具、家用饰品制造业
  2.2.3 家装建材行业情况
   A. 地面材料制造业
   B. 内墙材料制造业
   C. 电工材料制造业
   D. 建筑门窗制造业
   E. 卫生洁具制造业
   F. 建筑与装饰玻璃制造业
  2.3 H省家居用品行业的发展状况
  2.3.1 家居用品制造业基本情况
  2.3.2 家居用品流通业基本情况
  2.3.3 省及地方政府扶持家居用品行业发展规划与政策的情况

通过以上目录,我们可以清楚地看到,撰写者为分析家居用品行业的市场情况,分三个层次编排所获得的调查资料:第一层次是"家居用品市场需求态势",其中又分国际、国内两方面的情况;第二层次是"中国家居用品行业发展状况",其中又分家具行业、居家用品行业、家装建材行业三方面的情况;第三层次是"H省家居用品行业的发展状况",其中又分家居用品制造业、家居用品流通业、省及地方政府扶持家居用品行业发展规划与政策三方面的情况。

(五)精于"讲意见"

"讲意见"是市场调查报告的"点睛之笔",这和可行性研究报告、项目经营分析报告的意见表达方法是一样的。

精于"讲意见",意在客观、准确地表达报告撰写者的意见,同时做到要言不烦。

(六)把握写作风格

市场调查报告因调查对象的不同,在文字篇幅上区别很大。如类似《中国中部某省会城市"家居用品展览会"市场调查报告》《展会项目购并调查报告》,文字篇幅不会少于一万字,甚至可以多达数万字;而类似《考察"广州建博会"的报告》,文字篇幅不大,千余字就可以将事项讲清楚。但无论篇幅大小,条理清晰、文字简明是写作市场调查报告的基本要求。

五、特定工作情况报告的写作方法

除项目总结报告、项目经营分析报告、市场调查报告之外,会展主办方还会因为某些特定需要而撰写报告。

主办方的这些特定需要一般分为两种情况:一是,主办方应外部机构的要求,提供有关工作的报告。如中国机械工业联合会同意作为某展览公司所办机械展会的冠名主办单位,其要求该公司提供展会工作总结报告(请注意,中国机械工业联合会所需要的展会总结报告,绝不是本章案例《第十二届中国国际机床工具展览会CIMES 2014展后报告》那样用于营销的展后总结,而是内容相对客观、公文格式的工作总结报告)。二是,主办方因自身工作需要,要求内部有关部门或项目组提供的有关工作的报告。如某会议公司董事会要求各分公司提交近三年项目经营工作的报告。

 案例10 展会阶段性工作情况的报告

第五届国际机电产品博览会承办工作的汇报

国际机电产品博览会组委会办公室:

  在组委会的关心和支持下,第五届国际机电产品博览会(以下简称"机博会")目前各项承办工作进展顺利。特汇报如下:

  一、招展任务完成过半

  截至5月30日,已有235家客商报名参加"机博会",预定展位1078个。按预定展位总数,现已完成七成展位招商任务。在参展客商预定的展位中,特装展位面积占45%以上。

二、参展客商档次提高

德国西门子、菲尼克斯电气、诺德、SEW、瑞士ABB、瑞典SKF、美国罗克韦尔、史丹利、日本三菱、韩国LS产电、大连机床、沈阳机床、齐齐哈尔机床、上海机床等国内外国内大型企业踊跃报名参展。知名企业参展数量、预定展位数量都超过上届展会。

三、观众邀约全面展开

自今年1月起,专业观众邀约工作陆续展开。除在15种专业杂志登载广告外,已寄送7万份邀请函。其中,省内占65%,省外占25%。境外的观众邀约由本公司委托香港合作机构负责,现已展开工作。

四、存在的问题

(一)由于展馆一层展厅只能容纳700个标准展位,大型、重型机械展品不宜上楼,许多客商的参展需求无法满足。

(二)由于展馆层高仅10米,且内多建筑立柱,大型、重型机械展品运输进馆布展、撤展十分不便。2天布展、1天撤展的时间安排恐怕不够。此外,机器设备现场运转所需的电力负荷也不配套。

(三)本地企业参展积极性不高,目前报名企业少于上届。部分已报名企业不愿意交付参展费,而且要求占据展馆中最好的位置。

(四)与展馆、地方官方媒体、公安、消防、交通部门的协调不够顺畅。

五、建议

恳请组委会领导近期听取本公司承办工作的汇报,针对存在问题协调改进措施。

SAC展览有限公司

2008年5月30日

说明与评点

这是一个真实的案例。但本书采用时略作修改。

案例标题为《第五届国际机电产品博览会承办工作的汇报》,其后缀虽为"汇报",但实质仍是"报告"。

SAC展览有限公司承办的国际机电产品博览会是政府展会。博览会组委会属于政府机构。组委会办公室要求展览公司按季度汇报承办工作情况,而且必须是书面汇报。

通过《第五届国际机电产品博览会承办工作的汇报》的案例,我们来讨论写作此类报告的基本方法。

(一)明确报告用途

此类工作情况报告具有特定的针对性,如《第五届国际机电产品博览会承办工作的汇报》就是针对组委会办公室的。也就是说,这个报告是组委会办公室要求展览公司上报的。

明确报告的针对性,即报告是谁要求写的、谁需要看这个报告,报告写作才能避免无的放矢、文不对题。

(二)掌握报告内容

此类报告的内容与报告的针对性密切关联。如《第五届国际机电产品博览会承办工作的汇报》中的内容是组委会办公室所需要的,尤其是关于展会承办工作的进展情况。而汇报中所写的"存在的问题"和"建议",则是展览公司希望报告的内容。

(三)把握写作风格

特定工作情况报告在行文上同样要求简明。报告的结构以及遣词造句要符合报告的针对性。如《第五届国际机电产品博览会承办工作的汇报》,说成绩不饰渲染,讲问题有所节制,提建议用语谦恭,这符合汇报者的承办方身份。

第四节 工作简报的写作

工作简报,作为机构内部信息交流的一种刊物,在会展机构的运用多见于内设机构复杂的国有单位或民间社团。中国会展经济研究会作为会展业著名的学术社团,其编辑的《中国会展经济信息》(原称《中国会展经济研究会电子信息》),就具有工作简报性质。《中国会展经济信息》自2007年至2021年已编发800多期,每月3—4期。其内设本会动态、特别关注、会展数据、国际交流、专题访问、会展微讯等栏目。《中国会展经济信息》的内容大多来自转载,只有本会动态等少数栏目的内容是研究会人员撰写的。中国国际展览中心集团公司系大型国有展览公司,其编辑的《中展通讯》系公司内部的工作简报,每年编发12期。

会展机构因服务公共关系的需要而写作工作简报,往往基于以下情况:会展机构应党政机关要求,以工作简报形式报告承办政府展览、会议或活动项目的进展情况。这种工作简报并非会展机构自身的工作简报,而是为党政机关工作简报提供的"代拟稿"。

一、工作简报的编发形式与报道内容

工作简报属于不定期的内部刊物。如今,编发简报的单位多采用电子版形式发布,较少采用纸质印刷。如《中国会展经济信息》公布在研究会的官方网站上,供需要者浏览或下载。许多机构的工作简报只供机构内部人员浏览(通过机构内部局域网浏览),或呈送

上级机关。

工作简报在内容上大体可分为两类：一类是报道本单位主要领导人重要公务活动的情况；一类是报道本单位中心工作或重要工作的进展情况。前者的报道只需简单记事，如本章案例11是第872期《中国会展经济信息》"本会动态"的内容。后者的报道根据需要，篇幅可长可短。如本章案例12《市外经局2008年第23期工作简报》。其报道的"机博会"系市外经局的重要工作，而"机博会"组委会召开会议又属于重要事件。该期简报1300余字，算是比较长的篇幅了。这类工作简报不仅能用于交流工作，还有布置工作的作用。

编发工作简报的单位，尤其是大型单位或内设部门较多的单位，简报文稿一般不会来源于某一部门或某个人。单位主要领导人重要公务活动情况的报道稿，一般由办公室或行政部提供；本单位中心工作或重要工作的情况，一般由负责该事项的处室或部门提供。编发工作简报的部门或设在办公室，或设在宣传部，主要对来稿进行必要的编审及编制工作。

工作简报的制作，无论是纸质版还是电子版，在编发工作简报的单位一般都有相对固定的格式。

工作简报的发送，在编发工作简报的单位一般都有相对固定的对象、形式或渠道。发送的对象，指阅读简报的人或单位（包括外单位）。发送的形式，指电子版或是纸质版。发送的渠道，指利用官方网站公开发送或通过单位局域网内部发送，或以纸质版邮寄或以电子邮件发送。

二、工作简报的写作方法

写作工作简报，要有编辑的概念。所谓编辑概念，是指简报是用来反映编发简报机构的内部情况的，而非进行新闻宣传。通过简报报道的机构内部情况，无论是本单位主要领导人重要公务活动的情况，还是本单位中心工作或重要工作的进展情况，其资料都是具体或现成的，作者只需收集后加以编辑即可成文。

撰写者在明确写什么后，就要收集写作简报的相关资料。在收集资料的过程中，要理解资料所反映信息的内涵，避免遗漏必须报道的重要内容。

写作工作简报，顾名思义就是要"简报"而非"繁报"。因此，控制文章篇幅以及简明的文字表达是简报写作的基本风格。简明表达的要则是：记述为主，在背景介绍、事件评论、工作场景等方面不花或少花笔墨；善于归纳，避免罗列无关紧要的内容；不饰宣染，尽量避免空话、套话。

简报本单位主要领导人重要公务活动的情况，记事的要素包括时间、地点、活动主题及相关人物及相关事件。如案例11。

简报本单位中心工作或重要工作的进展情况，除记事要素必须完整外，报道的内容应该实在充分。如案例12。

案例11　主要领导人公务活动的工作简报

《中国会展经济信息》第872期"本会动态"

（2023年8月25日发布）

1. 8月19日，我会会长曲维玺、首席研究员储祥银和副会长兼秘书长姜淮受邀参加以"数字化转型 高质量提升"为主题的中国（武汉）会展数字化创新大会。会上，曲维玺会长和储祥银首席研究员分别发表题为《推动数字化转型 促进高质量发展》和《经济恢复波浪式条件下的会展应对》的主题演讲，姜淮副会长兼秘书长主持。本次大会由我会主办，我会数字会展工作委员会、会展新媒体营销工作委员会、会展统计工作委员会和湖北省会展经济发展促进会、湖北省现代服务业联合会会展专委会承办。

2. 8月22日，我会会长曲维玺和副会长兼秘书长姜淮受邀出席在宁波国际会展中心举行的2023宁波会展经济发展大会（以下简称：大会）。大会上，曲维玺会长就如何找准自身城市定位，因地制宜，错位竞争，实现在新形势下的会展业高质量发展提出了真知灼见，姜淮副会长兼秘书长主持对话环节。本次大会由宁波市会展业协会主办。大会以"提振行业信心、赋能产业发展"为主题，期间同步举办了"宁波会展20年20人圆桌对话"，多场"会展精英对话"活动，以及2023全国（宁波）会展创意设计大赛启动仪式和宁波会展业政策交流会。同时，一批会展业的合作项目还举行了签约仪式。

3. 8月24日，我会会长曲维玺、学术指导委员会主任袁再青、首席研究员储祥银、副会长兼秘书长姜淮和副会长姜燕出席由我会和吉林省贸促会联合主办的东北亚会展经济发展论坛（以下简称：论坛）。曲维玺会长为本次论坛致辞，储祥银首席研究员和姜淮副会长兼秘书长分别以"打造会展平台 促进经济转型升级"和"会展新生态重构与发展趋势"为题发表主旨演讲，袁再青主任主持长春会展业高质量发展研讨会。本次论坛在长春举办，以"会展经济新平台、东北亚发展新机遇"为主题，旨在打造在全国具有影响力的综合性会展业发展平台，做强东北亚会展经济，助力长春市会展业发展。论坛期间，还开展了中铁长春博览城主题推介和长春市会展业推介活动，举行了中铁长春博览城项目签约仪式。

说明与评点

本案例内容是直接从《中国会展经济信息》第872期中摘录的。

这3条信息，均是反映研究会领导人赴外地参加会议活动的情况，同时，简略介绍了相关活动的内容。

案例 12 展会项目进展情况的工作简报

市外经局2008年第23期工作简报
（2008年6月17日）

"机博会"招商进步明显 市领导要求抓好百日冲刺工作

定于9月11—14日举办的第五届国际机电产品博览会（以下简称"机博会"），已进入开幕前最后一百天的冲刺阶段。6月15日上午，"机博会"组委会在我局召开会议，听取组织工作的汇报。"机博会"组委会主任、副市长李荣辉出席会议，组委会副主任兼办公室主任、市外经局局长林秀主持会议。组委会成员单位，包括市计委、财政局、经委、科委、交通局、公安局、旅游局、贸促会及会展中心和SAC展览公司的负责人参加会议。

招商进度超过预期 展商档次高于上届

截至6月10日，已有238家客商报名参加"机博会"，预定展位1120个。按计划展位1500个总数，现已完成74.7%的展位招商任务。与上届同期相较，预定展位数增加139个。在预定的展位中，特装展位面积占45%以上，占比高于上届。

本届"机博会"参展客商中，知名机电企业的比例达25%，较上届提高3.2个百分点，包括德国西门子、菲尼克斯电气、诺德、SEW、瑞士ABB、瑞典SKF、美国罗克韦尔、史丹利、日本三菱、韩国LS产电、大连机床、沈阳机床、齐齐哈尔机床、上海机床等国内外品牌制造商或代理商。其中，德国企业达9家，全部以特装展位参展，预定展位面积达378平方米，预计参展的大中型机电设备达57台（套）。这表明，知名大型机电企业看好我市发展前景。

市场推广措施积极 观众邀约有条不紊

为改善参观效果，本届"机博会"的宣传工作在去年10月制订计划，自今年1月逐步展开。媒体推广分为大众媒体和专业媒体两个层面展开。大众媒体主要是本市报纸、电视台和广播电台以及公交车身广告。同时，选择国内外15种专业杂志作为专业媒体进行宣传合作。

半年来，承办展览的SAC展览公司按照国际展览业通行方法，采取信息收集、整理、过滤、呼叫、建库的专业流程，展开专业观众的邀约工作。据了解，"机博会"专业观众数据库现有符合质量的信息5.67万条。未来三个月，SAC展览公司将以这些数据信息为基础，通过邮寄信函、电话、短信、组团四种形式进行专业观众邀约。

配套活动筹划已定 重点项目专班负责

本届"机博会"期间，将有12场配套活动举办，除开幕式之外，国际装备制造业高峰论坛、数控机床高新技术研发者大会、机械工业园区招商洽谈会是重点活动项目。目前，组委会决定分由市经委、科委和外经局组成专班，具体落实相关组织工作。

协力办好"机博会" 冲刺阶段再加力

组委会主任、副市长李荣辉在听取工作汇报后做总结讲话。他充分肯定了前一段组织工作取得的成绩，积极评价了招商工作进度。针对汇报中反映的问题和薄弱环节，他提出四点要求：

一是，充分认识"机博会"对于我市经济发展的重要作用，力争在展览面积、参展档次、参观效果、服务水平、环境配合五方面达到新水平，开创"机博会"的新局面。

二是，加强服务意识，注重服务细节，让与会嘉宾、参展客商、专业观众感到满意。除展馆在现场服务方面要完善服务流程，以优质服务弥补硬件设施短板外，市容市貌、公交、出租车、酒店、餐饮、旅游等方面的服务也要提出要求。

三是，切实抓好配套活动，凡配备专班的部门都要明确分管领导，制订具体工作计划，按照时间节点抓落实，有问题及时汇报。

四是，办好"机博会"必须群策群力，相互配合。组委会每月要一次开会，检查工作进度，商议解决出现的矛盾和问题，避免协调不力、互相掣肘的状况发生。

说明与评点

该简报反映了"机博会"组织工作进展情况和组委会会议情况。简报中的第四个段落，即在"协力办好'机博会'冲刺阶段再加力"的标题下，归纳报道了"机博会"组委会主任、副市长李荣辉在组委会上总结讲话的四条意见，实际是利用简报传达领导要求。这在简报的写作中比较常见。因此，这份简报不会向社会公开。但市外经局会将此期简报上送市政府，发送参加组委会会议的市计委、财政局、经委、科委、交通局、公安局、旅游局、贸促会及会展中心和SAC展览公司。

与案例11不同的是，该简报设了标题，即《"机博会"招商进步明显 市领导要求抓好百日冲刺工作》，而且全文从四个方面展开报道，每个方面还配设了小标题，以求凸显重点。

第五节 调查问卷的设计

调查问卷是编制可行性研究报告、专项工作报告的工具，其作用是采集数据。设计调查问卷的原则和方法有3条。

一、明确调查的原则

(一)明确调查的目的

问卷的设计者必须清楚调查的目的,是创办会展项目的可行性研究,还是购并展会项目的市场调查,还是考察其他主办方的展会,即要明确为什么做调查。不同的调查目的将产生不同的调查问卷设计。

(二)明确调查的对象

在明确调查目的后,要确定调查的对象。比如展会满意度的调查,调查对象一般是参展客商;也有同时调查观众的。

(三)明确调查的内容

根据调查的目的和对象,设计调查的问题。其要求是:围绕调查需求设计问题,突出重点问题,不问与调查无关的问题;按被调查者可以接受的程度设计问题,力求问题通俗易懂,避免使用被调查者不熟悉的专业术语。

二、设计调查问卷的方法

会展业的问卷调查,一般采用电话、面对面和网上三种形式。设计调查问卷的基本方法如下。

要根据调查的目的和对象,设计调查的问题。其方法如下:

(1)设问多个问题,要根据被调查者的思维习惯,先易后难,先简后繁,先具体再抽象。

(2)封闭性问题的设计必须简明,如"你对展会的效果:①非常满意;②满意;③一般;④不满意",不能令被调查者在选择答案时觉得有歧义,产生选择的困扰。

(3)敏感问题的设计,须注意提问用语和方式,避免暗示性或主观性。

(4)调查问卷设问不宜太多,以被调查者能够在 5—10 分钟时间内完成为宜。

(5)面对面的纸质调查问卷,其内容设计(包括了解被调查者的信息与提出的问题),一般控制在一张纸(A4)以内。如需被调查者动手填写的问卷,字不宜太小(不应小于五号字)。而通过网络以二维码方式提供的调查问卷,篇幅一般大于面对面场景中的纸质调查问卷,但仍不宜提出太多问题,以及被调查者难以简明回答的问题。

 案例 13　电话询问客商参展意愿的调查提纲

某专业展览会客商参展意愿电话调查提纲如表3-4所示。

表3-4 专业展览会客商参展意愿电话调查提纲

序号	询问问题	答案选择
1	是否参加过某主题展览会	A.是 / B.否
2	是否愿意参加某地该主题展览会	A.是 / B.否 / C.未定
3	如果参加,什么时间方便	A.春季 / B.秋季 / C.其他
4	如果参加,希望见到哪些人	A.制造商 / B.代理商 / C.买家 / D.媒体 / E.政府主管官员 / F.其他
5	如果参加,预定参展面积多大	A.标准展位 / B.特装展位
6	标准展位6500元/个,能否接受	A.可 / B.不可

说明与评点

在展会项目的市场调查中,电话询问是常用方法。

本案例采用的是封闭性的问题设计。

案例14 会议项目书面调查问卷

"中国会展管理集训营"书面调查问卷

您的姓名:_____ 单位名称:_____

敬请回答如下问题。(请在选择的答案后打"√")

1.2020年集训营拟定举办时间为6月、9月、12月,您认为是否合适?
　　A.是　　　　B.否　　　　C.无所谓　　　　D.其他时间__月

2.您认为会期几天为宜?
　　A.1天　　　B.2天　　　C.3天　　　　D.建议__天

3.您希望在周几举行?
　　A.工作日(周一至周五)　　B.周六、周日　　C.工作日+周末

4.会议举办城市,您认为哪里比较好?(可以多选)
　　A.上海　　　B.北京　　　C.广州　　　D.成都
　　E.杭州　　　F.武汉　　　G.西安　　　H.石家庄

I.建议其他举办地_____

5.您对会议议题的看法或建议。(可多选)

　A.会展企业资本运作与主办方财务管理

　B.会展项目营销与专业观众邀约技巧

　C.会展主办方人力资源管理

　D.会展项目网络的营销方案

　E.会展主题的创意与策划

　F.会展经营管理经验分享

　G.您的建议_____

6.您认为适合参加会议/培训的人员有哪些?

　A.主办方负责人/公司经理　　B.项目经理　　　C.财务人员

　D.营销人员　　　　　　　　E.运营人员　　　F.其他人员

7.贵单位是否愿意成为"中国会展管理集训营"的支持单位?

(成为支持单位可享受更多参训优惠,并可参与会议/培训的主题选题工作)

　A.是　　　　　　　　　B.否

8.您的其他宝贵意见或建议:

_____

_____

_____

感谢您的参与!

说明与评点

"中国会展管理集训营"系张凡先生(本教材编著者)参与创办并负责操盘的培训项目。此调查问卷散发于2019年8月17—18日在石家庄市举办的第15期"中国会展管理集训营"现场,要求参训学员填写。

散发问卷旨在了解"中国会展管理集训营"的市场需求。

共有155人参加第15期"中国会展管理集训营"。现场收回调查问卷123份。其中,有效问卷119份,符合社会学调查规范。

思考题

1.在会展主办方,"上项目"的可行性研究报告以及市场调查报告,为什么主要由中高层管理人士担纲撰写?

2. "上项目"的可行性研究报告以及市场调查报告,在文案的结构上有什么不同?

3. 尝试为你所参与或熟悉的展览、会议或活动项目的总结报告提供一个文案。这个文案将用于项目总结报告的美编设计(平面设计),即如同本章案例4《第十二届中国国际机床工具展览会CIMES 2014展后报告》。

4. 写一份考察或参观展会的报告。

5. 围绕你所在单位(包括就读的学校)的中心工作或某项活动,写一份工作简报。

6. 围绕你所在单位(包括就读的学校)的中心工作或某项活动,设计一份调查问卷。

第十二届中国国际机床工具展览会CIMES 2014展后报告

Chapter

4

第四章 合同

本章教学要点

　　展览、会议或活动的主办方,实际是举办展览、会议或活动资源的整合者。无论是整合主办资源,还是整合客户资源、服务资源,由于牵涉各方责任、权利和义务,都需要根据法律法规,通过设立合同保证资源整合的合法性和规范性。

　　学习本章需要结合学习《中华人民共和国民法典》"第三编合同"。只有了解相关法律知识和会展业合同的特点,才能掌握会展合同的写作方法。

　　本章学习的重点是第一节(会展合同的定义与分类)。对于第二节至第四节,可以结合案例体会不同合同的写作方法。第五节是标书的写作,可以作为知识加以了解。

开篇故事

展会项目购并引发的产权纠纷

丁先生所拥有的GMC展览公司成立于1999年，属于民营企业。该公司2008年在北京创办"中国北京电子设备博览会"。在展会创办阶段，展览公司为寻求行业资源和提高展会公信力，通过政府电子工业主管部门的官员介绍，结识了中国电子技术研发学会副秘书长兼《电子世界》杂志社社长马先生。经协商，中国电子技术研发学会同意作为"中国北京电子设备博览会"的主办单位，《电子世界》杂志社作为"中国北京电子设备博览会"的媒体支持单位。GMC展览公司与中国电子技术研发学会就此签署了合作协议。

协议书约定，中国电子技术研发学会作为"中国北京电子设备博览会"的主办单位，出具公函用于GMC展览公司的市场推广工作，同时参与博览会期间配套会议的组织，承担邀请出席博览会开幕式的嘉宾的工作。协议明确，学会不承担博览会的经营风险，由GMC展览公司自负盈亏。协议明确，GMC展览公司每年向学会支付主办服务费15万元。此款由《电子世界》杂志社代学会收取。

到2013年，博览会已举办六届，展览面积已达5万平方米，成为国内电子设备行业的知名展会，在国际展览界也有一定影响力。此时，香港TX展览公司向GMC展览公司表示了购并项目的意向。双方经过谈判，达成协议，GMC展览公司同意TX展览公司以资金收购博览会51%的股份。

中国电子技术研发学会得知此信息后表示,反对TX展览公司收购博览会。然而GMC展览公司认为,学会只是冠名主办博览会,没有承担博览会的经营风险,而且每年都从公司收取了主办服务费,因此没有权力反对收购。但学会认为,博览会如果没有学会作为主办单位,创办时就不可能具有行业公信力。学会虽然每年收取GMC展览公司的主办服务费,但同时提供了相关服务。而且博览会的规模扩大后,并未相应增加学会应得的经济收入。

TX展览公司得知学会与GMC展览公司的矛盾之后,认为学会作为博览会的主办方对于博览会未来发展十分重要,建议GMC展览公司给予学会20%的股权,将学会转变为博览会项目的股东,分享项目购并的利益,以利三方合作长期发展。

但是,GMC展览公司和学会都不接受TX展览公司的建议,项目购并就此流产。

随即,学会提出重新设立合作协议,要求在博览会项目中拥有不少于50%的股权。GMC展览公司认为,学会成为项目股东,其股权不宜超过15%,而且成为股东后不再享有主办方服务费的收益。双方谈判多次,无法达成一致。

2014年,GMC展览公司和中国电子技术研发学会终止履行2008年签订的合作协议,双方分道扬镳:GMC展览公司重新商请中国电子新技术学会作为主办单位,继续在北京举办第七届"中国北京电子设备博览会";中国电子技术研发学会决定联合某国有知名展览公司在北京共同创办"中国国际电子技术与装备展览会暨行业高峰论坛",双方协议约定学会占项目股权的60%,该国有展览公司占项目股权的40%。

到2016年,GMC展览公司的"中国北京电子设备博览会"展览面积缩减为3万平方米;而中国电子技术研发学会的"中国国际电子技术与装备展览会暨行业高峰论坛"展览面积为1.5万平方米。为避免竞争,GMC展览公司决定自2017年起将"中国北京电子设备博览会"的举办地移址上海。

 说明与评点

这虽然是虚拟的故事,但有真实的来源背景。

在这个故事中,民营性质的GMC展览公司创办"中国北京电子设备博览会"之初,急需整合有利于展会创办的资源,同时需要树立行业公信力。作为电子设备行业具有影响力的全国性民间社团,中国电子技术研发学会正是拥有这种"软实力"的机构。GMC展览公司通过与中国电子技术研发学会合作办展,既嫁接了行业公信力,又获得了客户信息资源。而学会同意与GMC展览公司合作办展,则嫁接了专业展览公司的资金、项目运作资源,通过参与办展扩大了自身的影响力,同时增加了经济收入。

然而双方2008年签署合作协议时,对于"中国北京电子设备博览会"的产权归属问题缺乏认识,未在协议中予以约定。这就酿成了后面的矛盾,并导致双方分手。合作终止后,双方成为同主题展览的竞争对手。竞争的结果是两败俱伤。

这个故事说明,整合主办资源对于展会的创新发展极为重要。而产权模糊留下的隐患会阻碍展会的发展。在购并谈判中,香港TX展览公司对产权意识和整合资源的考虑,明显好于2008年的GMC展览公司和中国电子技术研发学会。

第一节 会展合同的定义与分类

会展业使用的合同不但种类多,而且数量大。

在会展业中,会展主办方所使用合同的种类和数量,明显超过会展服务的提供方。

在中国会展业中,格式条款合同的使用数量远大于非格式条款合同。

了解会展合同的定义及其应用范围,是撰写会展合同的基础知识。

本教材所介绍的合同知识,不涉及会展机构的内部合同(如劳动合同)。

一、会展合同的定义

合同即协议,又称为契约。

《中华人民共和国民法典》对于合同的定义为,合同是民事主体之间设立、变更、终止民事法律关系的协议。

《中华人民共和国民法典》规定:依法成立的合同,受法律保护。

会展合同,指会展经济活动的当事人之间依照法律规定,设立、变更或终止民事权利义务关系的协议。

本教材所讲会展合同的当事人主要是法人,较少涉及自然人。如,展会主办方与参展客商设立的参展合同,会议主办方与酒店设立的会议室租赁及与会者住宿的合同,政府及其部门与相关机构设立的委托承办展会的合同,等等。

依法成立的会展合同,自成立之日起生效,具有法律约束力,受法律保护。

二、会展合同的分类

本教材认为,任何主办方举办展览、会议或活动,都需要整合众多的资源。因此,主办方创办或经营管理展览、会议或活动项目,实质上做的是整合资源的工作。

从会展主办方整合资源的进程来看,前端是整合主办资源,中端是整合客户资源,后端是整合服务资源。

根据整合资源的需要,展览、会议或活动项目的主办方对外常用的合同,大体可分为三类,即整合主办资源的合同、整合客户资源的合同和整合服务资源的合同。

会展业常用合同如按合同文本的格式分类,可分为格式条款合同和非格式条款合同。

《中华人民共和国民法典》明确:格式条款是当事人为了重复使用而预先拟定,并在订立合同时未与对方协商的条款。《中华人民共和国民法典》规定:采用格式条款订立合同的,提供格式条款的一方应当遵循公平原则确定当事人之间的权利和义务,并采取合理的方式提示对方注意免除或者减轻其责任等与对方有重大利害关系的条款,按照对方的要求,对该条款予以说明。提供格式条款的一方未履行提示或者说明义务,致使对方没有注意或者理解与其有重大利害关系的条款的,对方可以主张该条款不成为合同的内容。

第二节 会展合同的写作要求

写作合同即为设立合同。设立合同的基本原则是,必须符合《中华人民共和国民法典》,必须符合合同当事人设立合同的诉求。写作会展合同与写作其他合同的方法,在原则要求上并无不同。

基于会展经济活动的特点,结合会展合同的写作实践,本教材归纳以下带有会展合同个性的写作方法,供学习者领会。

一、明确合同的标的

合同的标的,是合同法律关系的客体,即合同当事人权利和义务共同指向的对象。本章案例1提供的建立合资公司创办展会的合同,合同当事人即中国人工智能产业化推进联合会(甲方)、北京光耀会展有限责任公司(乙方),权利和义务共同指向的标的有两个:一是双方合资设立北京智光会展有限责任公司;一是双方共同创办"中国(北京)国际人工智能展览会暨产业化高峰论坛"。而本章案例13提供的展会主场服务的合同,合同当事人即某展览公司和某会展服务公司,权利和义务共同指向的标的是某展会的主场服务。

标的是合同成立的必要条件。没有标的会展合同是不能成立的。

合同中有关标的条款,必须清楚写明标的名称,以令标的概念特定化。标的不明确,就无从清晰界定合同当事人围绕标的所享有的权利和所承担的义务。

必须强调,合同标的的名称在合同正文中第一次出现时,必须使用法定名称或全称。

如标的是展览,如案例1,合同标的的名称是"中国(北京)国际人工智能展览会暨产业化高峰论坛"。该名称在合同正文中第一次出现时,必须写明全称,而不能写成人工智能展、北京AI展会或展览、展会、项目等。考虑到合同标的名称的全称偏长,在合同正文中第一次出现之后可以使用简称。但标的的简称必须予以特别说明,如"项目名称为'中国(北京)国际人工智能展览会暨产业化高峰论坛',以下简称'北京AI展会'"。此后,在合同正文中凡涉及展会名称时均可使用简称"北京AI展会",但不能使用北京AI展会(没有加""号)或AI展、北京展等未经合同特别说明的其他简称。

二、掌握合同谈判的内容

掌握合同谈判的内容,就是了解合同当事人谈了什么,谈判中有什么分歧,最后达成了什么共识。如不全面了解谈判的内容,就无法写作合同。

如案例1,合同当事人谈判的内容主要分为两方面:一是关于成立合资公司的事项,包括合资公司名称、注册资本总额、双方出资比例、公司董事会组成、公司章程起草、工商登记办理、办公地点等;一是关于创办"中国(北京)国际人工智能展览会暨产业化高峰论坛"的事项,包括举办时间、地点、组成项目团队等。这些谈判的内容,都须写入合同,不能遗漏。

三、明了合同当事人的权利和义务

对于合同的撰写者而言,合同当事人经谈判明确的各自具体的权利和义务,是须深入掌握的核心资料。不能明晰约定合同当事人各自具体的权利和义务的合同,是难以成立的。

如案例1,合同当事人即中国人工智能产业化推进联合会(甲方)、北京光耀会展有限责任公司(乙方),同意成立合资公司并创办"中国(北京)国际人工智能展览会暨产业化高峰论坛"。双方约定该合资公司注册资本为100万元人民币。其中,甲方出资51万元,占总股本的51%;乙方出资49万元,占总股本的49%。从出资比例可知,甲方获得了合资公司的控股地位,乙方获得了合资公司的参股地位。甲方作为控股方,其享有的权利和义务就有别于乙方。

四、确保合同内容的完整性

《中华人民共和国民法典》"第三编"第四百七十条规定,合同的内容由当事人约定,一般包括下列条款:

(1)当事人的姓名或者名称和住所;

(2)标的;
(3)数量;
(4)质量;
(5)价款或者报酬;
(6)履行期限、地点和方式;
(7)违约责任;
(8)解决争议的方法。

以上8个方面的条款,在会展合同中必须得到体现。但会展合同内容的完整性,并不仅限于以上8个方面。如本章案例1,合同的当事人不但就成立合资公司约定了具体条款,还约定了发生"不可抗力"致展览项目不能举行时善后事宜的条款。后者对于该合同的完整性不可或缺。

合同内容不完整,有可能导致合同无效,或可能在合同履行过程中导致当事人产生争议,影响合同的履行。

五、准确表达合同的内容

在文字表达上,写作合同需要遵循五条原则。

（一）使用符合法律规范的语言

在合同文案中,合同当事人（包括法人或自然人）、标的、计量单位等,均应使用法定名称。如案例1使用的"不可抗力",就属于法律规范的用语,而不宜表述为"发生不可预计的事情"或"发生无法抵御的情况"。

（二）使用书面语言

作为书面文本的合同,必须使用书面语言写作。如"甲方销售展位所获收入,由其向客户出具发票",不宜写成"甲方卖展位所获进账,自己向客户开发票"。

（三）使用准确、简明的语言

合同中的文字不能含糊,又忌讳啰嗦。如"双方都希望把展会开幕放在明年9月的中间时段,假使展馆没有我们的档期,我们可以再商量,或是提前,或是推后,总之不能在10月举办"。这种表述口语色彩明显,甚不简明,应准确、简明地表述为:"双方同意展会举办时间预定在2017年9月中旬,如展馆档期不便,双方再行商议举办的具体时间"。

（四）使用具体、定量的概念

合同中约定的事项应尽量避免使用抽象、定性的概念。如委托承办展会的合同,主办方即委托方要求承办方即受托方"圆满完成招商任务""提供优质服务"。因无从界定"圆满""优质"的标准,"圆满完成招商任务""提供优质服务"就成为抽象、定性的概念。其实,"圆满完成招商任务",可以用展位销售的指标予以界定;"提供优质服务",可将服务事项的质量要求具体化,如对邀约观众、联系参展商、现场管理等方面工作提出明确的要求(包括提出相关指标,如观众人数)。如何在合同中使用具体的定量的概念,可以参看本章案例3政府展会委托承办的合同的内容。

（五）使用合同当事人认识一致的概念

如"销售佣金",是国际通行财务概念。但国内许多公司习惯称之为"销售提成"。在合同中无论是使用"销售佣金"还是"销售提成",均须确保其是当事人认识一致的概念,以避免合同文字理解上的歧义。

六、规范合同的格式

合同皆有格式。合同的格式往往是在一定范围内经长期实践沉淀而形成的。这就是我们常说的约定成俗。

会展业整合资源的合同,无论是整合主办资源,还是客户资源或服务资源,在业内都经过长期实践,逐步形成了相对固定的格式。如,展览主办方与客商设立的参展合同,在中国大多采用格式条款合同。其特点是,合同样式由展览主办方制定,且多采用表格样式。又如,订立合同既需要合同当事人的法定代表或授权代表签字,也需要加盖合同当事人的公章,否则不能生效。

七、其他需要注意的事项

（一）合同甲方的确定

合同当事人的双方或多方只要协商一致,任何一方都可以作为甲方。但在合同设立的过程中,在谈判中处于强势的一方(如拥有客户资源的行业协会),或发包的一方(如发包委托承办展会的政府机构),或主导合同谈判的一方,往往成为合同的甲方。有时,一方也会出于礼貌而请对方作为甲方。

（二）合同附件的注明

凡列为合同附件的文件,皆属于合同的组成部分。在写作合同时,对于列入合同的附件要特别注明。注明文字一般为"本合同附件与本合同具有同等法律效力"。作为合同附件的文件要有标题。如合作主办展览项目的合同,其附件及其标题有"展览会财务预算""合作双方参展商资源分配一览表""参展商服务手册""展览会展位图"等。列入合同的附件须在合同正文之后、合同当事人签章之前,逐一列明。格式为:

附件：

1.展览会财务预算；

2.合作双方参展商资源分配一览表；

3.参展商服务手册

4.展览会展位图。

（三）合同当事人签名、盖章的原则

《中华人民共和国民法典》规定："当事人采用合同书形式订立合同的，自当事人均签名、盖章或者按指印时合同成立。在签名、盖章或者按指印之前，当事人一方已经履行主要义务，对方接受时，该合同成立。"

会展合同的当事人，应该是依照法律规定，设立、变更或终止有关会展经济活动民事权利义务关系的协议的当事人。如会展主办方与参展商、会展主办方与会展服务提供商、会展项目主办方与会展项目承办方的法定代表人，也可以是法定代表人的授权代表。

采用合同书形式订立的会展合同，合同的当事人在书面合同上签名、盖章或者按指印，均视为合同成立。合同盖章通常指加盖企业、民间社团、党政机关或事业单位的公章，包括合同当事人的合同专用章。

在会展业的合同中，由于合同当事人相互熟悉，签署常规性合同，如数量较多的参展合同，并不强调授权代表非持有法定代表人出具的委托书不可。自然人如以个人名义参展参会而订立的合同，在合同上签字的当事人是自然人。

（四）合同草案的运用

合同当事人通过谈判形成的合同，往往由合同当事人中的一方提供合同书文本，然后送请对方审核或修改。在此阶段，合同书文本属于草案性质。因此，提供合同书草案的一方应在合同文书本标题下以（）注明"草案"二字。

注明"（草案）"，既表明该合同书并非合同当事人已经确认的正式合同，也表示尊重对方提出意见的权利。在会展业，一份重要的合同书经合同当事人多次磋商修改的情况屡见不鲜。在合同书正式签署之前，每次修改的合同书文本都是草案。

（五）格式条款合同的修改

会展业使用的格式条款合同，合同当事人有时会提出修改意见。例如，参展客户要求修改展会主办方提供的格式条款合同。这种修改或是增加合同条款，或是调整原合同中的某些内容。展会主办方与参展客商就修改合同达成一致意见后，一般采用两种方式修改合同：或是重新编写合同书文本，或是在原有格式条款合同上新增条款或内容，经常是在原有格式条款合同空白处加写条款或内容。在原有格式条款合同空白处加写的条款或内容，合同当事人须在加写处加盖公章或按指印，以示确认。

第三节　整合主办资源合同的写作

展览、会议或活动的主办方与项目资源的拥有方设立的合同,本教材称之为整合主办资源的合同。

一、整合主办资源合同的特点

主办展览、会议或活动的资源,包括参展、参观、参会客户资源,演讲人资源,赞助商资源,会展场馆资源,强势媒体资源以及政府关系资源等。因项目主题、资源配置方式或市场积淀程度等方面不同,资源拥有者的性质不尽相同。比如,政府及其部门往往是许多展览、会议甚至许多活动主办资源的权威拥有者。而在学术会议、行业会议方面,学会、协会往往是主办资源的权威拥有者。一些著名的展览主办方因长期主办某一主题的展览,也是该主题展览主办资源的权威拥有者,如德国慕尼黑展览公司是全球最大规模的体育用品展览(ISPO)的主办方,该公司当然是体育用品展览主办资源无可置疑的权威拥有者。

为有利于展览、会议或活动的持续发展,规范相关利益方的行为,整合这些主办资源必须设立合同。

整合主办资源的合同,具有以下特点:

第一,当事人设立合同的目的,是为了整合与创办、主办或经营展览、会议或活动相关的资源。

这类资源并非来自参与展览、会议或活动的一般受众(指展览的参展商、观众,会议的与会者,活动的参与者),而是来自可以促进展览、会议或活动的创办、主办或经营,且具有社会、行业公信力的重要机构,如政府及其主管部门、行业协会、专业学会,甚至是知名媒体或企业等。这些机构所拥有的资源,往往是展览、会议或活动的主办方在拓展市场时需要依托、借重或利用的行业性、区域性、代表性甚至是垄断性的重要资源。

第二,当事人设立合同,是为了建立合作关系,以利相互嫁接、彼此借重各自拥有的资源。

会展项目整合主办资源大体有四种方式:

一是,成立合资公司或采取项目股份制方式,通过资本或股权合作方式整合主办资源;

二是,两个以上主办方以合作方式主办会展项目,通过经营合作整合主办资源;

三是,主办方委托承办项目经营业务,通过经营合作整合主办资源;

四是,商请冠名主办、指导、协办或支持项目,通过公共关系合作整合主办资源。

采取以上方式整合主办资源,会展项目的利益相关方之间应通过设立合同,约定合作方式,明晰各自权益,如表4-1所示。

表4-1 整合会展主办资源的四种方式

类别	设立合同目的	合同当事人
1	合资或合股主办项目	企业与企业、社团与企业
2	合作主办项目	社团与企业、企业与企业
3	委托承办项目	政府与社团、政府与企业、社团与企业、企业与企业
4	冠名指导、主办、协办、支持项目	社团与政府、企业与政府、企业与社团、企业与企业

第三,当事人设立合同,主动的一方往往是整合资源获益较大的一方。

为整合展览、会议或活动的主办资源,动议设立合同者往往是对于整合资源态度积极、意愿迫切或希望明确并规范合作关系的一方。动议者既受利益驱动,也有保护权益的考量。

第四,动议设立合同者,通常是承担写作合同书草案的一方。

第五,整合主办资源合同的写作难度,高于整合客户资源和服务资源合同的写作。

写作难度较高的原因有三:一是,此类合同关乎当事人的商业机密,合同谈判的机密性,令合同写作十分敏感;二是,此类合同关乎当事人重要的商业权益,当事人之间商业权益的博弈及其平衡,令合同写作十分复杂;三是,此类合同关乎当事人重大的法律责任,文字表述应有的准确性、规范性,令合同写作的技术要求非常高。

由于此类合同在内容上的敏感性、复杂性和专业性,非经验丰富者难以胜任写作。当事人往往委托律师或法律顾问承担撰写工作。而律师或法律顾问承担撰写工作的难点,在于不"懂行",即不了解会展业以及合同所涉项目整合资源的具体情况。因此,此类合同的撰写,需要合同当事人与律师或法律顾问密切配合。通常情况是,草拟此类合同时,合同当事人均会各自聘请律师或法律顾问。合同当事人聘请的律师或法律顾问,往往会参与合同谈判。

作为学习者,了解此类合同的写作方法很有必要。而且,即便是委托律师或法律顾问承担撰写工作,相关当事人都会自始至终参与合同内容的设计、写作和修改过程,毕竟熟知会展业的律师或法律顾问并不多见。会展主办方非法律专业背景的中高层人士中,凡能胜任此类合同的写作者,应属"跨界"人才,殊为难得!

二、整合主办资源合同的写作方法与案例

通过以下六个案例,即合资主办展会合同(案例1)、购并展会合同(案例2)、委托承办展会合同(案例3)、合作办展的协议(案例4、案例5)、商请作为会议主办单位的协议(案例6),我们对整合主办资源合同书的写作思路与写作方法加以介绍。

案例 1　民间社团与展览公司创办合资公司主办展会的合同

内含案例说明与评点

 合资主办展会合同

 案例 2　购并展会的合同

购并展会合同

甲方：上海博荣展览有限责任公司

乙方：西安新星会展策划有限责任公司

甲乙双方经友好协商，就合作经营"陕西医疗设备器材展览会"达成以下协议：

一、在本合同签署之前，"陕西医疗设备器材展览会"（以下简称"陕西医疗展"）系乙方拥有100％产权的展会。

二、双方同意，"陕西医疗展"的产权指乙方所拥有的"陕西医疗展"全部有形或无形的资产，包括但不限于如下内容：

（一）"陕西医疗展"名称、徽标（不论注册或未注册）、历年会刊/会报、商业诀窍、保密信息以及一切其他知识产权；

（二）"陕西医疗展"的参展商数据库、专业观众数据库、合作媒体数据库、财务账册等商业信息资料；

（三）与"陕西医疗展"同期举办的与"陕西医疗展"相关的其他展览主题和配套会议及活动；

（四）乙方经营"陕西医疗展"与实际或潜在的参展商已签署或待签署的合同所带来的一切利益；

（五）乙方经营"陕西医疗展"所拥有的公共关系（包括政府会展业主管机构、冠名主办、支持"陕西医疗展"的机构、承接"陕西医疗展"办展的展览场馆，等等）。

三、按照行业通行标准，经对"陕西医疗展"的估值，其价值为____万元人民币（大写：_____整）。双方同意"陕西医疗展"的估值结果。

四、按照双方共同确认的"陕西医疗展"估值结果，甲方同意以____万元人民币

(大写：＿＿＿＿＿＿＿＿＿＿＿整)收购乙方"陕西医疗展"51％的产权。

五、双方同意，在甲方收购乙方"陕西医疗展"51％的产权交易完成之后，甲方即拥有经营管理"陕西医疗展"的主导权。

六、甲方拥有的"陕西医疗展"经营管理主导权，包括但不仅限于以下内容：

(一)负责编制经营计划和财务预算；

(二)负责管理销售业务；

(三)负责管理市场推广和客户服务业务；

(四)负责管理成本开支和财务核算；

(五)负责管理项目团队的员工。

七、甲方在主导经营"陕西医疗展"的过程中，将与乙方共同研商发展规划、经营计划。乙方将参与审查财务预算、核算的审查工作。在甲方主导经营过程中，乙方有权监督甲方的经营管理工作，并提出意见或建议。

八、双方正式签署本合同之后，双方按照各自所占"陕西医疗展"产权的比例，共同分享或分担"陕西医疗展"的经营利润或经营亏损。双方合作经营"陕西医疗展"的财务管理办法，包括双方分享或分担"陕西医疗展"经营利润或经营亏损的具体办法，双方另行协商，并设立补充合同。

九、双方同意，"陕西医疗展"的收购事宜及相关细节不向第三方泄露。

十、双方同意，甲方收购"陕西医疗展"部分产权的付款方式另行商定。

十一、违约处罚

(一)甲方违约。

在本合同签署之后，如甲方不能在30个工作日内向乙方支付购并股权的资金，乙方有权单方面终止本合同。

(二)乙方违约。

1.若乙方并非拥有"陕西医疗展"100％的产权，本合同签署后由此产生的法律纠纷，甲方概不担责，须由乙方承担全部法律责任。

2.本合同签署后，若乙方继续以"陕西医疗展"名义在陕西省境内单独从事经营活动，或单独或与第三方在陕西省境内合作举办与医疗主题相关的展览或会议，包括并不限于医院装备展览、医疗器械技术推介会，甲方一经发现并经查实，将根据"陕西医疗展"所遭受的经济损失，要求乙方按实际损失的三倍予以赔偿。

十二、本合同一式两份，甲乙双方法定代表人签署并加盖公章生效。甲乙双方各执一份。

甲方：上海博荣展览有限责任公司(盖章)

法定代表人(签字)

2010年　月　日

乙方：西安新星会展策划有限责任公司(盖章)

法定代表人(签字)

2010年　月　日

说明与评点

（1）这是一份通过资本投入达成的合股经营展会项目的合同。合同的两个当事人都是展览企业，即上海博荣展览有限责任公司和西安新星会展策划有限责任公司。其中，甲方即上海博荣展览有限责任公司，是购并方；乙方即西安新星会展策划有限责任公司，是被购并方。

（2）该合同的标的是"陕西医疗展"。合同的内容是当事人在资本购并展会项目的谈判中商定的相关事项。

（3）在此类合同中，作为合同标的的"陕西医疗展"，在购并之前的权属属于乙方，必须在合同中表述清楚。

（4）在此类合同中，对于购并之后的"陕西医疗展"，其权属及内涵、控股方对其经营管理的权限等内容，必须在合同中表述清楚。

（5）该合同的未尽事宜，包括购并款项的支付、财务管理、人力资源管理的方式，当事人同意另行协商，或设立补充合同。这些内容十分重要，不可或缺。

（6）阅读这份合同，可以体会展会项目估值的意义，以及当事人尤其是甲方收购"陕西医疗展"的意图以及接手项目经营管理的思路。

（7）在这份合同中，违约条款分别从甲乙两方的角度做出了约定。其中，乙方违约所列两条，均涉及"陕西医疗展"的产权问题。

（8）如果是外资购并国内项目，合同内容将更为复杂。

案例 3　政府展会委托承办的合同

内含案例说明与评点

委托承办展会合同

案例 4　合作办展的合同

内含案例说明与评点

合作办展的协议

 案例 5　合作办展的合同

内含案例说明与评点

合作办展协议书

 案例 6　商请冠名主办会议的合同

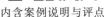
内含案例说明与评点

商请作为会议主办单位的协议

第四节　整合客户资源合同的写作

展览、会议及活动的主办方与带来营业收入的客户之间设立的合同,是主办方建立客户关系的合同。此类合同就是主办方整合客户资源的合同。

一、整合客户资源合同的特点

主办方与带来营业收入的客户设立的合同内容,实际是主办方出售展览、会议或活动等服务产品,而相关客户同意购买主办方的服务产品。合同的当事人是服务产品的出售方或购买方。

因展览、会议或活动的主办方提供的服务产品各不相同,合同当事人的关系也有所不同,如表4-2所示。

表4-2　整合客户资源的合同分类

类别	设立合同目的	合同当事人	合同当事人的相互关系
展览	达成客户参展	主办方与参展客户	社团与企业、企业与企业
会议	达成客户参会	主办方与参会客户	社团与企业、企业与企业
活动	达成客户参与	主办方与参与客户	社团与企业、企业与企业

整合客户资源的合同,具有以下特点:

第一,当事人设立合同的目的,是确定展览、会议或活动等服务产品提供与购买的关系。

在此类合同中,服务产品的提供方是展览、会议或活动的主办方,服务产品的购买方是同意参加展览、会议或活动的客户。购买方所购买的产品,就是主办方提供的服务。

对于主办方而言,这些客户是自己营业收入的来源者。这些客户又分为主办方营业收入的直接贡献者或间接贡献者两种。其中,直接贡献者是直接付钱给主办方的客户,如参展商向展会主办方支付展位租金;间接贡献者是间接促进主办方获得营业收入的客户,如艺术节邀请当红艺人出席相关活动或表演,虽然艺术节主办方向受邀艺人支付了出场费,但主办方因此获得了高额的商业赞助、入场券等方面的收入。

第二,设立此类合同的当事人,是企业(事业机构)或民间社团。

商业展(包括民间社团主办的展会)设立此类合同的当事人,是企业或民间社团。由政府及其部门主办的展览、会议或活动,政府及其部门一般不会作为出售服务合同的当事人。如中国(北京)国际服务贸易交易会(简称"服贸会")由商务部、北京市人民政府联合主办,但客户参展是和"服贸会"的承办方——中国国际经济技术交流中心(隶属商务部)或北京国际服务贸易事务中心(隶属北京市商务局)签订合同。

第三,展览、会议或活动的主办方整合客户资源的合同,多采用格式条款合同,一般由主办方主动提供,极少由客户提供。

第四,展览、会议或活动的主办方设立整合客户资源的格式条款合同,内容一般较为简单。一旦产生纠纷,往往不易处理。

此类格式条款合同之所以内容简单,盖由三方面因素所致:一是主办方提供的服务相对固定化(如展览一般分为布展、开展和撤展三个阶段,每个阶段的服务在业内已形成惯例,客户比较熟悉);二是客户来源相对稳定(长期参加主办方的展览、会议或活动的客户占有相当比例);三是客户在与主办方的长期交往过程中习惯了直接使用主办方提供的格式条款合同。

此类格式条款合同对于当事人违约处理的条款不甚详细,在保护客户权益方面尤显薄弱。为避免可能产生的合同纠纷,有经验的主办方会在合同中注明,由主办方提供的参展、参会或参加活动的服务指南或服务手册作为合同附件,与合同具有同等法律效力。

第五,展览主办方与参展客户设立的合同,主办方视其为销售合同,而客户视其为参展合同。

这种用于约定客户向主办方支付参展费及广告费或其他服务费的合同,是展览主办方长期使用且用量最多的合同。如一个展览面积达10万平方米的特大型展会,可能有数千个客户参展,主办方因此需要和客户订立数千份合同。如果这个展会每年举办,主办方每年都需要和客户订立这么多合同。这也是主办方在展位销售中采用格式条款合同的原因之一。

第六,会议主办方与客户设立的合同,往往针对以下服务关系:

一是,主办方就会议的内容传播与与会者订立合同,与会者即客户通过向主办方支付注册费,购买与会资格。

二是,主办方与演讲者订立合同,购买演讲内容。如河南中陆物流配送公司邀请美国前总统克林顿在2005年9月8日赴郑州演讲。合同约定,克林顿20分钟的演讲费为25万美元。

三是,客户与主办方订立合同购买会议时间,用于自我推广。如某机器人制造公司购买机械制造业技术交流大会60分钟的演讲时段,用以推广本公司新研发的工业机器人产品。

四是,主办方与赞助商订立合同,接受包括资金、印刷品、会场提供或会场布置、酒店住宿、交通服务、文艺表演、宴会、饮品等方面的商业赞助。

必须说明,在会议项目的经营中,主办方收取与会者的注册费,一般是先通过会议通知或邀请函联系客户。同意与会的客户,填写会议报名表并交付注册费就具备了与会资格。主办方在收到客户注册费后,除开具发票外,一般会向客户发送确认书(函),作为交费者的与会凭证(经常用于会议代表报到)。因此,会议主办方往往以参会确认书(函)作为"代合同"。

第七,活动主办方与客户设立的合同,往往针对以下服务关系:

一是,客户与主办方订立合同,以购买活动场地的使用时间,在活动期间用于自我推广。如某养殖公司向"小龙虾美食节"的主办方购买活动场地的使用时间,用以推广本公司养殖的小龙虾。

二是,主办方与特邀者订立合同,向特邀者购买活动所需要的内容。如草莓音乐节主办方邀请流行音乐表演者参与表演,与其签订合同。

三是,主办方与赞助商订立合同,接受包括资金、印刷品、活动场地提供或布置、酒店住宿、交通服务、宴会、饮品、入场券团购等方面的商业赞助。

二、整合客户资源合同的写作方法与案例

下面,通过案例分别介绍整合客户资源合同的内容及其写法。

案例7 展会主办方与参展客户的合同/参展合同

中国(上海)国际乐器展览会参展合同的有关规定

案例8 会议主办方与客户的合同

合同一　养老产业交流会议参会协议
合同二　2015第五届中国国际储能大会参会确认表(代合同)

案例9　活动主办方与表演者的合同

龙虾节演出协议

甲方:QJ市广电服务有限责任公司

乙方:WH体育娱乐有限责任公司

根据"平等自愿、协商一致"的原则,甲乙双方就"QJ市龙虾节"演出事宜达成协议如下:

一、甲方受"QJ市龙虾节"(以下简称"龙虾节")组织委员会委托,邀请乙方参加"龙虾节"演出,乙方同意接受甲方的邀请。

二、演出安排:

(一)乙方表演的节目为《舞狮》,参演人数为20人。其中,上场表演者15人,打击乐演奏者5人。上场表演的狮子不少于四只,表演内容参照乙方于2015年4月3日向甲方提供的视频表演资料。

(二)"龙虾节"于2015年6月9—18日在QJ市举办,乙方受邀演出三次(场),分别是:6月9日晚的开幕式表演;6月10日上午的巡游表演;6月10日晚品龙虾"千人餐会"的现场表演。其中,开幕式演出时长10分钟;巡游演出时长30分钟;"千人餐会"演出时长10分钟。

(三)开幕式、"千人餐会"演出场地及音响灯光,由甲方提供;巡游演出路线,由甲方安排。

三、甲方支付乙方演出费人民币58 000元整(大写:人民币伍万捌仟元整)。乙方6月10日晚演出结束后,甲方当即结清演出费。乙方在收到甲方演出费后的3个工作日内向甲方出具发票。

四、乙方演职人员及道具、服装、乐器、往返QJ市的交通、在QJ市住宿的费用,由乙方自理。甲方向乙方演职人员免费提供6月9日的晚餐、6月10日的中餐、晚餐。餐标为25元/人(包括盒饭)。

五、甲方因特殊情况变更或取消演出,须在5月30日之前告知乙方;乙方因特殊情况取消演出,须在5月15日之前告知甲方。

六、违约处罚:

(一)甲方违约。

1.如甲方未按本协议的约定履行本方义务,对于乙方演出造成影响,乙方可以视影响程度,要求甲方赔偿。

2.甲方因特殊情况变更或取消演出,但未在本协议约定的时间告知乙方,甲方按乙方演出费的50%即人民币29 000元整(大写:贰万玖仟元整)赔偿乙方。

(二)乙方违约。

1.乙方因特殊情况取消演出,但未在本协议约定的时间告知乙方,乙方按演出费的100%即人民币58 000元整(大写:人民币伍万捌仟元整)赔偿甲方。

2.乙方演出内容与质量不符合乙方于2015年4月3日向甲方提供的《舞狮》视频表演资料,或有较大出入,甲方有权扣减乙方演出费,但扣减金额不超过本协议约定乙方演出费的三分之一。

七、因不可抗力致使"龙虾节"不能举办,双方互不承担责任。

八、乙方于2015年4月3日向甲方提供的《舞狮》表演视频资料,系本协议附件,与本协议具有同等法律效力。

九、本协议有效期至2015年6月15日止。

十、本协议一式两份,双方加盖公章、授权代表签字生效。双方各执一份。

甲方:QJ市广电服务有限责任公司(盖章)

授权代表(签字):

2015年4月　日

乙方:WH体育娱乐有限责任公司(盖章)

授权代表(签字):

2015年4月　日

说明与评点

(1)这份协议是节庆活动——"QJ市龙虾节"商业演出的协议。商业演出往往是活动的必备元素。因此,主办方安排商业演出是整合客户资源的重要内容。

(2)本协议是当事人QJ市广电服务公司(甲方)和WH体育娱乐公司(乙方)设立的演出协议。协议的标的是"QJ市龙虾节"的商业演出。甲方是商业演出服务的购买方,乙方是商业演出服务的提供方。此类合同一般采用非格式条款合同。

(3)本协议围绕《舞狮》演出节目,约定了演出人数、场次、每场表演时间、地点,并明确以乙方提供的表演视频作为演出质量的考核标准,体现了商业演出协议的特点。其中,明确约定乙方提供的表演视频为协议附件,即将影像资料作为协议附件,颇具新意。

(4)本合同案例明确约定了乙方人员及道具、服装、乐器、赴QJ市演出的往返交通、乙方人员在QJ市演出期间的食宿的安排。这在商业演出的合同中是不能忽略的。

(5)本协议的违约条款聚焦演出能否如期进行,这是合同当事人即甲乙双方都关切的问题。在违约条款中,有关甲方"未按本协议的约定履行本方义务,对于乙方演出造成影响,乙方可以视影响程度,要求甲方赔偿"的条款,缺乏具体内容,如发生纠纷难以判别。

第五节　整合服务资源合同的写作

为展览、会议或活动的主办方提供服务的机构,称为会展服务供应商。

展览、会议或活动的主办方与服务供应商之间设立的合同,本教材称为整合服务资源的合同。

一、整合服务资源合同的特点

在举办展览、会议或活动的过程中,会产生大量的服务事项。然而,主办方不可能包揽所有的服务事项,故而需要服务提供商提供相关服务。

因展览、会议或活动所需的服务事项各有不同,合同当事人的关系以及合同形式也不尽相同,如表4-3所示。

表4-3　整合服务资源的常用合同类别

类别	序号	合同内容	合同当事人	合同形式	合同提供者	服务方收入来源
展览服务	1	销售代理	主办方与销售代理方	非格式条款合同	主办方	销售收入
	2	展览场地租赁	主办方与展馆经营方	格式条款合同为主	展馆经营方	主办方支付租金
	3	主场服务	主办方与主场服务经营方	格式条款合同为主	主场服务经营方	收取服务费
	4	展位搭建	主办方与搭建服务经营方	格式条款合同为主	搭建服务经营方	主办方支付搭建费
	5	展品物流	主办方与物流服务经营方	格式条款合同为主	物流服务经营方	收取服务费
	6	餐饮供应	主办方与供应服务经营方	格式条款合同为主	主办方或服务方	收取用餐费
	7	信息服务	主办方与信息服务经营方	格式条款合同为主	主办方或服务方	主办方支付服务费
	8	媒体宣传	主办方与媒体经营方	非格式条款合同为主	主办方或服务方	主办方支付广告费
	9	礼仪服务	主办方与礼仪服务经营方	格式条款合同为主	主办方或服务方	主办方支付服务费

续表

类别	序号	合同内容	合同当事人	合同形式	合同提供者	服务方收入来源
会议服务	1	会议场地租赁	主办方与场地经营方	格式条款合同为主	会议场地经营方	主办方支付租金
	2	会场布置	主办方与布置服务经营方	格式条款合同为主	主办方或服务方	主办方支付服务费
	3	酒店住宿	主办方与酒店经营方	格式条款合同为主	主办方或服务方	与会者住宿与餐饮收入
	4	与会者集体旅游	主办方与旅游服务经营方	格式条款合同为主	旅游服务方	旅游收入
	5	邀请演讲	主办方与演讲方	口头或确认书	主办方	主办方支付讲酬
	6	信息服务	主办方与信息服务经营方	格式条款合同为主	主办方或服务方	主办方支付服务费
	7	媒体宣传	主办方与媒体经营方	非格式条款合同为主	主办方或服务方	主办方支付广告费
	8	礼仪服务	主办方与服务经营方	格式条款合同为主	主办方或服务方	主办方支付服务费
活动服务	1	活动场地租赁	主办方与场地经营方	格式条款合同为主	活动场地经营方	主办方支付租金
	2	活动现场布置	主办方与布置服务经营方	格式条款合同为主	主办方或服务方	主办方支付服务费
	3	特邀参与者	主办方与应邀方	口头或确认书	主办方	主办方支付服务费
	4	信息服务	主办方与信息服务经营方	格式条款合同为主	主办方或服务方	主办方支付服务费
	5	媒体宣传	主办方与媒体经营方	非格式条款合同为主	主办方或服务方	主办方支付广告费
	6	礼仪服务	主办方与礼仪服务经营方	格式条款合同为主	主办方或服务方	主办方支付服务费

整合服务资源的合同，具有以下特点：

第一，当事人设立合同的目的，是为了确定展览、会议或活动主办方与服务供应商的合作关系。

第二，在此类合同中，主办方是展览、会议或活动的拥有者，服务供应商应主办方要求提供相关服务。因此，主办方是服务需求的发包方，服务供应商是服务的提供方。

第三,对于主办方而言,服务供应商根据主办方要求提供的相关服务,是举办展览、会议或活动所需要的服务资源,而且是专业化的服务资源。其中,许多资源是主办方不可能自身拥有或自行提供的资源。

例如,举办展览需要使用展览场馆,但绝大多数的展览主办方并不拥有展览场馆。法兰克福、慕尼黑、杜塞尔多夫等国际著名展览公司,他们虽然分别在德国的法兰克福、慕尼黑、杜塞尔多夫市拥有自己的展览场馆,但在其他地方(如中国北京)并不拥有属于自己的展览场馆,仍然需要租赁场馆举办展览。又如,举办会议需要有会议场所,而且世界上绝大多数会议是在酒店里举行的,但绝大多数的会议主办方并不拥有酒店。再如,举办展览、会议或活动需要通过媒体宣传推广,虽然展览、会议或活动的主办方拥有自己创办的媒体(包括报刊、网站、微信公众号等自媒体),但主办方不可能拥有与宣传推广展览、会议或活动相关的所有媒体。

因此,主办方与服务供应商设立合同建立合作关系,就是为举办展览、会议或活动整合所需的服务资源。

第四,在此类合同中,服务供应商的营业收入或直接来源于主办方(如展览场馆、会议场所的经营方收取主办方租赁场地的租金),或来源于主办方的特别许可(如展览主办方特许某物流公司承揽展品物流业务,该物流公司的收入来自参展商支付的运输费)。

第五,此类合同的当事人中,主办方既可能是企业,也可能是民间社团,一般不会是政府及其部门(政府展的主办方一般委托企业作为合同当事人,比如"广交会"是由中国对外贸易中心代表主办方——商务部和广东省政府作为合同当事人),而服务供应商基本是企业。

第六,此类合同较多使用格式条款合同。这些格式条款合同多由服务供应商提供。

二、整合客户资源合同的写作方法与案例

下面,通过案例分别介绍整合客户资源合同的内容及其写法。

案例10 展会代理销售的合同文案写作的故事

内含案例说明与评点

展会代理销售的合同文案写作的故事

案例 11 展会主办方租赁展览场馆的合同

内含案例说明与评点

展馆租赁合同

 案例 12 会议主办方与酒店的合同

酒店承接会议协议

甲方：武汉晖之石科技信息有限公司

乙方：_____酒店经营管理公司

经协商，双方就举办"中国会展集训营"活动事项达成协议如下：

一、双方同意，第11期"中国会展集训营"（中国会展经济研究会、昆明市博览事务局联合主办，甲方系执行承办机构）定于____年__月__—__日在_____酒店举办。

二、乙方同意为甲方提供下列服务，双方确认的收费标准如下：

（一）甲方与会人员入住乙方酒店，使用客房不少于50间/夜。其中，大床房不少于10间/夜（甲方如增加客房使用数，在__月__日之前告知乙方，乙方可保证提供）。乙方按____元/间/夜双早的标准收费（标准间、大床间的收费标准一致）。

（二）__月__—__日，乙方向甲方与会人员提供两天的自助餐方式的工作中餐。甲方用餐人员不少于150人，餐标为__元/人；自助餐菜品、主食及饮料安排，双方另行确定。

（三）__月__—__日，乙方会议室（课桌式，200人规模）提供甲方使用，租金为____元/天；租金包括会议期间的音响、照明、信笺、铅笔、投影仪及屏幕等设备使用与茶水供应费。其中，移动话筒不少于四只。

（四）__月__日晚七时三十分至九时三十分，乙方免费提供一间会议室（50人规模；也可是本协议第二条（三）款会议室），供甲方组织"会展沙龙"活动。

（五）__月__—__日晚，甲方如在乙方举行小型晚宴(围桌)，乙方同意给予8折价格优惠。

（六）乙方同意免费提供标准间1间，在__月__—__日供甲方作为会务办公室使用；如甲方入住超过50间/夜，乙方免费向甲方提供标准间2间。

（七）__月__—__日上午，乙方在酒店大堂提供场地和桌椅，用于甲方进行报到接待工作。

（八）乙方同意甲方在乙方酒店大堂、餐厅、会议室等场所摆放背景板或易拉宝等。

（九）其他服务事项，乙方将与甲方协商，尽量满足甲方需求。

三、本协议签署后，甲方向乙方支付人民币壹仟元整作为定金。甲方余款在__月__日当天全部结清。

四、违约处罚：

（一）甲方如因特殊原因需要更改举办地点，须在_____年__月__日之前知会乙方，如若违反，乙方有权扣留甲方人民币壹仟元整的定金；

（二）乙方届时如不能提供客房、会议室，除须就近安排其他同档次酒店接待甲方人员外，甲方将按支付乙方总价款的70%支付乙方。

五、本协议未尽事宜，双方可另行协商，必要时签署补充协议。

六、本协议一式四份，双方各持两份。双方代表签字、单位加盖公章有效。

甲方：武汉晖之石科技信息有限公司　　　乙方：_____酒店经营管理公司

代表签字：　　　　　　　　　　　　　　代表签字：

单位盖章：　　　　　　　　　　　　　　单位盖章：

日期：_____年__月__日　　　　　　　日期：_____年__月__日

说明与评点

（1）这是会议主办方与酒店经营方设立的合同。本合同的当事人都是企业。其中，甲方是会议主办方，乙方是酒店经营方。该合同是本教材作者张凡所在的武汉晖之石科技信息有限公司作为"中国会展集训营"(培训会议)的执行承办机构，与承接"中国会展集训营"的酒店设立的合同。这是一份真实的合同文案。

（2）本合同的标的是"酒店承接会议"。合同围绕乙方酒店为甲方会议提供的服务内容而展开，主要涉及与会人员开会、住宿、餐食三方面的服务安排及服务价格。

（3）从该合同的内容看，这份合同是甲方提供，也是甲方经常使用的格式合同。当然，承接会议的酒店，大多可以提供自己草拟的格式合同。

案例 13　展会主场服务的合同

内含案例说明与评点

展会主场服务协议

案例 14　展会主办方与物流服务商的合同

内含案例说明与评点

展会物流服务协议

案例 15　展会主办方与餐饮服务商的合同

展会餐饮服务协议

甲方：_____展览公司

乙方：_____会展中心经营管理公司

甲乙双方经友好协商，现就甲方在_____年__月__日至__日主办的_____展览会（以下简称展览会）的餐饮供应事宜达成以下协议：

一、甲方同意委托乙方负责展览会期间的餐饮供应事宜。

二、甲方职责：

（一）将餐饮供应的安排写入展览会《参展商手册》和《展览服务手册》，推荐参展客商和观众在甲方餐饮区就餐或在甲方提供的咖啡区洽谈；

(二)安排本方工作人员在乙方就餐；

(三)向乙方反馈就餐者的意见,提出调整或改进食品供应及其服务的意见或要求。

三、乙方职责：

(一)有权选择合法、具有国家食品卫生许可资质的饮食供应商,在展览会期间提供现场餐饮服务；

(二)在展览会期间,免费在展馆内提供场地,布置餐饮区和咖啡区；

(三)监督饮食供应商的服务品质,包括供应的食品达到国家规定的卫生安全标准、食品售价合理、工作人员服务态度良好等。

(四)负责每天向甲方提供__份工作午餐,标准为__元/份；时间从_____年__月__日至__日。

四、食品供应及服务标准：

(一)食品原料新鲜、安全可靠、搭配合理、营养丰富,餐具统一,经专业消毒,加工和运送过程不产生污染。

(二)餐饮区、咖啡区地点须经双方共同确认。餐饮区、咖啡区场地卫生,桌椅齐备。

(三)午餐供应时间为11:30—12:30；咖啡区营业时间为9:30—16:00。

(四)餐饮区服务人员的配置不少于____人；服务人员须统一着装,乙方分管负责人随时在场值守。

五、如因食品卫生安全问题导致就餐者集体中毒事件,或因食品及服务质量出现群体投诉,经当地卫生机构核实,或经双方调查核实,应由乙方承担相关法律责任及其经济赔偿责任。

六、展览会期间,双方指定专人协调落实本协议相关事宜。

七、甲方人员就餐费在展览会结束当天结清。

八、本协议未尽事宜,双方另行协商解决。

九、本协议一式两份,双方各执一份,具有同等法律效力。

甲方：_____展览公司(盖章)

授权代表签字：

____年__月__日

乙方：_____会展中心经营管理公司(盖章)

授权代表签字：

____年__月__日

说明与评点

（1）这是展览主办方与展览期间餐饮服务提供方设立的合同。本协议的当事人都是企业。其中，甲方是展览主办方，乙方是提供餐饮服务的会展中心经营管理公司。甲方是委托方，乙方是接受委托方。

（2）展览期间的餐饮供应集中于展馆之内，主办方往往委托展馆经营方提供展览期间的餐饮服务，以避免触犯《中华人民共和国食品卫生法》。展馆经营方一般不会直接提供餐饮服务，而是将其外包有相关资质的餐饮企业。展馆经营方与餐饮企业也要设立合同。

（3）此协议的标的是"展览期间餐饮服务"。展览期间的餐饮服务，主要指展览期间（包括布展期间）工作午餐的供应。本协议增加了"咖啡区"的服务项目，此举系主办方为便利客商在展览期间洽谈贸易或休息提供的一种服务。由于展馆经营方承接了餐饮服务，故主办方无须为使用餐饮区和咖啡区支付场地租金。

（4）本协议由甲方即展览主办方提供。此类协议也有使用展馆经营方或餐饮服务商提供的格式合同的。

案例 16　展会主办方与信息服务商的合同

内含案例说明与评点

展会信息服务（观众邀约）协议
展会信息服务（展会现场观众登记）协议

案例 17　展会主办方与媒体的合同

内含案例说明与评点

媒体合作合同

第六节　招标书与投标书的写作

会展标书与会展合同关系密切。许多会展合同是招投标之后的产物。因此,本章将会展标书与合同的写作放在一起,以便学习者了解相关知识。

一、会展标书的应用及其特点

（一）招投标的概念

在市场经济中,招标和投标是工程、货物、服务的需求方和供应方之间建立交易关系的一种方式。

招标,指招标人通过发布招标公告或投标邀请书,说明招标的工程、货物、服务的范围、标段(标包)划分、数量、投标人资格等要求,邀请特定或不特定的投标人,在规定的时间、地点,按照一定程序招人承包或承买的行为。

投标,指投标人根据招标人招标公告或投标邀请书的要求,在规定的时间、地点,按照招标人规定的程序投递标书的行为。

招标和投标过程中产生的招标书或投标书,统称为标书。

（二）会展业的招投标活动

在会展业中,招投标活动的常见对象如表4-4所示。

表4-4　会展业常见招标投标对象

招标方	招标对象	投标方	招标内容
会展主办方	展览、会议或活动外包承办	会展公司	项目承办
	展览、会议或活动外包服务	会展服务公司	展位销售、主场服务、开幕式、展位搭建、展品物流、观众邀约、现场登记、餐饮供应、文艺表演等
参展商	展览展示工程外包	展览工程公司	展位搭建、会场布置
会展场馆经营方	场地服务事项外包	会展服务公司	标准展位搭建、保安、保洁、餐饮服务等
其他	与会展业相关事项	相关公司	自媒体建设、项目调研等

说明：本表未列入会展场馆建设工程的招投标活动事项。

从会展主办方角度,展览、会议或活动承办的外包多见于党政机关主办的项目。如案例18《北京市市级行政事业单位2016年度展览定点服务政府采购项目招标公告》、案例19《武汉东湖新技术开发区"中国光谷"国际光电子博览会暨论坛市场化运营采购项目竞争性谈判公告》。

非政府的展览、会议或活动的主办方,有时也将部分经营业务对外招标承办。这些业务包括展位销售、主场服务、展位搭建、展品物流、观众邀约、现场登记、开幕式及配套活动、文艺演出、酒会宴会等。其中,展位销售、主场服务、展品物流等事项的外包,主办方一般不向中标机构支付购买服务的资金,而是授权中标机构通过参与展览、会议或活动的某项经营获取收益;而展位搭建、观众邀约、现场登记、开幕式及配套活动、文艺演出、酒会宴会等事项的外包,主办方须向中标机构支付购买服务的资金。主办方是否出资购买服务,阅读招标书便可知晓。

除会展主办方外,参展商、会展场馆及涉及会展业的其他机构也有许多事项需要招标。最常见的是参展商特装展位的搭建工程招标。因为投标的展览工程公司须提供展位搭建工程的设计图纸参与竞标,所以此类招标又被称为"比稿"。与会展业有关的机构,如政府主管会展业的部门(会展业管理办公室、博览局)、高等院校会展专业等,也会通过招标购买相关服务。如武汉某高职院校为兴建会展实训室而对外公开招标。

此外,凡使用政府财政资金购买服务的会展事项,其招标活动必须依据《中华人民共和国政府采购法》的规定施行。凡不使用政府财政资金购买服务的会展事项,其招标活动的程序与评判标准,由招标方自行确定。

(三)会展事项招投标的竞争性谈判

1. 竞争性谈判的定义

竞争性谈判是招投标的一种方式,其依据是《中华人民共和国政府采购法》第三十条的规定和财政部的相关规定。

竞争性谈判,是指采购人(招标方)或者采购代理机构直接邀请三家以上供应商就采购事宜进行谈判。与公开招标相比,竞争性谈判的特点是,通过缩短招投标工作的准备期,可使采购项目更快地发挥作用;通过减少招投标工作的工作量,可使工作效率提高,降低采购成本;通过供求双方更为灵活的谈判,可使彼此深入了解,降低采购风险。

根据《中华人民共和国政府采购法》第三十条的规定,符合下列情形之一的货物或者服务,可以采用竞争性谈判采购方式:

招标后没有供应商投标或者没有合格标的或者重新招标未能成立的;

技术复杂或者性质特殊,不能确定详细规格或者具体要求的;

采用招标所需时间不能满足用户紧急需要的;

不能事先计算出价格总额的。

另外,根据财政部令第87号《政府采购货物和服务招标投标管理办法》第四十三条的规定,投标截止后投标人不足3家或者通过资格审查或符合性审查的投标人不足3家的,若招标文件没有不合理条款、招标程序符合规定,经财政部门批准,可以采用其他采购方式。

2.会展事项招投标适宜采取竞争性谈判方式

会展业所招投标的许多事项,是符合《中华人民共和国政府采购法》第三十条规定情形的。例如,党政机关展览项目承办事项的招标,合乎要求的供应商就十分有限;而且,展览项目承办事项性质特殊,专业性要求较高,如做消费类展(B2C)的供应商未必具备做专业类展(B2B)的能力,做机械展的供应商未必具备做农业展的能力,加之举办展览项目对于完成时限有明确规定,不宜耗用较长时间招标。因此,使用政府财政资金购买承办展览项目的服务基本采用竞争性谈判方式实施采购。

3.竞争性谈判方式采购的要求和程序

《中华人民共和国政府采购法》第三十八条规定,采用竞争性谈判方式采购的,应当遵循下列程序:

(1)成立谈判小组。谈判小组由采购人的代表和有关专家共三人以上的单数组成,其中专家的人数不得少于成员总数的三分之二。

(2)制定谈判文件。谈判文件应当明确谈判程序、谈判内容、合同草案的条款以及评定成交的标准等事项。

(3)确定邀请参加谈判的供应商名单。谈判小组从符合相应资格条件的供应商名单中确定不少于三家的供应商参加谈判,并向其提供谈判文件。

(4)谈判。谈判小组所有成员集中与单一供应商分别进行谈判。在谈判中,谈判的任何一方不得透露与谈判有关的其他供应商的技术资料、价格和其他信息。谈判文件有实质性变动的,谈判小组应当以书面形式通知所有参加谈判的供应商。

(5)确定成交供应商。谈判结束后,谈判小组应当要求所有参加谈判的供应商在规定时间内进行最后报价,采购人从谈判小组提出的成交候选人中根据符合采购需求、质量和服务相等且报价最低的原则确定成交供应商,并将结果通知所有参加谈判的未成交的供应商。

在会展事项的竞争性谈判中,同样必须严格遵守以上要求和程序。

二、会展标书的写作方法与案例

会展事项的招投标文案种类甚多,本教材仅选取展览项目竞争性谈判作为案例,以利学习者了解招投标文案的写作知识。

案例 18　展览项目招标公告

内含案例说明与评点

北京市市级行政事业单位 2016 年度展览定点服务政府采购项目招标公告

 案例 19　展览项目招标书

内含案例说明与评点

武汉东湖新技术开发区"中国光谷"国际光电子博览会暨论坛市场化运营采购项目竞争性谈判公告

 案例 20　展览项目投标书

目　录

第一部分　竞标人简介
第二部分　竞标函
第三部分　竞标报价
第四部分　资质证明文件
一、公司营业执照副本复印件
二、组织机构代码证副本复印件
三、公司法人代表证明

第五部分 项目服务方案

一、服务宗旨

二、经营目标

三、项目设计

四、服务措施

五、服务团队

第六部分 服务承诺

一、竞标承诺

二、中标承诺

三、售后承诺

说明与评点

(1)因无法获得武汉××展览贸易有限公司竞标"'中国光谷'国际光电子博览会暨论坛市场化运营采购项目"的竞争性谈判响应文件,只能依经验提供《展览项目承办服务竞争性谈判文件响应书目录》,供学习者参考。

(2)竞争性谈判响应书所列目录中,除第四部分"资质证明文件"外,其他部分均需要投标方写作。第五部分"项目服务方案"是写作重点,也是决定是否赢得竞争性谈判的关键内容。

(3)竞争性谈判响应书目录第五部分"项目服务方案"的写作方法,与项目组织工作方案的写作基本相同。

思考题

1.什么是格式条款合同？会展业经常使用的格式条款合同有哪些,请摆出三种合同并加以说明。

2.合资成立公司办展与资本购并办展有什么不同？

3.主办方需要整合的主办资源"并非来自参与展览、会议或活动的一般受众(指展览的参展商、观众,会议的与会者,活动的参与者),而是来自可以促进展览、会议或活动的创办、主办或经营,且具有社会、行业公信力的重要机构……这些机构所拥有的资源,往往是展览、会议或活动的主办方在拓展市场时需要依托、借重或利用的行业性、区域性、代表性甚至是垄断性的重要资源"。如何理解本章第二节中这段话的含义?

4. 了解展会项目估值的方法(提示:展会项目估值的方法不在本教材知识范围之内)。

5. 为什么政府及其部门虽然是展览、会议或活动的主办方,但一般极少作为服务关系合同的当事人?

6. 分析展览、会议或活动的冠名主办方与实际主办方的相同与不同。

7. 主办方为什么不能包揽因举办展览、会议或活动而产生的所有服务事项?

8. 指出本章案例10《展会代理销售的合同文案写作的故事》中姚女士合同初稿的写作上存在的问题。

9. 掌握格式合同的概念,格式合同的提供方为何会维护自身权益?

10. 展馆经营方一般不会直接提供餐饮服务,为什么?

11. 展览项目采购招标为什么要采取竞争性谈判方式?

12. 武汉某展览公司竞标"'中国光谷'国际光电子博览会暨论坛市场化运营采购项目",其竞标报价能够高于或等于450万元人民币吗?为什么?

Chapter 5

第五章 代拟稿

本章教学要点

本章所讲的代拟稿,是指会展主办方在维护公共关系过程中,因对外需要而代拟的文稿。了解会展主办方常用代拟稿的写作方法,可以帮助学习者了解会展主办方拓展和维护公共关系的技巧,掌握所需代拟公文或讲稿的写作规律。

开篇故事

揭秘美国总统演讲幕后写手

美国总统几乎都是演讲家,因为他们几乎"每天一讲"。这些演讲的稿子并非总统亲手撰写,而是有一个专门的白宫写手团队。

成为白宫写手是因为"运气"

年过四十的欧兹列有张娃娃脸,至今还留着他那遮住耳朵的半长发——造型跟那张多年前与时任美国总统克林顿在空军一号上的合影几乎相同。

"运气。"欧兹列用简单两个字概括他成为美国总统撰稿人的原因。"世上还有太多优秀的写手,我只是幸运了一些,刚好遇到机会,一路往上走。"他对记者说。就在与总统的合影旁,是欧兹列父母与克林顿见面的照片。那是一场海岸巡防队的活动,地点恰巧在欧兹列的老家附近,他私下拜托总统与父母相见,克林顿一口答应,还安排二老坐上了总统的车队。"我的父亲是工人、母亲打杂工,我怎么都不会想到自己最后能有机会进入美国权力核心部门。"欧兹列回顾在白宫的日子,反复说着感恩。

1987年,还在康涅狄格大学学习历史及新闻的欧兹列来到华盛顿。与许多对新闻与政治满怀憧憬的学生相同,他先后在报社、竞选团队、国会实习。直到一篇出色的作品被老师相中,被邀请到艾奥瓦州为参议员的选举工作帮忙。

一开始只是帮忙打电话催票,此后撰写竞选文宣,到最后写演讲稿,"有一次,我挤在上百人的听众中,看人们专注地、深受感动地盯着演讲人,念着我撰写的稿——当时我心想,天啊!这就是我未来要做的事。"

接下来,他一直担任撰稿人,服务人员从国会议员汤姆·哈金、民主党鞭大卫·博纳到美国住房与城市发展部长安德鲁·库莫、副总统戈尔,最后终于在1999年进入了总统克林顿的撰稿人团队,主负责外交事务稿。

类似这样的一路从竞选团队、国会,工作到白宫的故事,在总统写手群中十分常见。当然也有极少数的例外,比如克林顿时期的写手杰夫·西索尔。杰夫·西索尔是位作家,克林顿在读了他的关于美国政治历史的著作后非常欣赏,直接邀他进入白宫。

撰写咨文须经历"地狱般考验"

欧兹列把他最得意的一场演讲初稿裱框挂在他办公室的墙上。微微泛黄的草稿纸上,留着总统的笔迹"保罗,干得好!"署名比尔·克林顿。"可能哪一天美国政府博物馆会跟我要回去,但现在先让我在办公室开心一下。"他笑着说。

2000年3月9日,时任美国总统克林顿在华盛顿发表了一场指标性的演说——要求美国参众两院通过对华《永久正常贸易关系法案》。欧兹列说,这类演说称为"框架型演说",目的是在议题引起巨大争辩时,为政府的立场定调,并引导舆论方向。"身为一个撰稿人,我的工作是倾听,汇整资料后,我写下草稿,先给我的上司看,再一关一关交给这些专家审核,他们可能会改小地方、确认数据,或提出一些新意见。"他说,一版又一版,那是一个地狱般漫长的过程。欧兹列认为,总统撰稿人更多时候是做"管理"与"汇整"的工作,特别是像"框架型演说"、就职演说、国情咨文这类大型的演讲,需要面对来自各部门、各种团体的游说。

"(写作国情咨文)是一个地狱般的准备过程,11月感恩节假期后就是我们噩梦的开始。"与各部门开会、并尽可能浓缩、修饰,才能形成一篇涵盖全面、浅显易懂又文辞优雅的演讲稿。作为一个撰稿人,要接触无数的专家,"你只会变得更谦卑、且更尊重这份政府工作。"

一篇动人的总统演讲稿的秘密 讲故事

每一任总统都有自己的写手团队,比如奥巴马有9个撰稿人、小布什有5个、克林顿则有8个。由首席撰稿人领导,他每周会到总统办公室开会,了解接下来的活动,然后指派给不同撰稿人。

欧兹列主要负责"外交事务",他的同事杰夫则负责"国内政策",另外则是比较机动的安排,如突发事件、颁奖典礼、庆典讲稿等。而总统出访总会带上一个撰稿人,以应变随机情况。

"我们都希望空军一号能飞久一点,"欧兹列说,写手对出访常是"又爱又恨","爱"的是能坐上世界最高级、拥有最新科技的空中巴士,也能看到总统像室友一样在飞机上晃来晃去聊天;但"恨"的是,"一到达目的地,就是要交稿了。"

克林顿以脱稿演出闻名。"杰夫常常开玩笑,如果总统有照稿念30%以上,他就算成功。"不过,"外交事务"的稿件就不能有这么多总统即兴发挥空间。"如果在某些字上做了些许更动,可能就会造成外交争议。"所以外交演讲稿首重"精确性",词汇的运用与翻译都是技巧;其次是"一致性",不仅要与历史脉络连贯,白宫与国务院的声调也要统一。

怎么写出总统的口吻?"我们有时会聚在一起,故意模仿他讲话的声音。"欧兹列透露了撰稿人间的小秘密,他刻意把下巴压低、拱起肩膀、双手撑在桌上,带着一点沙哑的嗓音模仿着克林顿。欧兹列说,克林顿的风格就是爱说话,他喜欢对话式的演讲,不断地解释。他觉得只有解释清楚,才能让听众有共鸣。欧兹列认为,一个好的演讲应该达成两件事,一是告诉人一个以前从来不知道的事;二是给人一个从来没有的思考方式。"克林顿就是这方面的专家。"

当然,谈到克林顿总统任期最后几年,无可避免讲到绯闻事件。但对此欧兹列不愿意多谈,"每个团队都会有些令人分心的事件,但老板只告诉我们要记得自己为什么在这里,专注做我们该做的事。"写手凯莉的方法则是做问卷,比如要写一篇总统与乡村音乐的稿子。她会拟好一连串的问题送到总统办公室,再依据这些回答润饰成一篇文章。

"在我眼中,一篇好的讲稿有三个元素:提供信息、触动人心的故事、讨人喜欢的感觉。"雷赫曼对记者说,因此加入人性化的素材非常重要。"当我们在白宫开会,那些高级官员问着政策原则、决策方向,我只会问:总统,你最近看了什么书吗?让你最感动的电影是哪部?"

从幕后到台前 一辈子的写手

欧兹列离开政府后,与几个撰稿人一起成立了专业写作公司,客户囊括政、商、娱乐、体育界。他提到,刚落幕的达沃斯世界经济论坛,一场六个演讲人的会议,有五个人是他们的客户。"虽然写手总是匿名的,但看到自己写的文字能影响世界,是成就感,也是一种社会责任。"

总统撰稿人离任后是否有保密规定?三位前撰稿人告诉记者,白宫对撰稿人们没有太多规定,离开白宫后就能自由工作、接受访问,只有在客户是他国政府时,才须上报国务院。

成立咨询公司或撰稿公司,几乎是这些"前白宫写手"的统一去路。在华盛顿特区,就有不少打着"总统撰稿人"招牌的公司。

雷赫曼也从副总统的写手,转为企业家撰稿人。他回忆说,在白宫里一年要写上百篇稿,几乎"淹死"在成堆工作中;在私人部门,一年只写40篇,且薪水比在政府工作好得多。

"但那种成就感是不一样的。"雷赫曼随口就能对记者谈起任何一篇在国会、白宫里撰写的稿子。"不只是写作本身,当你看到这些讲稿可以对社会有些影响力,甚至改变一些事时,内心的满足感是难以形容的。"

欧兹列说,他最喜欢在深夜工作后,沿着白宫侧门离开,然后回望身后那庄严又宁静的白宫建筑,静静地想:"此刻,我是全世界唯一一个,站在这里、盯着这个权力中心看的人,而我们的使命是那么重要。""有人说过这样一句话我很同意,当你在一份工作上,不再对它充满憧憬及感激时,就是你该离开的时候。而我很庆幸从来没有这种感受。"他说。

(此文于2015年2月2日发表新浪,作者系新浪国际驻美观察员唐家婕)

说明与评点

(1)代拟稿的写作历史悠久。如晚清名臣李鸿章出仕之前就是另一名臣曾国藩的幕僚,经常为曾国藩代拟奏折。外国政要尤其是大国政要公开发表言论,事先都有专业团队提供文稿。

(2)这篇报道揭秘了美国总统演讲稿写手团队的工作情况。从中可以了解美国总统的写手团队的职责和工作方法。

(3)美国总统的写手团队如何写稿,推荐阅读《美国人用理工科思维为总统写演讲稿》(来源:搜狐网站2017年9月30日发表,作者为职场火锅)。

第一节 代拟稿的定义与应用

在文案写作中,代拟稿的写作十分常见。

在会展文案中,代拟稿的写作有着特殊的需求。

一、代拟稿的定义与分类

由他人为署名机构或署名作者、演讲者代为写作的文稿，称之为代拟稿。

代拟稿的写作需求，有四种常见情况：

一是，公务机构对外公文的代拟稿。

需要使用代拟稿的公务机构，主要包括党政、人大、政协、军队、人民团体和民间社团等。

与会展业联系较多的公务机构，主要是党政机关和民间社团。

党政机构对外的公文，主要是法规性文件（行政的条例、意见、办法）、通知、批复以及重要函件。这些文件在制发前通常有人负责起草。这种公文的起草人一般是公务机关的在职工作人员（公务员）。

民间社团对外的公文，主要是报送政府的函件或资料，或下发给会员的通知、批复或资料。这些文件在制发前通常有人负责起草。这种公文的起草人一般是民间社团的在职工作人员。

二是，商业机构对外公文的代拟稿。

商业机构对外的公文，主要是报送政府或用于商业往来的函件或资料。这些文件在制发前通常有人负责起草。这种公文的起草人一般是商业机构的在职工作人员。

三是，以个人名义对外发表言论的代拟稿。

公务机构或商业机构的负责人、某一领域的权威人士（如中国科学院院士）在公众场合致辞、演讲、做报告或发表讲话，其文稿一般不是自己写作，往往由他人提供代拟稿。这种文稿的起草人或是公务机构、商业机构的在职工作人员，或是权威人士指派的人员。

四是，下级单位或关系单位为上级单位或相关机构提供的代拟稿。

因公务或业务关系的需要，下级单位根据为上级单位要求，为上级单位提供相关公文的代拟稿。如，上级机关组织多个下级单位外出商务考察。考察结束后，上级机关要求某一下级单位以上级机关的名义撰写考察报告。而关系单位为相关公务机构提供相关公文的代拟稿，也较为常见。如，某协会应政府部门要求召开本行业企业代表的专题座谈会，该协会为具体筹备此次会议的政府部门代写会议通知稿。

必须明白，使用代拟稿的署名机构或署名作者是文稿的拥有者，而代笔者并不拥有文稿的知识产权。根据知识产权的概念，公文是公务机关或商业机构的法人作品，而非个人作品。如某市商务局关于全市展览业发展情况的调查报告，就是法人作品，绝非写稿者的个人作品。而公务机构或商业机构负责人、某一领域的权威人士在公众场合所发表的致辞、演讲或报告，一般属于职务作品。如中国机械工业联合会会长在会员代表大会上的所作的工作报告，就属于职务作品。这种职务作品不是写稿者的个人作品。

还须明白，代拟稿须经署名机构同意制发，或经署名作者同意发表之后，才能成为正式的公文或正式的文章。

二、代拟稿在会展业的应用

在会展业,会展主办方为发展业务和处理公共关系,需要对外提供代拟稿。

会展主办方对外提供的代拟稿,常见有以下三种。

(一)代拟公文稿

会展主办方代拟的公文稿,大体分为两种情况:

一是,经主办方申请,公务机构同意冠名指导、主办、支持或协办展览、会议或活动。为此,同意冠名的公务机构需要向主办方出具公文,而这种公文的文稿经常是由主办方代拟的。

如中国机械行业技术促进学会同意冠名主办"中国国际智能制造论坛"。该项目的主办方——某会议公司经中国机械行业技术促进学会同意,为其代拟《中国机械行业技术促进学会关于同意主办"中国国际智能制造论坛"的复函》。

二是,公务机构同意冠名指导、主办、支持或协办展览、会议或活动后,经主办方申请,同意为其制发通知或函件,动员相关企业或人员参展、参会。主办方或主动提出,或应公务机关要求提供此类通知或函件的代拟稿。

如中国机械行业技术促进学会同意冠名主办"中国国际智能制造论坛",并同意为推广该项目下发通知,动员学会会员单位报名参会。经中国机械行业技术促进学会同意,该会议公司为其代拟《中国机械行业技术促进学会关于组织会员参加"中国国际智能制造论坛"的通知》。

(二)代拟报告、方案或工作总结、简报文稿

代拟报告或方案稿,指会展机构为政府或民间社团主办的展览、会议或活动提供项目可行性研究、组织工作以及项目招商、宣传、开幕式、配套活动等报告或方案的草案。提供可行性研究报告草案或组织工作方案草案的会展机构,往往与政府或民间社团主办项目的承办工作有关。如C省政府创办消费博览会,在咨询过程中委托某知名展览公司提供该项目的可行性研究报告、组织工作方案的草案。该公司提供的《C省创办消费博览会的可行性研究报告(建议稿)》(见本教材第九章"写手修炼"的案例1)和《C省消费博览会的组织工作方案(草案)》就是代拟稿。

会展机构为公务机构代拟与会展项目有关的工作总结或简报的文稿,也较多见。如中国会展经济研究会与长沙市会展管理办公室联合举办"中国会展集训营"培训活动。长沙市会展管理办公室要求该项目的承办执行机构——武汉晖之石科技信息有限公司提供此项培训活动的工作总结报告。该公司提供的这一总结报告就是代拟稿。本教材第三章"合同"案例12《"机博会"招商进步明显 市领导要求抓好百日冲刺工作》,就是展览公司为市外经局提供的"工作简报"代拟稿。

(三)代拟讲稿

主办方邀请政府官员、民间社团负责人作为嘉宾出席展览、会议或活动的开幕式,或出席会展项目的新闻发布会,并邀请嘉宾致辞或发言,通常需要为嘉宾提供致辞或发言的讲稿。如中华口腔医学会会长应邀出席"中国(西部)国际口腔设备与材料展览会暨口腔医学学术会议"的开幕式,该项目的承办方——四川省口腔医学会需要为其提供开幕式上致辞的代拟稿。

必须知道,会展主办方提供以上的代拟稿,一方面是为了减轻公务机关内部行文的负担,或是为了加快公务机关制发文件的进程;另一方面是为了增加自身在相关项目中的影响力,间接促进项目的营销推广工作。

第二节 代拟稿的写作方法

会展主办方代拟稿的撰写者不但要有文字功底,而且要有一定的社会阅历。
会展主办方对外提供的代拟稿,写作方法因文稿类型不同而有所区别。

一、公文代拟稿的写作方法与案例

规范性是公文写作最重要的特点。这种规范性体现在公文的种类、标题、格式、行文风格等方面。

会展主办方为公务机构提供的公文代拟稿,主要是"函"和"通知"两种。"函"和"通知",是公文的两个种类,亦称文种。

公务机构有关同意冠名指导、主办、支持或协办展览、会议或活动的文件,称为"函"(分为"复函"或"批复"两种);公务机构动员相关企业或人员参展、参会的文件,称为"通知"。无论是"函"还是"通知",均属于下行文件,即上级对下级、资源拥有方对资源需求方或尊者对从者下达的文件。

"函"或"通知"的写作,需要注意以下问题。

(一)设计标题

公文的标题只有一句话,属复合句型。公文标题基本是以"关于"开头,以文种类别结尾,中间是公文的主题。如《关于同意主办"中国国际智能制造论坛"的复函》,或《关于组织参加"中国国际智能制造论坛"的通知》,"函"和"通知"分别是这两个文件的文种类别,"同意主办'中国国际智能制造论坛'"和"组织参加'中国国际智能制造论坛'"分别是这两个文件的主题。

公文标题必须写明公文的主题。如"关于同意主办'中国国际智能制造论坛'的复函",或"关于组织参加'中国国际智能制造论坛'的通知"这两个文件,标题不能只写"复函"或"通知"。

设计公文标题的关键,是设计标题中的公文主题。一要表达准确;二要避免语病;三要避免语句过长。

(二)明确主送对象

"通知"或"函"件的主送对象,必须写清楚。如《关于组织参加"中国国际智能制造论坛"的通知》主送"各会员单位、各有关单位",再如《关于同意主办"中国国际智能制造论坛"的复函》,主送"北京耀博会议服务公司"。

不清楚主送对象,不写或乱写主送对象,必将影响代拟稿的正文写作(因撰写者不明白"通知"或"函"件将要发给谁看)。

(三)正文表述

公文写作具有一定规范。其中,正文的开头与结尾,须注意行文规范。通知或函件开头,均须说明发文的缘由。通知常用"为、为了、根据、按照、遵照、依照"等字词,引带提出发文事由,如"根据市政府关于防控新冠肺炎疫情的规定,特就中国(上海)国货潮牌展览会参展、参观防疫工作安排通知如下"。通知一般为"特此通知"结尾。代拟函件一般以"复函"为多,通常以"来函收悉。经研究,复函如下:"开头,以"此复"或"特此批复""特此复函"结尾。

语言文字明了简洁,是公文的特征。其主要体现在公文的正文之中。明了,指公文表达的内容要准确明白;简洁,指公文的文字要言简意赅。公文正文的写作,要避免无话找话。如为了写长而滥用概念,或堆砌可有可无的"高大上"形容词。如在《关于组织参加"中国国际智能制造论坛"的通知》里,如写入"'中国国际智能制造论坛'将于2017年春暖花开的季节,在上海这座充满活力的国际大都市隆重举办"这样文学性的词句,就与"通知"明了简洁的要求大相径庭,显得不伦不类。

(四)行文的语气

属于下行文件的"复函"和"通知",行文中不必使用"请"这样的敬语。如"请届时出席会议",应为"望届时出席会议"或"务必准时出席会议"。

(五)公文的主送、制发单位

公文的制发单位、主送单位须明确无误。制发单位名称应写在公文标题之前,并重复出现在正文之后。主送单位的名称应写在公文标题之后(另起一行,顶头),正文之前。制发单位、主送单位须用单位名称的全称。

案例1　民间社团同意冠名主办会议复函代拟稿

中国机械行业技术促进学会
关于同意主办"中国国际智能制造论坛"的复函
（代拟稿）

北京耀博会议服务公司：

经研究，本会同意作为2017年4月22—23日在上海举办的"中国国际智能制造论坛"的主办单位。

望按照"中国智能制造论坛"组织工作方案认真开展筹备工作，确保取得预期效果。

特此复函。

中国机械行业技术促进学会
2016年12月10日

说明与评点

（1）这是主办"中国国际智能制造论坛"的北京耀博会议服务公司为中国机械行业技术促进学会代拟的复函。这个案例虽属虚拟，但行文是规范的，而且此函件常见于会展业。

（2）在此案例中，北京耀博会议服务公司并非中国机械行业技术促进学会的下级单位，其商请中国机械行业技术促进学会冠名主办"中国国际智能制造论坛"，是资源需求方对于资源拥有方的公关行为。为此，北京耀博会议服务公司须先致函中国机械行业技术促进学会。其公文为《关于商请中国机械行业技术促进学会主办"中国国际智能制造论坛"的函》。因学会已事先同意作为主办单位，而且同意北京耀博会议服务公司代拟复函，故而就有了中国机械行业技术促进学会《关于同意主办"中国国际智能制造论坛"的复函》的代拟稿。

（3）文稿在《关于同意主办"中国国际智能制造论坛"的复函》标题后，将代拟稿三个字用（）注明，意在强调文稿的代笔性质，同时表明代笔者对中国机械行业技术促进学会的尊重。中国机械行业技术促进学会可以对代拟稿进行修改。

（4）该复函中，"经研究，本会同意作为2017年4月22—23日在上海举办的'中国国际智能制造论坛'的主办单位"一句，是这份公文的核心内容，不可或缺。而"望按照'中国智能制造论坛'组织工作方案认真开展筹备工作，确保取得预期效果"一句，头一个字用"望"而不用"请",以示作为资源拥有方的中国机械行业技术促进学会与作为资源需求方的北京耀博会议服务公司之间的关系。

(5)该复函正文最后的"特此复函"不可省略。"特此复函"后须用句号,表示正文结束。"特此复函"也可以用"此复"。

(6)该复函正文开头有主送单位——北京耀博会议服务公司,结尾落款为公文制发单位——中国机械行业技术促进学会,以及发文日期。落款之处,是公文制发单位加盖公章的地方。

 案例2 民间社团同意为会议组织参会者通知代拟稿

中国机械行业技术促进学会
关于组织参加"中国国际智能制造论坛"的通知

(代拟稿)

各会员单位、各有关单位:

中国机械行业技术促进学会主办的"中国国际智能制造论坛",定于2017年4月22—23日在上海举办。兹将相关事宜通知如下:

一、举办"中国国际智能制造论坛"旨在贯彻国务院《中国制造2025》行动纲领,交流中国机械行业智能制造的先进经验,分享国际智能制造的最新信息,从而促进机械企业的转型升级。

二、中国机械行业技术促进学会将在"中国国际智能制造论坛"期间发布《2016中国中小型机械企业智能制造发展报告》。

三、望会员单位积极派员参会,各地机械行业协会、商会、学会可组团赴会。

四、联系方式:

(一)中国机械行业技术促进学会。

联系人:万××(联系电话)。

(二)北京耀博会议服务公司。

联系人:李××(联系电话)。

特此通知。

附件:"中国国际智能制造论坛"会议代表报名表。

中国机械行业技术促进学会
2016年1月15日

说明与评点

(1)这个通知的案例同样是虚拟的。其与案例1密切关联。案例1是中国机械行业技术促进学会同意冠名主办"中国国际智能制造论坛"的复函,这一案例是中国机械行业技术促进学会组织会员单位参加"中国国际智能制造论坛"的通知。这两份公文的代拟稿均由北京耀博会议服务公司提供。如中国机械行业技术促进学会同意,这两份公文的代拟稿可一并提供。

(2)写作会议通知,在格式上一般要分条目,即一、二、三……,并按条目表述通知内容。在这个文稿中,通知内容分为四条:一是会议宗旨;二是会议发布(仅指学会的重要信息发布);三是提出要求(动员会员单位参会);四是联系方式。

(3)在该通知"四、联系方式"中,公布了中国机械行业技术促进学会和北京耀博会议服务公司两个单位的联系人。对于北京耀博会议服务公司而言,将本公司的联系方式写入通知至关重要,否则发送通知的作用就会减弱。在公布联系方式时,除公布联系人的电话号码外,还会公布电子邮箱、微信。有的还会公布官方网站网址、微信公众号的二维码,以利推广。

(4)通知文稿正文的开头有主送单位——各会员单位、各有关单位;结尾落款为公文制发单位——中国机械行业技术促进学会,以及发文日期。落款之处,是公文加盖公文制发单位公章的地方。

(5)通知文稿正文最后的"特此通知",不应省略。

二、方案或报告代拟稿的写作方法与案例

会展项目方案或报告的写作方法,在本教材的第二章、第三章已分别介绍,不再赘述。这里着重说明代拟稿写作中应该注意的问题。

(1)代拟方案或报告的文稿,不应站在代拟者的立场,而须从方案或报告实际作者的角度,提炼文稿的中心思想,考虑相关的篇章结构和内容集成。

比如,某地政府决定主办"大众创业、万众创新"展会,委托承办机构——某展览公司提供项目总体方案的代拟稿。在写作之前,该展览公司必须了解政府意图,包括政府对于展会内容、举办地点、时间、配套活动、资源配置等方面的意见,同时要掌握国家及地方政府关于促进"大众创业、万众创新"的相关政策,还要调研国内同主题展会的发展情况。而后,参照政府展会总体方案的格式谋篇布局,动笔写作。

(2)代拟方案或报告的文稿,要在格式和文字风格上符合或贴近实际作者的行文习惯。

比如,政府会展项目总体方案的结构有相对固定的"套路"(参看本教材第二章的内容),代拟者不应标新立异。

(3)代拟方案或报告的文稿,篇幅过小往往会被实际作者认为内容贫乏、分量不够;篇幅太大则会被实际作者认为不精练,有水分。

代拟稿的篇幅要根据作者的实际需要而加以把握,如政府会展项目总体方案的篇幅一般控制在2000—5000字为宜,报告的篇幅一般控制在3000字左右。

案例3 总结报告的代拟稿

内含案例说明与评点

××市会展管理办公室关于举办中国会展集训营的工作总结报告

三、讲稿代拟稿的写作方法与案例

讲稿包括致辞、演讲(含讲话或发言)的文稿,会展主办方代拟稿的写作应注意以下问题。

(一)符合演讲人及其演讲场合的需要

讲稿是为某一具体演讲人发表言论而写,因而讲稿风格应符合此人的身份、语气等特征。

如中华口腔医学会会长出席"中国(西部)国际口腔设备与材料展览会暨口腔医学学术会议"开幕式并致辞。此稿是致辞讲稿。致辞讲稿的内容,一要符合其中华口腔医学会会长的身份,二要显示其作为口腔医学权威的专业性,三要体现其出席该展会的针对性。

(二)讲稿的结构与篇幅

讲稿一般分为开头、中间、结尾三个部分。其中,开头部分通常是符合演讲人身份的开场白,包括演讲人在该场合需要对向受众表达的问候或致意;中间部分是演讲人在该场合发表的观点,这是讲稿的主要部分和实质内容;结尾部分通常是演讲人的祝愿。

在与会展活动有关的公众场合如开幕式、招待酒会、颁奖典礼上发表言论,其讲稿篇幅一般控制在千字左右(演讲时长5—7分钟为宜)。

(三)讲稿的实质内容写作

讲稿的中间部分是写作的难点。如何言之有物而又言简意赅地表达演讲人的观点,考验代拟者的思想水平和文字功底。

(四)讲稿的语言风格

讲稿通过演讲人的语言进行表达,不同于公务机关以书面形式呈现的公文。写短句子,多用偶数语词,让演讲语句抑扬顿挫而富有节奏;增强用语的情感色彩,适当引经据典或运用俗语、口语,都是让语言生动的技巧。

 案例 4   展会开幕式致辞代拟稿

 展会开幕式致辞代拟稿

内含案例说明与评点

 思考题

1. 为什么说会展主办方提供代拟稿,是为了减轻公务机关或民间社团内部行文的负担,或是为了加快公务机关或民间社团制发文件的进程?
2. 为什么说会展主办方提供代拟稿,是一种间接的营销行为?
3. 在公文中,"函"既可以作为下行文件,又可以作为平行文件,请举例说明。
4. 除"通知"外,属于下行文件的文种还有哪些?哪些文种属于上行文件?
5. 指出本章案例4展会开幕式致辞代拟稿原稿中的病句,至少指出三处病句,分析"病"在哪里,应如何修改?

Chapter

6

第六章　信函

本章教学要点

　　本章着重介绍会展主办方经常使用的信函及其写作方法。信函的写作技能,是会展主办方的普通员工应该掌握的。

开篇故事

毛泽东三次改稿批准叶挺入党

中国革命史上伟大的军事家、中国人民解放军的创建人之一叶挺,在1946年3月的一封入党申请电文,至今仍保存在中央档案馆中。寥寥数语,浓缩了叶挺对革命事业无比忠诚、不懈追求的生命底色,透露出对党真挚深厚的感情,刻画出一个铁血忠魂的高大革命将领形象。1946年3月4日,被蒋介石扣押长达五年的叶挺终于被获释。在出狱后的第二天,叶挺即致电党中央,请求加入中国共产党,电文写道:"毛泽东同志转中国共产党中央委员会:我已于昨晚出狱,决心实行我多年的愿望,加入伟大的中国共产党,在你们的领导之下,为中国人民解放事业贡献我的一切。我请求中央审查我的历史是否合格,并请答复。"

这也是叶挺22年前在莫斯科向中共旅莫支部写过的第一份入党申请书之后,直接向中共中央和毛泽东同志写的第二份入党申请书,其中的前因后果如何?

1924年夏秋之际,作为国民党的军事人才,叶挺被派往苏联学习。当时到苏联学习的中国人,几乎都是共产党员和社会主义青年团员,叶挺是第一个留苏的国民党员。经过一段时间,叶挺感到以崭新姿态登上中国政治舞台的中国共产党在革命理论和实践方面都更有朝气,更富有战斗力。于是他产生了加入中国共产党的强烈愿望,并忠实坦诚地向党组织提出了申请,随后经王若飞等介绍加入了中国共产党。

1925年9月回国后,经国共双方协商,叶挺任国民革命军第四军参谋处长,后改任独立团团长，参加北伐战争。他带领独立团一路进攸县、打醴陵、克平江、夺汀泗、取咸宁、占贺胜、陷武昌，战无不胜、攻无不克，树立了"铁军"威名，被誉为"北伐名将"，享誉中外。

第一次国共合作失败后，为挽救中国革命，武装反抗国民党反动派的屠杀政策，1927年8月1日，中国共产党发动南昌起义，叶挺任前敌总指挥。同年12月，根据党中央指示，中共广东省委又以叶挺为军事总指挥发动广州起义。起义随即遭到了国民党反动派的血腥镇压，最终起义失败。1928年1月，广东省委在检查广州起义问题时，片面责备起义领导人犯了军事投机和盲动主义的错误，作出对叶挺予以留党察看六个月的处分。此后，叶挺在莫斯科写了一份关于广州起义的详细报告送给党组织，但受到共产国际东方部副部长米夫以及王明的严厉批判与攻击。在归国无路、申诉无门的情况下，叶挺流亡德国10年。

抗日战争爆发后，1937年8月，周恩来在上海会见叶挺，请他出面改编红军南方游击队。国民党方面，因为叶挺是有着巨大影响的北伐名将，又知道他当时已不是共产党员，也曾想拉拢他。9月28日，国民政府军事委员会任命叶挺为新四军军长。叶挺的政治态度十分明朗，任命他为新四军军长的命令一发表，他就毫不犹豫地奔赴延安，共产党高规格迎接了他。

1941年，震惊中外的"皖南事变"中，叶挺"受任于败军之际，奉命于危难之间"，他下示部属"叶挺如果临阵走，枪在你们手"，这表现出一个革命将领的钢铁意志和高尚情怀。

叶挺被押后，在狱中度过了五年零两个月，虽遭国民党威逼利诱、蒋介石亲自劝降却刚正不屈，写下了著名的《囚歌》，成为千古绝唱。被押期间，党中央一直关注叶挺的安危处境，不断与国民党交涉，最终在1946年3月营救其出狱。

叶挺在出狱后10个小时写就的入党申请受到了党中央的高度重视。毛泽东亲自动手修改润色了批准叶挺入党的复电："亲爱的叶挺同志：五日电悉。欣闻出狱，万众欢腾，你为中国民族解放与人民解放事业进行了二十余年的奋斗，经历了种种严重的考验，全中国都已熟知你对民族与人民的无限忠诚。兹决定接受你加入中国共产党为党员，并向你致热烈的慰问与欢迎之忱。中共中央 三月七日。"在胡乔木草拟的复电中，起首称叶挺为"叶希夷"，毛泽东将其改为"叶挺同志"，后改为"叶挺将军"，最后又改为"亲爱的叶挺同志"，其中心意，溢于言表。

是年4月8日，叶挺在与王若飞、博古、邓发等人飞往延安途中不幸因飞机失事遇难。这一年，叶挺正好50岁。

2011年是叶挺诞辰120周年、遇难70周年。这位骁将用铁血忠魂建立的卓著功勋，永远彪炳史册。

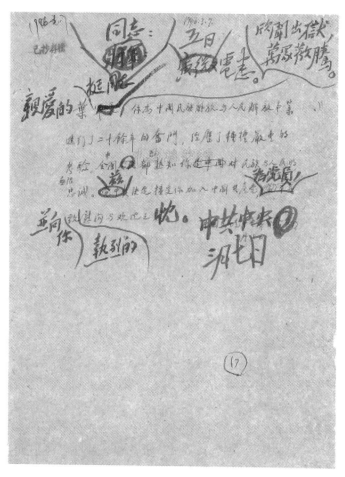

（来源：新华社2016年7月14日报道记者崔清新）

 说明与评点

　　毛泽东是伟大的马克思主义者，伟大的无产阶级革命家、政治家、军事家、战略家和理论家，中国共产党、中国人民解放军、中华人民共和国的主要缔造者。他还是诗人和文章大家，一生作文无数。8卷本的《毛泽东文集》共收录803篇文章，客观反映了毛泽东思想的形成过程和巨大成果。

　　这篇介绍毛泽东修改电文的故事，充分反映了党的领袖对于革命功臣的殷殷情怀，也是信函写作的宝贵范例。

　　故事中的胡乔木，时为毛泽东的秘书兼中共中央政治局的秘书。致叶挺的电文原稿由胡乔木起草。号称"中共中央一支笔"的胡乔木，也是公认的文章高手。

第一节 信函在会展业的运用

信函是会展业交流信息经常使用的载体。
信函写作是会展文案中最为普遍的写作。

一、信函的分类

信函分为公函和私函两类。
公函是指政府部门、司法机构、民间社团、商业企业、学校、军队等法人机构之间因公往来的函件。
私函是指个人之间因私往来的函件,也称为私信。
公函按用途,可分为联系函、洽商函、询问函、回复函、信息发布函等种类。
商业用途的公函,被称为商业信函或商函。

二、会展主办方常用的公函

会展机构因联系业务、发布信息的需要,大量使用公函。
会展主办方所经营的展览、会议或活动,绝大多数是商业性质的(即便是政府主办的项目,其中的许多事项往往采用商业运作的方式)。因此,会展主办方的公函以商函为主,常用商函的种类及用途如表6-1所示。

表6-1 会展主办方常用商函的种类及用途

用途分类	函件内容	发送对象
洽商	商请会展项目的指导、主办、协办或支持机构	政府部门、民间社团、媒体等
邀请	邀约客户参展、参会、参加活动	政府部门、民间社团、媒体、企业、个人等
礼仪	致谢客户或提供帮助者	相关单位或个人
业务往来	日常业务的交流与沟通	相关单位或个人
发布信息	发布会展项目的相关信息	相关单位或个人
其他	根据需要	相关单位或个人

第二节　会展主办方常用信函的写作方法

公函是书面作品,写作具有一定的规范性。
以下介绍会展主办方常用的公函写作方法及其案例。

一、洽商函的写作方法与案例

主办方在经营管理展览、会议或活动项目时,为利用各方面资源,需要商请拥有资源或具有公信力的机构冠名作为项目的指导、主办、协办或支持单位,或商请这些机构参与实质性的项目主办工作(会展主办方利用资源的原因及其选择方法,可参阅张凡编著的《会展策划》一书,华中科技大学出版社)。为此,会展项目的主办方需要向拥有资源或具有公信力的机构呈送函件表达商请之意。

如果提出商请的机构与被商请的机构是上下级关系,商请公文的文种应该是"请示"而不是"函"。如某省贸促会所属展览服务中心举办老年服务业展会,商请省贸促会作为冠名主办单位,其商请公文标题应为"关于省贸促会作为老年服务业展会主办单位的请示";而该中心不是省商务厅的下属单位,如商请省商务厅作为冠名主办单位,其公文标题应为"关于商请省商务厅作为老年服务业展会支持单位的函"。

会展业的实际状况是,大量的会展主办方与拥有资源或具有公信力的机构不可能是上下级关系。因此,为利用相关资源,这些主办方只能以洽商函的形式表达商请之意。

此类洽商函的写作应注意以下问题:

(1)因利用资源的需要,发函方有求于人,而被商请的机构往往是政府部门或民间社团,故而此类函件属于上行公文。此类上行公文的用语必须恭敬有礼。如称被商请的机构为"贵局""贵会"或"贵方"(而不应称其为"你局""你会"或"你方");发函方自称为"本公司""本会"或"本方"(自称"我公司""我会"或"我方"虽无不可,但依中国传统文化,称"本"比称"我"更合礼貌)。还要注意,不能将本公司称为"本司"或"我司"。"本司"或"我司"用于政府部门内司一级机构自称,如商务部的服务贸易和商贸服务业司、工业和信息化部的规划司等。

(2)函件要有标题,而且标题的文字内容必须完整。如本章案例1《关于商请中国机械行业技术促进学会主办"中国国际智能制造论坛"的函》。在这个标题中,关于、商请、主办"中国国际智能制造论坛"和函等词或词组均不能省略。

(3)此类函件的篇幅一般不大,但内容表达必须明确,文字要简明。

(4)此类函件的主送单位名称和发函单位名称不可或缺。单位名称要写全称。

（5）此类函件正文结尾的"特此致函,请复"不可省略。"请复"也可以用"敬请回复""盼复""恳请回复"。

 案例1　　商请会议主办单位的洽商函

北京耀博会议服务公司
关于商请中国机械行业技术促进学会主办"中国国际智能制造论坛"的函

中国机械行业技术促进学会：

　　本公司拟于2017年春季在上海举办"中国国际智能制造论坛"，旨在贯彻国务院《中国制造2025》行动纲领，交流中国机械行业智能制造的先进经验，分享国际智能制造的最新信息，从而促进机械企业的转型升级。

　　特商请贵会出任"中国国际智能制造论坛"主办单位。

　　特此致函，敬请回复。

　　附件："中国国际智能制造论坛"组织工作方案（草案）

北京耀博会议服务公司
2016年6月8日

说明与评点

（1）这是虚拟的案例，但行文是规范的。该案例与本教材第五章的案例1中国机械行业技术促进学会《关于同意主办"中国国际智能制造论坛"的复函》是互相关联的，可以作为一个完整的文案案例模板。

（2）北京耀博会议服务公司并非中国机械行业技术促进学会的下级，其洽商中国机械行业技术促进学会冠名主办"中国国际智能制造论坛"的公文文种只能是"函"。若中国机械行业技术促进学会同意作为主办单位，其回复公文的标题应为"关于同意主办'中国国际智能制造论坛'的复函"，其文种也是"函"。

（3）本案例是会议主办方商请国家级学会担任"中国国际智能制造论坛"的主办单位。因此，将《"中国国际智能制造论坛"组织工作方案（草案）》作为洽商函的附件是必要的。会展项目组织工作方案的写作，可参看本教材第二章。正因为"中国国际智能制造论坛"的组织工作有方案（草案）作为洽商函的附件，洽商函才无须详细说明该论坛具体的组织工作意见。

（4）此类洽商函正文开头应写明主送单位——中国机械行业技术促进学会，结尾落款为致函单位——北京耀博会议服务公司，以及发文日期。落款之处，是公文加盖公文制发单位公章的地方。

案例2　商请展览主办、承办单位的洽商函

中国商业联合会
关于商请各地相关部门和单位作为2012全国年货精品展销会主办方、承办方的函

各地商业厅/局、会展办、商业联合会（行业协会）、展览公司、会展中心：

为了积极落实中央关于"稳增长、扩内需、促消费、防通胀、惠民生"的部署和商务部关于"做好元旦春节两节市场供应，扩大节日消费的要求"，中国商业联合会决定继续在全国范围内举办"2012全国年货精品展销会"（以下简称"年货展"）。

"年货展"由中国商业联合会主办，中国银联、万达集团特别支持，中国百货商业协会、中国烹饪协会、中国副食品流通协会、中国肉类协会、中国城市商业网点建设管理联合会等18家全国性行业协会协办。24个省、68个城市的地方政府部门、商会，百家老字号，数十万家大型百货商场、购物中心、商业街、超市、专门店、家具卖场、酒家酒店等商业企业和众多展览公司热情参与。新华社、人民日报、中央电视台、经济日报、千龙网、新浪网等57家主流媒体作为媒体支持，对"年货节"作了宣传报道。"年货展"（首届）是商务部重点支持的扩大节日消费系列活动之一。

"年货展"定于2011年12月24日至2012年2月6日在全国各城市联动举行。为此，特邀请当地政府作为本地"年货展"的联合主办单位，并邀请具备承办资质的单位作为"年货展"的地方承办单位。

请各单位予以大力支持，特此函询。

（"年货展"整体方案详见中国商业联合会与地方联合主办"年货展"活动细则，并以中国商业联合会与地方政府及展览承办单位签订的三方协议为准。）

"年货展"专题网站查询：

垂询电话：########；传真：########。

中国商业联合会
2011年6月17日

说明与评点

（1）中国商业联合会是全国性行业协会。其会员以商业服务业企业为主。这份函件是洽商主办、协办2012年"年货展"的信函（也可作为邀请函案例）。

（2）"年货展"是消费性质的展会，即B2C展会，参展商为年货商品的提供商，观众为普通消费者，举办时间一般安排在元旦和春节之间。中国商业联合会发函邀请各地机构作为主办方或承办方加盟办展，实际是利用自身地位（联合会的政府主管部门是商务部，而商务部是国务院分管商业和展览业的部门），通过多地联手复制"年货

展"扩大影响力,并获取相应的经济利益(应邀加盟者须向联合会交付加盟费,这种加盟费在展览业内一般称为管理费或服务费。此外,联合会统一组织招商也能获取利益)。

长期以来,"年货展"在各地普遍存在,且主办者甚多。中国商业联合会以加盟方式在各地复制"年货展",是一种市场竞争行为。该函中"'年货展'(首届)是商务部重点支持的扩大节日消费系列活动之一"的表述,可以认为是联合会借助自身地位的营销策略。受邀者会根据各地市场需求和竞争环境决定是否加盟。

(3)此函正文分为三个自然段,分别表述了三层意思:第一段,表述"年货展"的诉求,即为什么举办;第二段,表述"年货展"的组织单位及资源配置,即说明价值;第三段,表述举办"年货展"的时间安排,表达邀请之意。行文层次清楚,用语比较规范。

(4)此函在正文的"请各单位予以大力支持,特此函询"之后,用括号内的文字说明加盟操作的路径,即需要根据"活动细则"与加盟者签订合作协议。由于"活动细则"文字篇幅较大,加之涉及合作方之间的利益关系,不合适放在函件的正文之中。

如严格按公文规范,此函括号内的文字内容应作为附件,而且应将"活动细则"称为组织工作方案。应改为"附件:2012全国年货精品展销会组织工作方案"。而不用加括号的文字说明。

(5)此函的主送单位中,各地商业厅/局、会展办、商业联合会(行业协会)是作为"年货展"的主办单位来商请的,而展览公司、会展中心是作为"年货展"的承办单位来商请的。在函件结尾落款之前的联系方式不可或缺,否则受邀者接受此函后反馈信息颇感不便。

二、邀请函的写作方法与案例

主办方经营展览、会议或活动,需要邀请相关客户参加,而邀请函就是这种邀请工作的文本载体。

针对客户的邀请函,在写作中需要注意以下问题。

(一)普泛邀请与专项邀请的对象区别

经营展览的主办方对于客户的邀请,一般分为参展商、观众和特定对象邀请三类。其中,对参展商和观众的邀请属于普泛邀请,即不针对某个具体对象;但对重要客户或相关重要人士的邀请,属于专项邀请,如表6-2所示。

经营会议的主办方对于客户的邀请,除与会者邀请属于普泛邀请外,演讲者或赞助者邀请属于专项邀请。

经营活动的主办方对于客户的邀请,除参与者邀请属于普泛邀请外,根据活动内容的需要进行的邀请属于专项邀请。如音乐节的卖点在于表演者,邀请表演者必须通过专项邀请。

表6-2　会展主办方邀请客户的对象

主办方	普泛邀请	专项邀请
展览	参展商、观众	政府及其部门领导、知名品牌参展商或观众、出席配套活动的嘉宾、组团与会的民间社团代表、媒体代表等
会议	与会者	演讲者、政府及其部门领导、行业知名专家、赞助者、媒体代表等
活动	参与者	政府及其部门领导、行业知名专家、活动内容的提供者或体现者、媒体代表等

(二)普泛性邀请函与专项性邀请函的不同写法

会展主办方用于项目推广的邀请函,无论是用于普泛邀请还是专项邀请的,多采用"模块化"或"格式化"相结合的方式写作。但由于邀请的对象一个广泛,一个具体,因此在写法上有所不同。

1. 普泛性邀请函的写作特点

(1)完整介绍信息,以适应大量并广泛散发的需要。

一个展会的参展客商可能成百上千,而参观者更是海量。因此,参展参观的邀请函需要广为散发。而一个会议潜在的与会者众多,参会邀请函同样需要大量发送。

既然要大量散发邀请函,主办方就需要统一制作。为满足受众了解项目的需要,统一制作的邀请函就需要全面而详尽地介绍展览或会议的信息。

展会项目普泛性邀请函的文案,一般由前言、展会介绍、举办时间地点、展览范围、配套活动、收费标准、参展方法、联系方式等内容组成,文案篇幅多在千字以上。

会议项目普泛性邀请函的文案,一般由前言、会议议程、举办时间地点、注册费用、联系方式等内容组成,篇幅多在千字左右。

(2)明确写作重点,凸显项目推广意图。

会展主办方的普泛邀请,对被邀请者而言,分为免费和付费两种。

以展览为例,参展商接受主办方邀请后,需要向主办方交付展位费(参展商应邀免费参展,多见于政府展览,不属于市场行为,也不是展览业的主流现象);而接受邀请的参观者(参观商),则一般不需要向主办方交付参观费。也有需要购买入场券才能参观的展会,如在上海举办的中国国际数码互动娱乐展览会(China Joy),但这种展会在国内数量不多。

对主办方而言,邀请参展和参观都是项目的营销推广。有经验的"文编"知道,邀请函的写作重点不是举办时间地点、收费标准、联系方式,而是前言、展览或会议内容以及配套活动。因营销推广的需要,这些重点写作的内容具有浓厚的广告意味。

2. 专项性邀请函的写作特点

会展主办方的专项性邀请函,都是针对具体对象的。与普泛性邀请函相比,除无须大量广泛散发外,在写作中还需要注意以下问题:

(1)在邀请函的正文之前须写明主送对象,而且主送对象应具体到人;

(2)专项性邀请函的内容不必如普泛性邀请函般面面俱到,只需简明表达邀请事宜和告知必要的信息即可;

(3)邀请函文字须礼貌得体,体现恭敬之意;

(4)专项性邀请函虽可按一定套路进行"模块化"或"格式化"的写作,但如能根据不同对象进行个性化写作,邀请的效果会更好。

(三)邀请函的传送方式对于写作的影响

会展主办方的邀请函曾长期以邮寄方式送达。其中,普泛性邀请函需要大量印刷和邮寄。而大量印制的邀请函基本是经过平面美术设计的彩色印刷品。这种印刷品多为16开或32开(也有异型开本)2折页(一张纸的两面)或多折页的形式。因此,此类邀请函要根据彩色印刷品平面美术设计的需要编排文字内容。

展览参展商邀请函如按16开4折页的版面彩色印刷,其平面美术设计须分为4个版面,即1个封面、1个封底和2个内页。美术设计的一般方法是,邀请函的主要内容安排在两个内页中,封面和封底设计突出展会名称、组织机构、举办时间地点,以及主办方希望强调的元素。主办方希望强调的元素,一般是展会主题、特色或亮点,旨在引起关注。在封底,一般会突出主办方的联系方式,包括主办方的自媒体账号。

由于互联网技术与应用的日益进步,会展主办方通过网络传送信息的做法日益普遍,"无纸化"邀请渐成主流。电子邀请函的平面美术设计对于邀请函的文案写作提出了新的要求:电子邀请函的版面不受限制,可以根据需要增减;邀请函中区分层次的小标题设计需要醒目;图片运用贯穿全部函件,色彩运用更为丰富。

总的看,会展主办方普泛性邀请函的文案写作,与邀请函的传送方式及其载体关系密切。但无论传送方式及其载体如何变化,邀请函内容的基本构成并无实质性的改变,改变的只是呈现方式。

专项性邀请函现主要采用电子邮箱、QQ、微信等网络工具传送。电子化的传送方式对于文案写作并无特别的影响。

 案例3 展会参展商邀请函

第19届中国工博会—绿色产业园区
2017中国(上海)国际智慧园区技术及设备展览会
第二届中国产业合作对接会暨园区展览会邀请函

由工信部,国家发改委、商务部、科技部、中国科学院、中国工程院、中国国际贸易促进委员会、联合国工业发展组织、上海市人民政府联合主办,上海产业合作促进中心协办,上海德瑞展览策划有限公司承办的"2016中国产业合作对接会暨园区展览会",已于2016年11月在上海国家会展中心圆满落下帷幕。作为"中国国际工业博览会"重要组成部分,首届中国产业合作对接会暨园区展吸引了来自全国近百家国家级高新产业园区运营单位参展,与来自世界各地的数控机床、金属加工、机器人、工业自动化、节能环保、信息与通信技术、新能源汽车、科技创新等行业的2556家企业、超过150000名中外客商面对面交流对接、商洽合作。

2017年是实施"十三五"规划的重要一年,是供给侧结构性改革的深化之年。上海市有关主管部门编制完成《上海产业结构调整重点区域转向"1350行动计划"》《上海市产业结构调整"十三五"规划》、扩充修编《上海产业结构调整负面清单(2016版)》,促进产业结构全局规划再提升。上海产业合作促进中心结合其功能定位,围绕产业升级、转型、合作、聚焦供给侧结构性改革,有效化解产能过剩,促进产业优化重组,推动及加强跨区域产业合作。上海产业合作促进中心定于2017年11月7—11日在上海举办"第二届中国产业合作对接会暨园区展览会"。通过举办展览会、对接会,集中推介一批全国范围内,具有"政策环境优越、产业定位清晰、空间布局合理、配套设施完善"的产业园区,引导企业、创客、科研机构、高校与园区共建产业发展新载体,推进具有相关产业发展基础的区域通过产业引进、项目合作,提升产业规划与集群水平,实现合作共赢!

邀请函电子文本

说明与评点

(1)这是通过微信发布的PDF图片形式的展会参展商邀请函。其电子文本可以上线扫码查看。

(2)该展会系"中国国际工业博览会"(业内简称"上海工博会")的子展。工信部、国家发改委、商务部、科技部、中国科学院、中国工程院、中国国际贸易促进委员会、联合国工业发展组织、上海市人民政府是"上海工博会"的联合主办方,而"2017中国(上海)国际智慧园区技术及设备展览会、第二届中国产业合作对接会暨园区展览会"作为子展,承办方是上海东浩兰生集团有限公司、上海德瑞展览策划有限公司。由于东浩兰生公司是整个"上海工博会"的承办方,该子展的承办方实际是德瑞公司。

(3)作为展会招商的邀请函,其文字内容分为前言(就是二维码之上那两段话)、时间地点、参展范围、同期活动、参展程序等部分。邀请函的美术设计为8个页码,第1页如同纸质印刷版邀请函的封面,以展会名称、组织机构、举办时间地点作为设计要素;第8页为封底,设计要素是展会二维码和联系方式。

(4)该展会邀请函的运用的图片较多,而且图片质量不错。

案例4　培训班邀请函

2017海南会展业高级研修班邀请函

尊敬的张凡先生：

　　由海南省会展局主办,本协会承办的"2017海南会展业高级研修班"拟定于2017年10月17—22日在广东省深圳市T·STAR酒店举办。本次培训主要目的是通过国内会展行业专家的经验交流,探索新经济形势下会展业发展趋势,推动海南会展业市场化道路的健康发展。

　　本协会特邀您莅临本次培训活动,并在10月19日09:30—12:00以"新经济形势下会展项目的管理方法和提升途径"为主题,为海南会展业高级研修班授课讲学。

　　会务组将为每位授课讲师提供往返交通和当地食宿接待,并给予相应的授课补贴。

　　特此致函,请予大力支持为盼。

　　附:"2017海南会展业高级研修班"日程表。

　　联系人:李××(手机)

海南省会展协会
二〇一七年九月二十七日

说明与评点

(1)这是本教材作者张凡先生收到的培训讲课邀请函。此函主送培训班讲师个人,属于专项邀请。

(2)此函正文分为三个自然段,分别表述了三层意思:第一段,说明办班培训的单位、时间、地点和诉求;第二段,说明邀请之意并明确培训讲题;第三段,说明接待安排。行文层次清楚,用语基本规范。

(3)此函的附件及联系人信息的内容完整。

(4)此函的瑕疵是时间的写法没有统一:正文中的时间采用阿拉伯字,落款的时间却采用了汉字。

(5)此函系海南省会展协会以PDF形式通过微信传送给张凡先生的,其文本写作并未因传送形式而改变。

三、礼仪函的写作方法与案例

许多主办方组织展览、会议或活动,在项目结束后会致信客户表示感谢。作为礼仪性质的感谢信,在写作上并不复杂,得体周到即可。感谢信写作应该注意以下问题:

(1)信函要以"感谢信"三字作为标题。为强调发信机构,可在"感谢信"三字之前写明发信机构的名称。

(2)感谢信一般是针对个人表示感谢,因而在信件开头要写明被感谢者的名字,包括其所在单位名称及其职务。

(3)感谢信正文的感谢内容,一般是对客户参加展览、会议或活动表示谢意,并期待客户再次参加。为丰富信件内容,可以简述展览、会议或活动的举办情况。感谢信的篇幅200—300字即可(感谢信全文包括标题、主送、正文、落款及后缀在内,经排版不应超过一张A4纸)。

(4)感谢信的文字要精练,情感要真诚,运用敬语要得体。

(5)在互联网时代,此类信函一般采用电子邮件方式发送。发送时,邮件标题应与感谢信标题一致。如需邮寄,则须在信封上写清楚收信人的地址、单位名称和收信人。收信人姓名之后须写先生或女士或收信人职务。

案例5　会议结束后的感谢信

"中国国际智能制造论坛"感谢信

福达中国(北京)重工集团公司总工程师
尊敬的林方路先生:

　　感谢您拨冗出席2017年4月22—23日在上海举办的"中国国际智能制造论坛",并作为对话嘉宾参与分论坛研讨,发表精彩意见。"中国国际智能制造论坛"因您的光临而倍感荣幸。

　　随信附上您在论坛担任对话嘉宾的照片(通过电子版下载),请查收。

　　"中国国际智能制造论坛"将于明年举办第二届,希望继续得到贵公司和您本人的支持。

　　专此感谢,顺祝商祺!

北京耀博会议服务公司
2007年4月28日

北京耀博会议服务公司
服务专业、独具特色的会议业者
联系人：王蕊（电话、微信）

说明与评点

（1）这是虚拟的感谢信案例，可作写作参考。
（2）此信正文仅153个字，言简意赅。此信可按一张A4纸的版面排版。
（3）在排版时，感谢信标题可以用黑体或微软雅黑（加粗）的二号字；正文可用仿宋或楷体的小三号字。行距间隔宜为1.5倍行距。
（4）此信的后缀并非画蛇添足，而是方便被感谢者有需要时联系会议公司。

四、业务往来函的写作方法与案例

会展主办方在经营项目的过程中，经常需要以函件的方式与客户进行业务方面的沟通。之所以需要通过函件沟通，是因为仅以语言沟通（包括通过电话沟通）被许多主办方或客户认为不正式，或缺乏凭据。此外，一些内部管理规范的企业尤其是外资企业，在管理上明确要求，业务往来事项须有包括电子邮件在内的文字记录，以备存查。

以展会项目经营为例，主办方与客户之间需要通过函件沟通的业务大体包括：参展合同的订立、合同参展费用的收取及发票的开具、客户管理高层人士出席展会的接待安排、特装展位搭建图纸的申报、展品的运输、配套活动的安排等事宜。

主办方项目经营团队的所有成员都需要写作业务往来的函件。此类函件在写作上并不复杂，但要注意以下四方面问题。

（一）标题的设置

此类函件基本采用电子邮件的形式发送。写明标题既便于客户查看，也便于发函者查核。标题文字要完整简明，做到一目了然。

（二）开头、结尾的称谓

函件开头要写明收件人的姓名，必要时须注明收件人的单位名称。函件的结尾要写明发函者的姓名和单位名称。

（三）正文的表达

必须明确、准确表达发函的诉求。此类函件不应长篇大论，应条理清楚且言简意赅地表达。

（四）用语的礼貌

作为书面文本的信函，在行文中一向讲究用语礼貌。何况主办方是服务产品的提供者，对于客户必须恭敬有礼。

 案例6　展会配套会议业务联系函

关于新产品发布会确定地点、时间的函

灵石医疗器械公司市场部总监
王莉芳女士：

　　您好！

　　贵公司参加2016年中国（北京）国际医疗器械展览会并召开新产品发布会事宜，经本公司与展馆协商，发布会拟定于5月18日（展览会开幕当日）下午举行，具体安排如下：

　　一、会议名称为"灵石医疗器械公司新产品发布会"；

　　二、会议时间为2016年5月18日13:30—15:30（120分钟）；

　　三、会议地点为中国国际展览中心（北京顺义）综合楼一层西W103号会议室（会议室面积106平方米）。

　　如同意，请在5个工作日内复函确认。同时，请派员与本公司落实包括会场布置、现场服务等相关事宜。

　　本公司联系人：章雯雯（运营部专员）电话（略）

　　特此致函，请复。

北京亚新展览公司运营部
章雯雯　谨上
2016年3月2日

说明与评点

（1）这是虚拟的业务往来函件案例。

（2）此函标题写明了业务联系的具体事项——参展客户新产品发布会拟定举办时间、地点，做到了一目了然。

（3）此函正文中对于新产品发布会的名称、时间、地点，按一、二、三项分别写明（清单式写作），以利收函者明确接受相关信息。在告知新产品发布会时间、地点的安排后，此函就落实会议安排事宜交代联系方式，要求及时确认安排和对接相关服务。这些内容体现了主办方的专业服务素养。

（4）此函中的"您好""贵公司""特此致函，请复"和"章雯雯　谨上"等用语，恭敬礼貌，大方得体。

五、发布信息函的写作方法与案例

会展主办方在经营项目的过程中,有时需要以函件方式发布相关信息。请看案例。

 案例7　展会发布信息的函

关于第97届全国糖酒商品交易会改期举办的通知暨致歉函

尊敬的食品、酒类行业人士及合作伙伴:

　　大家好!

　　第97届全国糖酒商品交易会自筹备以来,受到了行业人士广泛和热情的关注;行业厂商的积极参与和各大媒体的鼎力支持,为筹备工作的顺利开展奠定了很好的基础。作为全国糖酒会的组织机构,我们由衷地感谢和感激参展商、专业观众、各大媒体、网站及社会团体对本届全国糖酒会的关注、参与和支持!

　　我们万分抱歉地通知您,原定于2017年10月19—21日在重庆国际博览中心举办的第97届全国糖酒会因故改期举办。举办时间调整为2017年11月10—12日,展览规划及配套活动维持不变。

　　我们非常理解本届糖酒会改期举办给您的工作安排带来的种种困难和不便。我们将及时向您通报展会的最新动态,并尽我们最大的努力为您调整参展、参会相关工作安排提供支持和协助。在开展前的这段时间内,我们将与重庆市人民政府、各组展服务单位和合作伙伴密切配合,积极协调各方力量,做细各项筹备工作,让第97届全国糖酒会更好地为业内人士的展示、交流、合作发挥平台作用。

　　再次感谢参展商、专业观众、各大媒体、网站及社会团体对全国糖酒会的支持与厚爱;再次因展会改期向大家表示深深的歉意;希望各位一如既往地关心和支持全国糖酒会!

全国糖酒商品交易会组委会
2017年9月11日

(来源:第97届全国糖酒商品交易会官方网站)

说明与评点

(1)这是全国糖酒商品交易会通过网络媒体发布的展览改期的通知暨致歉函。

（2）此文案包括两方面内容，一是通知第97届全国糖酒会因故改期，二是表达主办方的歉意。

（3）从公文规范的角度，在此文的标题中不应出现"通知"字样，理由是通知与函是公文的两个文种，不宜放在一起；通知一般是下行文件，函通常是平行文件，因主送对象不同，两者在行文风格上颇有差异。此文主要针对参展商，除告知展会改期信息外，更多表达的是感谢、致歉之意，以期客户理解改期的不得已，希冀客商能够继续参展。因此，此文标题宜为"关于第97届全国糖酒商品交易会改期举办的致歉函"。

（4）2020年因新型冠状病毒感染影响，大量展会被迫停办或延期。停办或延期的展会主办方纷纷致函客商。学习者可以上网搜索，从中比较此类函件的写作质量。

思考题

1. 会展项目的洽商函件为什么必须要有标题？
2. 美食节的客户邀请有哪些对象，其中的专项邀请针对哪些客户？
3. 一个展览面积为5万平方米的展会，普泛性的"招商函"一般需要印刷多少份？
4. 展会普泛性邀请函的文案，一般由前言、展会介绍、举办时间和地点、展览范围、配套活动、参展方法、联系方式等内容组成，为什么写作重点是前言、展会介绍和配套活动？
5. 为什么专项性邀请函的主送对象需要具体到人？
6. 代表"广交会"向参展商写一封感谢信。

Chapter 7

第七章　其他文案

本章教学要点

会展主办方通知、声明、会议纪要、服务手册和电话话术脚本,是会展业经常使用的文案。这些文案的写作技能,除会展机构的管理者应该掌握外,普通从业者也应该了解。

开篇故事

"工作报告达人"李鸿章的奏折功夫

奏折是高级官员给朝廷的"工作报告"、请示和建议,稍稍重要之事,臣属都要向朝廷"汇报请示"。然而,皇帝每日要批阅大量奏折,所以奏折不能太长,或者说要尽可能短。但所奏之事又多数都是国家、地方的政治、军事、经济大事,其中不少又与上折者个人利益甚至身家性命息息相关,如何以最少的文字陈明原委、说透道理,委实不易。可以说,奏折中的每一个字都十分珍贵,都不能"浪费",端的是"一字千金"。如何写奏折,广而言之下级如何向上级"打报告",确实大有学问。

例如,同治元年正月初十,即1862年2月上旬,两江总督曾国藩上了一道《参翁同书片》,指责曾任安徽巡抚的翁同书对曾参与地方镇压捻军但后来又割据一方抗清的苗沛霖处理不当、弃城而逃、谎报军情等数条罪状,要求朝廷严惩。

此折一上,朝野震动。因为翁同书的父亲翁心存曾入值上书房达二十余年,咸丰皇帝、恭亲王等道光帝的几位皇子都是他的学生,历任工部、吏部尚书;翁同书的两个弟弟翁同爵、翁同龢也是大名鼎鼎。翁家权位如此之高,竟有人斗胆敢"参他一本",焉能不朝野震动?

翁家权位如此之高,要参奏翁同书,曾国藩不能不格外慎重。他要自己的几位幕僚各起草一份备选。在几份稿本中,他独独选中了此时还是他的私人幕僚的李鸿章之稿。事实证明曾国藩所选不错,如此重要之折,李鸿章只以区区不到六百字便将事情搞定,迫使本来有心回护翁同书的朝廷只得"比照统兵将帅守备不设,为贼与掩袭,以致失陷城寨者斩监候律,拟斩监候"。

曾国藩研究专家唐浩明先生认为,此折表明李鸿章写奏折的本领比其师曾国藩"还要辣"。曾国藩曾经赞赏:"少荃(李鸿章,字少荃)天资于公牍最近,所拟奏咨函批,皆大过人处,将来建树非凡,或竟青出于蓝,亦未可知。"后来,曾国藩在军情紧急之时,命李回乡组建淮军援沪,使其得以经营自己的政治、军事力量。

李鸿章从一介书生到晚清第一重臣,动荡时代的风云际会提供了舞台,其通达权变、审时度势的能力促其"隆隆直上"。这种历史风云与老谋深算,当然也反映在李鸿章写给朝廷的奏折中。

从1862年任江苏巡抚到1901年去世,四十年间李鸿章一直位高权重,自然上了大量奏折。他的精于权谋与"写折子"的本事,在其奏折中反映得淋漓尽致。在不少有关国家大政及一些与他本人利益相关的事情上,他与朝廷的主张并不一致,但多数情况下,他却都能迂回曲折达到目的,并在奏折中列举种种理由说服朝廷,使其不能不或不得不接受自己的主张。

奏折当然全是冠冕堂皇的文字,对奏折的点评、研究,除了分析其写作行文的"技巧"外,更有意义的是透过奏折的"文本"分析隐藏其后的具奏者的真实意图、见识、水平甚至其脾性才情,分析它的时代、社会背景与意义。所以,"奏折中的历史"往往比只有"结果"而缺乏"过程"的"史册中的历史"更加生动、丰富,给人的历史感受更加深刻。与奏折相比,信件通常更少修饰。如果说奏折更多的是"台面"上的东西,信函则更多的是"台下"的活动。写信人的思想、真实意图往往比撰写奏折者的表现得更加直接,是了解历史人物及其时代、社会背景的另一个重要渠道。因此,本书也对李鸿章给曾国藩、总理衙门、海军衙门的一些重要信函作了分析点评。目的依然是期望通过"奏""函"两相对照,人们能对其人其事,对衰世忠臣在大变动时代依然竭力挣扎、力图维持一个一直在风雨飘摇中的腐朽政权的那种无奈心境与悲凉命运,对那个时代的政治、社会状况的了解更加深刻、详细、生动。

李鸿章死后,梁启超写道:"吾敬李鸿章之才,吾惜李鸿章之识,吾悲李鸿章之遇。"他的"才""识""遇",其实也就是他个人与那个激烈动荡的时代、与那个江河日下的王朝的关系,这些,也生动地反映在他的奏函之中。

(来源:《李鸿章与晚清四十年》,雷颐,山西人民出版社出版)

 说明与评点

李鸿章(1823—1901),字少荃,安徽合肥人,晚清名臣,中国近代洋务运动的主要推动者。

奏折是清代重要的官方文书,也称折子、奏帖或奏书。

> 清朝建立之初,沿袭明朝旧制,官员有事报告皇帝,公事用题本,私事用奏本。这两种文书都是公开的,但办文程序烦琐,不利于皇帝掌握下层实情,获取官员真知灼见。康熙后期改为重要事务先由地方官员上呈奏折,经皇帝朱批认可后,再由地方官员写题本作为正式报告。
>
> 李鸿章是清朝晚期公认的奏折高手。其因代写奏折被曾国藩赏识而获推荐擢升要职,之后屡次奏事左右朝局,包括促进洋务运动,权倾一时,成为影响中国近代史进程的重要人物。

第一节 请 示

一、请示的应用

请示,即向上级请求指示。

作为公文,请示是下级向上级请求指示的书面公文,属于上行文件。

在会展业,主办方需要对外请示的事项往往与会展项目的经营管理有关。之所以需要请示,要么是有关事项需要政府许可,如展会布展或撤展期间运输展品的货运卡车,需要在城市禁行时段行驶进入展馆;要么是有关事项需要政府或相关机构授权,如国外商品入境参展,海关需要符合资质的机构具文授权;要么是主办方应政府或相关机构委托代拟请示文稿,如为市政府代拟向省政府申报举办展会的请示文稿。

会展主办方非代拟稿性质的请示文件,须按公文格式排版打印后加盖公章,呈送请求指示的相关机构。

二、请示的写作方法与案例

会展机构写作请示需掌握以下要领。

（一）明确请示的上级

下级向上级请求指示,须首先明确被请示的上级是谁。

会展机构对外请求指示的上级,基本上是党政机关,有时包括高级别或经政府授权享有某种行政职能的民间社团。

会展主办方要根据需要请示的事项,向具有管理该事项职能的机构提出请示。如武汉市对于商业区和城市主干道货运卡车的通行时间限于夜间的20:00—4:00,由于武汉国际会展中心位于汉口闹市,而大型重型展品(如机床)不可能全部在该时段运输进馆。为方便参展商展品物流,展览主办方须请示武汉市交通管理局,请求给予布展期间放宽交通管制的许可。管理交通的政府机构是交通管理局,而不是公安局或城市管理局。需要放宽交通管制许可的展览主办方,只能向交通管理局请示。

(二)明确请示的事项

凡会展机构无权自行决定,且关乎自身经营管理的紧要事项,或须党政机关(有时包括民间社团)批准才能进行的,即为会展机构请求相关机构给予指示的事项。

如本教材第九章的案例4,"吉林机械装备与技术展览会"欲列入"第五届中国东北地区投资贸易博览会",必须经由博览会组委会批准,而不是主办方——吉林省机械行业联合会、长春市伟迅展览公司可以自行决定的。因此,吉林省机械行业联合会、长春市伟迅展览公司就此事项提出请示,即《关于"吉林机械装备与技术展览会"列入第五届中国东北地区投资贸易博览会的请示》。请示的上级是第五届中国东北地区投资贸易博览会组委会秘书处。该组委会秘书处是主办博览会的政府授权成立的官方机构。

(三)明确请示的原则

(1)请示所涉事项是一事一文,即下级向上级提出请示的事项,每件公文只应请示一件事或一个问题。

例如《关于"吉林机械装备与技术展览会"列入第五届中国东北地区投资贸易博览会的请示》,请示的事项是"吉林机械装备与技术展览会"列入第五届中国东北地区投资贸易博览会,不能将"吉林机械装备与技术展览会"申请省政府专项资金补贴的事宜写入其中。

(2)向上级请示的事项,不能牵涉另一个上级部门。

《关于"吉林机械装备与技术展览会"列入第五届中国东北地区投资贸易博览会的请示》,请示的上级是第五届中国东北地区投资贸易博览会组委会秘书处。虽然秘书处设于吉林省商务厅,但不能将吉林省商务厅列为请示的上级。

(四)明确请示的文字风格

请示必须简明扼要,文字篇幅尽可能控制在千字以内。

(五)明确请示的格式

请示写作的内容分为五个部分,即标题、主送、正文、附件和落款。写作方法分述如下。

1. 请示的标题

请示的标题作为一个复合句型,由"关于"一词开头,以"请示"一词结尾,当中是请示事项的概括。如《关于"吉林机械装备与技术展览会"列入第五届中国东北地区投资贸易博览会的请示》,"吉林机械装备与技术展览会"列入第五届中国东北地区投资贸易博览会,就是请示的事项。

请示的标题不能只写"请示"二字。

2. 请示的主送

请示的主送单位即被请求指示的上级。请示的主送单位在标题之后、正文之前,顶格书写。

3. 请示的正文

请示的正文是指在主送之后、落款之前的文字,是请示的主体内容。

请示的正文要写明请示的事项。如《关于"吉林机械装备与技术展览会"列入第五届中国东北地区投资贸易博览会的请示》,分为两个自然段。其中,第一个自然段介绍"吉林机械装备与技术展览会"的基本情况;第二个自然段提出请示的事项。虽然介绍基本情况不属于请示事项,但如不做介绍,第五届中国东北地区投资贸易博览会组委会秘书处就可能难以判断请示事项的正当性。

请示正文以"特此请示,盼复。"作为结尾,不可或缺。此句结尾不但告知上级单位以上文字是请示的事项,同时提请上级单位予以回复。对于吉林省机械行业联合会、长春市伟迅展览公司而言,第五届中国东北地区投资贸易博览会组委会秘书处的回复十分重要,它将决定"吉林机械装备与技术展览会"能否在2018年获得一次难得的发展机遇。"特此请示,盼复。"一句,也可以写成"专此请示,请复。"或"敬呈此函,恳请回复。"等。

4. 请示的附件

请示是否需要附件,须根据请示的事项而定。如果请示的事项比较复杂,又不适合在请示的正文中长篇累牍地表述,就应单独成文作为附件附于请示之后一并上呈。

附件及其标题要在请示正文之后写明。附件的标题必须规范,不能只写"附件"二字。如附件超过两个,应采取本教材第九章案例4的格式,如下所示。

附件:
1. 吉林机械装备与技术展览会及其主办方简介;
2. 第七届吉林机械装备与技术展览会组织工作方案(草案)。

在打印请示文件时,附件需单独排版,不能跟在请示文件后打印。

在请示正文后制发的附件,在排版上要注意:在文本左上角标明"附件1:",而后另起一行置放附件标题(居中排版);附件正文另起一行排版。附件字型应与请示一样(提示:本教材所介绍的公文,其附件排版的方法与此相同)。

5. 请示的落款

请示的落款在请示正文及其附件之后,也是请示者加盖公章之处。请示的落款包括请示者的机构名称和制发公文的日期。请示者的机构名称必须使用全称。制发公文的日期必须年月日完整规范。如2017年的年号不能写成17年,而必须写成2017年,也不能连同月和日写成2017.8.31。制发公文的日期可以采用汉字表示,如二〇二一年三月十六日。

（六）请示与函的应用区别

请示作为公文的种类，从严格意义上讲，只适用于行文双方是上下级关系的情况。如市政府向省政府请示，省政府向国务院请示，省发展和改革委员会向国家发展和改革委员会请示，中国展览集团公司向中国贸促会请示等。非上下级关系的机构之间需要请示的事项，应采用"函"作为公文的种类。如《关于"吉林机械装备与技术展览会"列入第五届中国东北地区投资贸易博览会的请示》，也可以"函"上呈公文，如《关于请求将"吉林机械装备与技术展览会"列入第五届中国东北地区投资贸易博览会的函》即可。该"函"的内容与"请示"一样，无须改变。

在会展主办方公文写作的实践中，非上下级关系的机构之间需要请示的事项，是选择"请示"还是选择"函"作为公文文种，主要看被请示机构的要求。如被请示机构不反对采用"请示"作为公文文种，会展主办方就应采用"请示"；如被请示机构有异议，会展主办方就应采用"函"请求指示。

第二节 通 知

一、通知的应用

通知，是应用广泛的知照性公文。可以用来发布法规文件，或转发上级机关、同级机关和不相隶属机关的公文，或批转下级机关的公文，或要求下级机关或相关机构办理某项事务等。

本章所讲的通知，指会展机构因对外事务或信息传播的需要而发布的通知，也包括会展机构应政府或相关机构委托代拟的通知文稿。

会展机构发布的通知，根据需要可排版打印并加盖公章后发送接收者，也可制作电子版通过网络发送接收者。

二、通知的写作方法与案例

会展机构写作通知需掌握以下要领。

（一）明确通知的接收对象

对会展机构而言，需要以通知发布的信息或宣布的事项，必须要有具体的接收对象。因此，明确通知的接收对象是写作通知的起点。

（二）明确通知的内容

通知所发布的信息或宣布的事项，必须是真实的，不应是虚假的。比如，某展馆因道路施工,原定观众入口需要变更。此时,使用该展馆的展会主办方就可用通知发布信息,提前告知前来参观的广大观众。展馆变更观众入口的信息,必须是真实的。

(三)明确通知的格式

通知文案由标题、主送、正文和落款四个部分组成。写作方法分述如下。

1. 通知的标题

通知的标题作为一个复合句型,以"关于"一词开头,"通知"一词结尾。在"关于"和"通知"之间,是根据通知内容概括的主题。如《关于××会展中心变更观众入口的通知》《关于××机械博览会办理展品货车运输通行证的通知》。

2. 通知的主送

通知的主送对象即通知的接收者。通知的主送在标题之后、正文之前,顶格书写。

通知的主送对象可以是单位,也可以是个人。比如,《关于××会展中心变更观众入口的通知》是主送展会参观者的;《关于××机械博览会办理展品货车运输通行证的通知》是主送参展客商的。

3. 通知的正文

通知的正文是指在主送之后、落款之前的文字,这是通知的主体内容。

通知的正文要写明通知的事项。如案例1《关于组织参加首届中国工业设计展览会的通知》,其通知的事项包括三个方面:中国工业设计展览会情况介绍、动员企业参展和做好参展组织工作。

写作通知的正文,一定要根据通知的事项一项一项地分别写清楚。通知事项的排列要有逻辑性,比如按事项的重要性排列,或按事项办理的次序排列。不要把通知的正文写成"一块板",而没有一、二、三、四的事项排列。这种"一块板"的文字,不便于阅读者迅速掌握通知给出的信息。

4. 通知的落款

通知的落款在通知的最后,也是通知发布者加盖公章之处。通知的落款包括发布通知的机构名称和发布通知的日期。发布通知的机构名称必须全称。发布通知的日期必须年月日完整且规范。

 案例1　　动员参加展会的通知

浙江省经济和信息化委员会
关于组织参加首届中国工业设计展览会的通知
(浙经信服务便函〔2017〕123号)
各市经信委,各国家级工业设计中心、省级特色工业设计示范基地:
　　为展示我国工业设计整体发展水平,进一步扩大工业设计的公众认知度和社会影响力,日前,工信部印发了《关于转发首届中国工业设计展览会总体方案的函》(工产业函〔2017〕439号),并召开专题会议进行部署,要求各地组织参加首届中国工业设计展览会。根据工信部的部署和要求,我委将积极动员、组织企业参展,现将有关事项通知如下:

一、展览会基本情况

首届中国工业设计展览会由工业和信息化部、武汉市人民政府作为指导单位,工业和信息化部国际经济技术合作中心、武汉市经济和信息化委员会为主办单位,将于2017年12月1日至3日,在武汉国际博览中心(A4、A5、A6展馆)举办,展览面积3万平方米。

本届展览会展示内容包括国家级工业设计中心最新产品(作品)、省(市、区)级工业设计中心及相关企业选送的产品(作品)、各地工业设计展览会和评奖活动产品(作品)、创客空间及创客个人优秀作品等。地方展区展示内容主要包括装备制造行业、电子信息行业、消费品行业三大类,以集中展示各地工业设计在各个方面取得的成果。展览会期间举办开幕式、论坛、评奖、新产品发布、专场参观等活动。

按照展览会方案,各省展览面积不少于180平米,国家级工业设计中心参展面积不少于54平方米。为减轻企业参展负担,鼓励企业积极参与展示和交流活动,本次展览场地费、标准展位搭建费、展馆水电气费及宣传等费用由主办方承担。

二、动员企业积极参展

(一)各市要积极动员所在地的国家级工业设计中心、省级特色工业设计示范基地、省级重点企业设计院、省级工业设计中心、工业设计企业等积极报送优秀设计产品(作品)参展并参与设计对接活动。展会期间,各市经信委可结合当地工作实际,组织有关工业设计企业、有关制造企业赴会观摩、交流和对接,扩大工业设计的宣传和推广。

(二)各国家级工业设计中心要按照工信部要求,积极报名参展,参展面积不少于54平方米,展示近年来的设计发展成就。按照展览方案,国家级工业设计中心以特装形式参展,展示要求以实物为主,可辅以模型、影视、图片、文字,增加互动,提升观众的观展体验。

三、做好相关组织工作

为做好我省参展组织工作,委托浙江省工业设计协会具体负责我省展区的组织、协调、联络工作,协助做好国家级工业设计中心的参展。浙江地方馆将以展示良渚梦栖设计小镇、省级特色工业设计示范基地、省级重点企业设计院、省级工业设计中心等成果为主。各国家级工业设计中心要抓住机遇,充分展示近年来取得的成效,起到引领、带动、示范作用。展位的特装搭建费、参展企业人员交通、食宿等费用等由企业自理。

首届中国工业设计展览会总体方案详见浙江省经济和信息化委员会官方网站。

请各市及时动员，组织企业报名参展，并于9月10日前将参展报名表(详见附件1)、国家级工业设计中心请填写展位申请表(详见附件2)报省工业设计协会，联系人：徐世俊，联系电话：0571-87030412，13857184192，邮箱：zj_ida@163.com。

参展及相关工作联络：

省经信委生产服务业处　黄哲明，联系电话：0571-87058270，13516809779。

省工业设计协会　章群星，联系电话：13575750925。

特此通知。

附件：

1. 中国工业设计展览会参展报名表；
2. 国家级工业设计中心展位申请表浙江省经济和信息化委员会。

2017年8月31日

(来源：浙江省经济和信息化委员会官方网站)

说明与评点

(1)这是浙江省经济和信息化委员会为动员企业参加中国工业设计展览会下发的通知。

(2)该通知的标题为《关于组织参加首届中国工业设计展览会的通知》，语义完整，一目了然。

(3)该通知的主送对象为"各市经信委，各国家级工业设计中心、省级特色工业设计示范基地"，由此可知该通知的接收者分为三种：一是各市经信委，二是在浙江省的各国家级工业设计中心，三是省级特色工业设计示范基地。其中，各市经济和信息化委员会将根据通知，组织动员本市企业参展；而国家级工业设计中心、省级特色工业设计示范基地是直接参展对象。

(4)该通知正文的第一个自然段，系通知的"事由"，即发布通知的理由。该通知写了两条"事由"：一是，展示我国工业设计整体发展水平，进一步扩大工业设计的公众认知度和社会影响力；二是，工信部《关于转发首届中国工业设计展览会总体方案的函》及其专题会议的要求。

"事由"在通知正文的写作中十分重要(但并非所有的通知都必须写)，一般以"为"或"根据"开头。

(5)从通知中可知，中国工业设计展览会的组展工作由国家工业和信息化部统一布置，各省以组团方式参展。浙江省发布通知旨在动员本省企业参展。因此，通知公布了首届中国工业设计展览会总体方案的信息(通知接收者可以通过工信部官方网站查询)，告知了浙江省经济和信息化委员会此项工作的联系人及联系方式，并提供了报名参展的登记表和展位申请表。这些内容都与落实通知意图有关。

第三节 声 明

一、声明的应用

声明,就是信息发布者公开表示自己的态度。作为文案,声明是告启类文案中的一种。它是发布者就有关事项或问题向社会公开表明自己立场和态度的文案。

会展主办方使用声明的事项或问题大体有三:一是,展览或会议项目被其他机构仿冒,主办方需要正本清源,维护权益;二是,针对展览、会议或活动的不利或不实传言,主办方需要端正视听,表明立场;三是,因工作失误导致负面舆论,主办方需要公开致歉。

在互联网时代,会展主办方发表声明一般通过自媒体,也可借助适合传播声明内容的外媒体。

二、声明的写作方法与案例

会展主办方写作声明需掌握以下要领。

(一)了解声明的文字结构

声明由标题、正文和落款三部分组成。

1. 标题

声明的标题一般分为三种:一是只写"声明"二字;二是采用"严正声明"四个字;三是在"声明"或"严正声明"之前加上发布者的名称,如"×××展览会组委会严正声明"。

2. 正文

声明的正文用于陈述声明的缘由及相关事项。如属维护权益的声明,则在正文中发出警告,以震慑侵权者。

3. 落款

声明的落款用于注明声明者的名称和发表日期。

(二)了解声明写作的原则

根据发表声明的缘由及需要公开表明态度的相关事项,明确表达发布者的态度。与此无关的内容以及话语,不要写入声明之中。

(三)了解声明写作的文字风格

声明使用的文字,必须准确、简明,同时符合声明意图。如属维权性声明,在说明被侵权或被诋传的事实后,维权言辞的表达要严肃坚定,应采用符合法律的用语;如属致歉性声明,在说明工作疏失的情况后,致歉言辞的表达要诚恳有礼。维权性声明的文稿,宜请法律顾问把关。

案例2　　展会维护权益的声明

2017第23届哈尔滨种业博览会组委会官方严正声明

近日,随着2017第23届哈尔滨种业博览会开展在即,社会上出现了一些诸如"哈尔滨种业博览会改期"等不实信息,还有个别团体和个人通过建立微信群的方式,以哈尔滨种业博览会的名义在群内或朋友圈内发布举办活动信息,向企业索取赞助、私售广告等,甚至出现诋毁组委会名誉的行为。

哈尔滨种业博览会特此严正声明:2017第23届哈尔滨种业博览会将于2017年11月6—8日在哈尔滨国际会展中心如期举办。请收到不实信息的公司和个人及时与组委会联系,核实信息真伪。

组委会联系电话:0451-87115060　400-0451-011。

对于上述损害哈尔滨种业博览会名誉和利益的行为,哈尔滨种业博览会组委会保留通过法律途径解决的权利。

哈尔滨种业博览会组委会
2017年09月22日

(来源:哈尔滨种业博览会官方网站)

说明与评点

(1)这是哈尔滨种业博览会组委会就不实传言及侵害自身权益的行为发表的声明。

(2)该声明包含三个层次的内容:一是,指出不实传言及侵害自身权益的行为;二是,说明展会举办时间,促请客户直接联系组委会;三是,警告侵害自身权益的不法者。

(3)此声明表达明确,文字恰当。但落款的日期有瑕疵,不应写成"2017年09月22日",而应写成"2017年9月22日"。

第四节 会议纪要

一、会议纪要的应用

纪要,即记述要点的文件。会议纪要所记述的要点,指经会议讨论后形成的共识或存在的分歧。

本教材所讲会议纪要,指会展机构在对外事务中经过会议讨论形成的要点记述文件。

会展主办方在对外交往中,就重要事务与其他机构(有时是个人)通过会议达成的共识,或是存在的分歧,为郑重其事且避免遗忘,在征得与会者一致同意的基础上,形成书面的记述会议要点的文件,即会议纪要。会议纪要也可称为备忘录。

会议纪要一般须在会议期间拟稿,并经与会者审查(包括根据与会者意见进行修改)同意后,再经与会者(与会机构的代表)签字确认。

会议纪要并非合同,其内容不具法律约束力,但关乎与会者的公信力,具有道德约束力。

会议纪要的作者必须参加会议,否则难以写作。

二、会议纪要的写作方法与案例

会展机构写作会议纪要需掌握以下要领。

(一)了解会议纪要的文字结构

会议纪要通常由标题、会议信息、正文和落款四部分构成。

1. 标题

会议纪要的标题一般分为三种:一是只写"会议纪要"四个字;二是采用"会议名称+纪要"的方式,如《××音乐节组织工作会议纪要》;三是采用"会议内容+纪要"的方式,如《关于合作举办××展览会的会议纪要》。

2. 会议信息

会议纪要记述的会议信息指会议的概况,包括会议名称或主题、举办时间、举办地点、与会人员、主持者、会议议程等。

3. 正文

会议纪要的正文用以记述会议达成的共识或存在的分歧。

这种记述一般是根据会议达成的共识或存在的分歧,分类别或按条目,以一、二、三、四分别列明,逐一记述。

4. 落款

会议纪要的落款包括与会者署名及时间两项。会议纪要一般无须加盖署名者所代表机构的公章,如需加盖署名者所代表机构的公章,则应在纪要正文中注明。也可经会议同意,署名者在署名处加按指印。

(二)了解会议纪要写作的内容

一是,掌握会议讨论的内容,主要是议定的共识或存在的分歧两方面内容。

二是,掌握与会者的身份信息,包括与会者的姓名、单位和职务。

(三)了解会议纪要写作的风格

会议纪要的正文,表述议定的共识或反映存在的分歧的文字,须完整准确,不应导致理解上出现歧义。在记述逻辑上要合理,不要颠三倒四。同时,用语要简明,无须渲染铺陈。涉及与会者权益的内容,在表达上应采用符合法律的语言。

案例3　　引进巡回展会的会议纪要

关于中国人工智能展览会连续三届在××市举办的会议纪要

时间:2016年5月19日

地点:××市政府大厦会展管理办公室会议室

出席:

××市会展管理办公室:王国光主任、李睿副主任、彭亚妮处长;

中国人工智能应用技术学会:张贺秘书长、谢荣芳部长;

××市国际会展中心:秦松涛总经理、夏明亮部长。

会议由××市会展管理办公室李睿副主任主持。

应××市会展管理办公室邀请,中国人工智能应用技术学会张贺秘书长、谢荣芳部长一行前来××市考察。围绕中国人工智能展览会落户××市事宜,与会三方进行了充分的交流,并达成以下意见:

一、中国人工智能应用技术学会原则上同意中国人工智能展览会(以下简称"中国AI展")自2017年起连续三届在××市举办,即第11届至第13届。××市会展管理办公室代表市政府对此表示热烈欢迎。

二、××市会展管理办公室表示,"中国AI展"连续三届在××市举办,××市政府将在专项资补贴、办展事务服务方面予以大力支持。

三、××市国际会展中心同意充分满足"中国AI展"的档期需求,并同意在场地租金价格上予以优惠。

四、中国人工智能应用技术学会承诺，2017年第11届"中国AI展"展览面积不低于5万平方米；与展会同期举办的"国际人工智能产业高峰论坛"与会代表人数达1000人，邀请不少于50名国内外知名学者、专家、企业家与会交流。

五、与会三方同意，以上意见各自按程序落实后，于2016年7月15日之前形成合作协议。

六、本纪要一式三份，与会三方代表签字，并加盖公章，以存查备忘。

××市会展管理办公室（签字盖章）：

中国人工智能应用技术学会（签字盖章）：

××市国际会展中心（签字盖章）：

2016年5月19日

说明与评点

（1）这是虚拟的一份会议纪要，但内容和格式可供学习者借鉴。

（2）参加会议的三个单位，一个是政府机构——××市会展管理办公室；一个是展会主办方——中国人工智能应用技术学会；一个是展览场馆经营方——××市国际会展中心。

（3）该会议的议题是中国人工智能应用技术学会主办的"中国AI展"，自2017年起连续三届在××市举办。围绕议题，与会三方经磋商达成了共识。

（4）该会议所达成的共识，只是各自的表态，而"中国AI展"连续三年来××市举办事宜的细节还须在会后进一步落实。这种落实，需要中国人工智能应用技术学会分别与××市会展管理办公室和××市国际会展中心签订合作协议。因此，会议纪要对于落实会议纪要进行了约定。

第五节 服务手册

一、服务手册的应用

服务手册具有商品说明书的性质。商品制造者或销售者为客户提供服务，以文字形式写明相关服务事项，这就是服务手册。

会展项目也是商品，会展主办方的服务手册旨在为客户提供相关服务的指引。

会展主办方的服务手册主要用于会展项目现场服务的指引。以展览主办方为例，其服务手册主要服务于参展商、展位搭建商和观众。

二、服务手册的写作方法与案例

编写服务手册需掌握以下要领。

（一）明确服务对象

会展主办方服务的对象各式各样，不可能用一本手册服务所有的客户。如《第七届全国高校社团会长年会暨新青年领袖论坛服务手册》（案例4）是针对与会代表的，而《广交会证件办理服务手册》（案例5）是针对展览期间客户办理证件的。

写作服务手册必须站在客户的角度，即从客户可能问询或遭遇的问题出发，详尽提供相关服务的指引。

（二）了解写作方法

服务手册一般由服务内容、服务信息、服务程序等内容组成。由于针对性不同，服务手册在内容的结构上并无统一规范，但应按照服务事项的分类逐一表述。

（三）注意文字风格

服务手册的文字要准确简明，无须渲染铺陈。在手册中，表述服务内容、服务信息和服务程序，尽可能根据事项一句一句地写，一般是按句分行。切莫把许多事项写在一起，写成一大段文字，以致客户阅读不便。

（四）知晓传播方式

服务手册可以制成纸质印刷品，向客户散发；也可以制成电子文件，通过网络向客户发送；还可以制成图片格式的文件置于主办方自媒体上，供客户下载。

制成纸质印刷品或图片格式的服务手册，需要进行平面美工设计。因美工设计需要，服务手册文案在文字编排上应作适应性调整。

 案例4　会议服务手册

内含案例说明与评点

 第七届全国高校社团会长年会暨新青年领袖论坛服务手册

案例5　展览服务手册

广交会证件办理服务手册

一、广交会内宾证件的种类及介绍

1.广交会证件分为工作证、参展商证、临时代表证、国内采购商证、筹展证、撤展证、大会搬运证及车证八种。

2.参展商证供参展单位业务人员进馆使用。

3.临时代表证(分1、2、3、4、5天5种证件)供协助参展商从事参展、洽谈业务的人员使用。

4.国内采购商证供国内采购商进馆使用。

5.筹展证供参展单位或协助参展单位进入展馆进行布展的人员使用。

6.撤展证供参展单位或协助参展单位从事撤展工作的人员使用。

7.大会搬运证供大会样品搬运工人进馆使用。

8.车证供商会/协会、交易团和有关服务单位的车辆、停放在广交会以及运输展样品的车辆进出广州市和广交会使用。车证分为内停证、外停证、筹展车证、撤展车证几类。

二、广交会证件办理及相关要求

工作证、参展商证、临时代表证、国内采购商证、筹展证、撤展证、大会搬运证均统一要求如下：

证件办理人员须提供彩色蓝底2寸照片两张。照片必须是用照相馆相纸洗印出来的光面相片，不得使用生活照片，不得使用由普通打印纸打印出来的相片。证件专用彩色相片的五官必须清晰，头部占相片的2/3，不能太大，不能留有白边，蓝色底。

证件办理人员需提供本人第二代身份证扫描件一份。要求正反两面都有。用原件直接扫描(扫描分辨率要求300万像素)，如用复印件，则身份证复印件必须能清楚地辨认出人像和字迹。必须是有效期内的证件，证件不允许修改。身份证是复印件的必须清晰，以免审核不合格。相片尺寸:3.5cm宽×4.5cm高，身份证尺寸:8.8cm宽×6cm高。

车证的办理及相关要求：

证件办理车辆行驶证正反两面复印件各一份。

驾驶员彩色蓝底2寸照片两张。第二代身份证复印件或扫描件一份。(要求和办理参展商证一样)

三、部分证件展示

筹展证、国内采购商证等。

图片展示(略)

四、证件工作重要提示

硬卡式IC证件，拟长期多届重复使用，请注意保管，谨防丢失，不能弯折，避免接触强磁场。

为避免与会人员的经济损失和造成浪费,如第122届广交会需要以所持证件的身份(如参展商或国内采购商或交易团工作人员等,以此类推)与会者,请务必带回已办理证件,经注册登记后可继续使用。

本届广交会中,交易团、商(协)会工作人员或参展商、国内采购商的身份或单位或职务等与所持证件不同者,均需重新办理证件。每证收取工本费50元人民币。

为营造顺畅、和谐、有序的验证秩序,在验证时如发现持证人有合法IC证件但未经登记注册,将被视为违规使用证件,此证件将被没收,并谢绝持证人进馆。持证人属于初犯的,由本人写出书面检查或情况说明,提出申请,经所在交易团团长或商(协)会会长或驻会服务单位、招展代理机构现场负责人签批,报大会主管领导核批后由提请单位领回。持证人属于重犯或证件在当届没有领回的,证件将被销毁,持证人的行为将被记录备案。

鉴于IC智能证件是长期多届重复使用的,丢失证件会对大会安全工作造成较大隐患,故原则上不能补办(忘记携带视作丢失)。如确有需要,必须本人写出书面检查或情况说明,讲清缘由,经大会各办(中心)主任或商(协)会会长、交易团团长及招展代理机构现场负责人以上领导审核签字报大会主管领导审批方可办理。同时交易团、商(协)会人员工作证、参展商证、采购商证,每证收取工本服务费200元人民币。

(来源:广交会官方网站)

说明与评点

这是广交会办理证件的服务手册。

广交会是国内对于展览期间人员出入管理最为严格的展会。因此,包括参展商、搭建商、观众、工作人员、媒体记者等出入广交会的人员,必须提前办理带有本人照片的证件。

第六节 电话话术脚本

一、电话话术脚本的应用

话术即说话的技术或艺术。

与企业销售业务有关的电话话术,是指企业通过电话向用户推广商品,为有利于电话销售,向从事电话销售的员工提供的与用户沟通的语言规范。这种语言规范就是电话话术脚本。

会展主办方在销售、营销以及市场调研等业务工作中,经常需要通过电话与客户沟通。在团队成员较多,尤其是使用新人比例较高,或是新创办会展项目的情况下,员工在与客户进行电话沟通前,往往需要会展主办方提供电话话术脚本。

二、电话话术脚本的写作方法与案例

会展主办方编写电话话术脚本需掌握以下要领。

（一）从客户角度出发

会展主办方通过电话与客户沟通,或为销售,或为营销,或为调研,编写者须站在客户角度,以客户能够接听电话并进行交流为前提设计话术脚本。以客户可能提出的问题为导向,是编写话术脚本的重要方法。

（二）了解话术脚本结构

电话话术脚本一般分为五个部分,即开场白、产品介绍、促标、问答和结束语。其中,促标是指促使达成电话沟通的目的。如以展位销售为目的,就是促成销售订单;如以邀请参会为目的,就是促成参会或参观;如以市场调研为目的,就是促成提问获得答案。电话话术脚本中的问答,既指回答客户的提问,也指向客户提问。

（三）掌握话术脚本用语

一是多使用敬语,如"您好、请、谢谢、再见",等等,保持话语的礼貌亲切,以博得客户好感。

二是开场白与产品介绍,话语要简短,意思要明确。如介绍会议可以宣传会议的"亮点"或"卖点",以吸引客户注意。

三是促标话语要明了无误,以期客户回应。

（四）话术脚本的内容要体现商业诚信

编写话术脚本要避免妄自尊大、自说自话,或低三下四、献媚乞怜的语言。更不能编写虚假宣传、忽悠客户的内容。

（五）在应用中完善话术脚本

会展主办方提供的电话话术脚本属于训练员工开展业务的范本,而员工在与客户电话沟通过程中遇到的情况或问题各式各样,差别甚大。因此,在实际工作中,员工需要根据范本灵活运用话术,因人制宜,有所发挥。

必须指出,话术范本不可能定于一稿,一劳永逸,而需要不断完善、不断丰富。完善和丰富话术脚本,有赖于团队成员的集体实践和经验集成。

案例6　展览邀请观众电话话术脚本

广告设备技术展览会电话邀约专业观众电话话术脚本

一、开场白

1.您好！请问您是×××(单位)××(部门)的××(姓名+职称)吗？

(注意：说职称时要化繁为简，如，办公室主任简为××主任；采购部经理简为××经理；若无职称，听声音辨识后称为先生或女士)

二、邀请参观

2.(确认对象之后)您好！我们是2017××广告展的主办方，来电话是邀请您参观展览。参观时间是2017年4月18—20日(周二至周四)，地点在××会展中心。

3.请问，您目前还在××(公司)工作吗？办公室还是在××路××大厦吗？

4.(如通话时是打在客户手机上)您的座机号码××××××××还在使用吗？传真号码还是××××××××吗？

5.(如通话时是打在客户座机上)请您留一个手机号码或您的微信或QQ吧！(客户不愿意，或疑虑，甚至问为什么)我们在展会开展之前，会通过短信提醒您。我们在展前展中安排了许多活动，也方便将信息告诉您。电子邮箱也行。

6.我们是管理规范的公司，绝不会无端骚扰客户，或者泄露您的资料。

三、展会介绍

7.(根据客户提问回答)我们的广告展今年已是第18届。本届展览面积为4万平方米，比上届增加了1万平方米。今年展品除喷绘设备、广告材料、打印/复印/雕刻设备、LED标牌外，增加了印刷设备和灯箱制作技术产品。欢迎您参观采购。

(如客户询问参展商情况，可建议其登录公司官方网站或微信公众号查看)

四、回复提问或应答

8.客户：参观要不要门票？

我们是免费参观。如觉得在展会现场登记麻烦，您可以在我们的网站或微信号上注册，到时候您可以扫码进场。

9.客户：估计那两天有事，去不了。

那很遗憾。请问您的同事或朋友有兴趣参观吗？(如有)您方便告诉我他的联系方式和姓名、职务吗？

10.客户：去年我来参观，现场甲醛的气味太重了。

这确实是个问题，目前要推行环保搭建阻力蛮大。据我所知，国家正在出台政策，希望早点改变这种情况。

11.客户：我是外地的，展馆附近有没有合适的酒店住宿？

有的，我马上发个酒店住宿指引给您，您的微信是？

五、结束语

12. 感谢您接听电话,再次欢迎您4月18—20日前来参观,我们展会见!

说明与评点

(1)这是一份真实的电话邀请专业观众参观展会的话术脚本。该脚本篇幅很大,共33条话术,本教材采用时进行了压缩。

(2)在该话术脚本中,展会介绍放在邀请参观之后,是根据该展会已举办多年,老客户对于展会情况比较熟悉的情况而设计的。脚本中的展会介绍,是针对客户询问本届的特点而设计的应答。如果是新客户,展会介绍需要更为详细。

思考题

1. 中国国际工业博览会(上海工博会)2016年从上海新国际博览中心迁址国家会展中心(上海),请为展会迁址举办写作通知。

2. 登录http://www.cantonfair.org.cn/cn/index.aspx,通过中国进出口商品交易会(广交会)官方网站"服务"栏目,了解广交会服务手册的分类。

3. 为什么在新人较多或新创办项目的情况下,开展电话销售业务需要编写电话话术脚本?

Chapter **8**

第八章　新闻

本章教学要点

在了解新闻写作常识的基础上,了解会展新闻生产管理及传播方式的专业知识,重点掌握会展主办方自媒体新闻写作的基本方法。

开篇故事

美联社机器人记者每季度撰写三千篇新闻报道

计算机没有夺走新闻工作者的工作。相反,他们解放了作者,使他们能够集中精力撰写更具有深度的文章。

2015年1月31日,苹果公司本周发布了创纪录的一季度财报,美联社数分钟之后即发表了题为《苹果打破华尔街第一季度预期》(Apple tops Street 1Q forecasts)的新闻报道。这是一篇无人署名的文章,它是由非常熟悉苹果风格指南的机器人撰写并发布的。

美联社半年前采用了机器人记者,它每个季度撰写3000篇这样的新闻报道,而且这个数字有望增加。

季度盈利报告的撰写工作单调枯燥,但要求准确和速度。所以,美联社在2014年夏天开始与Automated Insights公司合作,使用该公司的Wordsmith平台撰写财报文章。

乍一看,读者很难知道这些文章是机器人写的。但文章结尾会这样写道:"这篇报道是由Automated Insights自动生成的。"

Automated Insights公司的公关经理James Kotecki表示,Wordsmith每周撰写数百万篇新闻报道,其合作伙伴还包括好事达(Allstate)、康卡斯特(Comcast)、雅虎。雅虎的"梦幻橄榄球"(Fantasy Football)报道就是Wordsmith的产物。Kotecki估计,如果需要的话,Wordsmith能够每秒产生2000篇新闻报道。

美联社的助理编辑帕特森(Philana Patterson)称,工作人员最初对Wordsmith表示怀疑。"每个好记者都会对此表示怀疑。"她说。

当Wordsmith于2014年7月开始工作时,每篇自动生成的文章会经过人工检查和加工。Wordsmith无须人工干预的全自动化始于2014年10月。现在,Wordsmith撰写的文章的错误率比人撰写的文章更低。

在采用Wordsmith之前,美联社估计,该平台将撰写约300家公司的财报文章。但现在,该平台每季度要撰写3000家公司财报,其中120篇需要人力更新或添加独立的后续报道,比如苹果公司的财报文章。帕特森指出,Wordsmith解放了记者,使他们集中精力撰写有深度的报道。

还有10家公司的财报完全不是由Wordsmith撰写的,例如花旗集团和富国银行,因为它们的财报与其他公司的财报有一些细微差别。帕特森说,进入这个行列的公司名单每一个季度都会被重新评估和更新。

合作开始后,Wordsmith撰写的文章还增加了业务描述和前瞻性指导等报道要素。帕特森还表示,美联社已经开始寻找Wordsmith在盈利报告之外的其他用途。

计算机没有夺走新闻工作者的工作。相反,他们解放了作者,使他们能够集中精力撰写更具有深度的文章。"我们真的希望记者能够写更敏锐、更有趣的新闻报道,而不是将精力放在最初的数字上。"

(来源:光明网)

 说明与评点

(1)这是光明网转发的美联社的新闻。这篇新闻为我们讲述了一个机器人写作的故事。

(2)美联社全称为美国联合通讯社(英文为The Associated Press,缩写为AP),是美国最大的通讯社,成立于1846年,总部位于纽约。美联社采用机器人写作新闻稿始于2014年。

(3)美联社由机器人写作的新闻稿,主要报道股市变化和上市公司营收情况。机器人写作的这类报道,其素材一般由数据构成。这些数据可以通过公开的股市行情或上市公司的报告获得。而且,这类报道的写作可以格式化。换言之,机器人可以根据预先设定的新闻报道格式,自动抓取相关数据,很快写出这类新闻稿。据美联社披露,以前人工写稿,同类的稿件每季度只能写300篇左右;而在同样的时间里,机器人能够生产出4400篇符合新闻规范的商业报道。

(4)目前,尚无案例证明AI可以代替记者采访、编辑新闻。正如这篇新闻的开头(新闻导语)所说:"计算机没有夺走新闻工作者的工作。相反,他们解放了作者,使他们能够集中精力撰写更具有深度的文章。"可以断言,美联社的这篇新闻不是机器人的作品。

(5)这篇新闻视角独特,主题鲜明,结构巧妙,语言活泼(翻译者也有贡献),可以作为新闻写作的范例。

第一节 新闻及其写作的概念

长期以来,借助新闻进行宣传推广,是会展业广泛运用的营销方式。

用于宣传推广的会展新闻,可分为宏观和微观两个层面:宏观层面的宣传对象主要是会展行业、会展城市;微观层面的宣传对象主要是会展机构、会展项目。

对会展主办方而言,宏观层面的行业宣传,并不是宣传会展行业,而是宣传所办会展项目服务的行业。如化妆品展会主办方的宏观层面宣传,主要聚焦于化妆品行业。对于会展项目所服务的行业进行专业、广泛、深入的宣传,正在成为会展主办方自媒体新闻宣传的新趋势。

在互联网及自媒体时代,会展新闻的需求持续增长。这种需求促使新闻写作成为会展文案工作的"重头戏"。

新闻写作,是新闻内容生产的主要方式之一。以生产概念理解新闻的出品,需要形成三方面认知:一是,新闻作品从创作到传播,如同产品从制造到上市应用一样,是一个从前端到后端的完整过程,从业者不能只考虑创作(包括写作)而不顾及传播;二是,此过程不可能由个人独立完成,往往需要多人集体配合,以共同达成组织生产的目标;三是新媒体时代传播技术的高新化和新闻内容的多样化,推动了新闻生产的创新和进步。必须认识到,新闻写作在新闻内容生产中的作用无可替代,属于核心生产力。

基于新闻内容生产的概念,本教材将在重点介绍会展新闻的写作知识的同时,介绍会展新闻的传播经验。

一、新闻的基本概念

新闻,指通过报刊、广播、电视、网络、图书等媒介,公开发表的对于新近发生的有传播价值事件的报道。

新闻有狭义和广义之分。狭义的新闻主要指"消息",即通过报刊、广播、电视、网络等媒介,简要而迅速地报道新近发生的有传播价值的事件。广义的新闻包括报告文学。报告文学属于兼有新闻和文学双重特征的文字性作品,即非虚构的小说类作品。

新闻可以采用书面、语音或视像等不同形式进行报道。其中,书面的新闻作品需要经过写作才能完成。

我们举例说明狭义新闻和广义新闻的区别。

1936年6月,美国记者埃德加·斯诺访问了由中国共产党建立的陕甘宁边区。其间,斯诺多次采访毛泽东、周恩来、朱德等中共领导人,亲身考察了边区管理和工农红军的情况。同年10月,斯诺返回北平,随后发表了一批有关此行的通讯报道。斯诺由此成为第一位以亲历见闻报道中共领导人、陕甘宁边区和中国工农红军的美国记者。斯诺的这些报道就是"消息",属于狭义新闻。1937年,斯诺以在陕甘宁边区的所见所闻写作了《西行漫记》(又名《红星照耀中国》)一书。此书当年在英国出版。斯诺的《西行漫记》兼有新闻和文学的双重特征,是报告文学作品,属于广义新闻。

二、新闻写作的基础概念

本教材并非介绍新闻写作知识的专著,而是着重介绍会展新闻写作方法的教材。因此,下面介绍的新闻写作知识,主要围绕会展新闻的写作与传播特点而展开。

(一)新闻的主题与新闻生产的流程

作为生产活动,新闻作品的生产有其相应的生产流程。

新闻机构生产新闻的流程大体分为两种:

流程一:感知信息→提炼主题→撰写文稿→提交审查→修改文稿→提交编辑→公开发表;

流程二:预设主题→收集信息→撰写文稿→提交审查→修改文稿→提交编辑→公开发表。

从这两种流程中可以看出,新闻主题对于新闻生产发挥着重要作用。

那么,什么是新闻主题?

新闻主题就是新闻生产者体现在新闻报道中的意图或观点。

在新闻写作中,主题贯穿全文,是采访新闻素材、谋篇布局、选择表达方式的出发点和立足点。因此,新闻主题对于新闻生产发挥着导引和驱动作用。

新闻主题的产生与新闻生产流程的关联,分为两种情况:一种是作者在感知事件信息之后,从事件信息中提炼了主题,而后进行写作;一种是作者根据预先设立的主题收集相关事件的信息,而后进行写作。后者被新闻界称之为"新闻策划"。所谓"新闻策划",就是预先设立新闻主题。

美国记者埃德加·斯诺1936年赴陕甘宁边区采访,接触到的中国共产党人及其军队,激发了他的报道热情。他以"红星照耀中国"为主题写作了一批新闻,向读者介绍中国共产党人及其军队,引起巨大反响。斯诺生产新闻的主题,是在感知事件信息之后提炼升华的。

湖北日报集团旗下的《支点》杂志,2017年8月报道武汉会展业发展的主题,是杂志编辑部在二季度根据武汉会展业发展的新动向而预先拟定的。记者蒋李参与了主题策划,提出以武汉与成都相互对比为视角,通过新闻报道反映并评述武汉会展业发展的现状。蒋李从6月着手收集资料,包括采访会展业内人士,至7月中旬写成《武汉会展业正赶超成都》这篇近6000字的长篇报道。《支点》杂志是月刊,其所刊载新闻作品的主题都是预先设立的。

凡是媒体机构生产的新闻作品,在其公开发表前都有审查制度。如《支点》杂志《武汉会展业正赶超成都》这篇报道在发表前,除杂志编辑部要审查外,被采访者包括武汉市会展办公室、武汉市会展协会的当事人,分别提前审看了初稿,并各自提出了修改意见。

(二)新闻作品的结构

新闻作品一般由标题、导语、主体、结语和背景五部分组成。其中,标题、导语、主体是主要部分,结语和背景是辅助部分。

案例1　　展会新闻报道

> **法兰克福书展2500平方米展出"中国印刷史"**
>
> 世上竟有如此山水:一张长约39米的宣纸,蜿蜒成"山";1100个大型木活字,堆砌成"池";池水约20平方米见方,不断有墨"滴"入水,由浓转淡;水墨交融时,一个个汉字浮现……这,便是第61届法兰克福书展主宾国主题馆;它,以"中国"命名。
>
> 2500平方米的中国主题馆,成就了本届书展上的最大亮点,也成就了中国出版印刷史最大规模的一次海外展示。
>
> 步入位于市中心的法兰克福展览馆,中国主题馆格外惹眼——远眺可见"纸山",近观可"嗅"墨香,孔子、蔡伦、毕昇的雕像也"亲临现场"。在主题馆内挪步,一步一景,一步一个中国印刷出版史的"里程碑":39米宣纸悬浮半空形成的"纸山",寓意中国是纸张的发明国;在核心区"墨池",一个个实木手刻的木活字,组合在一起,呈现的是《梦溪笔谈》和《农书》中关于活字印刷的记录……
>
> 2000多件展品,每一件都诉说着中国印刷史的厚重悠长:1979年甘肃敦煌出土的西汉麻纸,诞生于蔡伦发明较完善造纸术之前,西汉时期造纸术已具雏形;《金刚般若波罗蜜经》,是我国现存最早的雕版印刷实物;《东都事略》的复制品,上书"眉山程舍人宅刊行,已申上司,不许覆版"字样,这是世界上最早的关于版权的声明;《梦溪笔谈》的复制品中,中国北宋时期平民毕昇发明泥活字印刷术,工艺流程清晰可见……

在现场,记者见到了代表中国最早版权萌芽的南宋印刷品,也见到了新中国第一本版权合作杂志《商业周刊》,见到了甲骨文,见到了从已故科学家王选关于汉字激光照排系统的设计手稿到互联网时代的"电纸书"。

主宾国主题馆,是书展组委会特为历届主宾国专门设立,这一2500平方米的独立区域,专门用以展示国家整体文化形象。2009年的中国主题馆,由奥地利籍华人设计师李继伟负责设计搭建,袁行霈、白钢等中国学人参与完成脚本。一块块展板,从西安半坡陶器符号即6000年前汉字的起源开始,记录了汉字的产生和演变过程;也从公元前2世纪开始,记录了造纸术的发明与外传;记录了中国古代印刷术的三种基本形式:雕版印刷、活字印刷和套版印刷;也记录了1949年至今中国出版业的发展之路。

据了解,法兰克福时间13日下午5时左右举办的主宾国开幕式,中国作家参与的各种文学阅读活动,现场雕版印刷、活字印刷表演,以及出版文化交流活动,都将在中国主题馆内举行。

(来源:《北京青年报》2009年10月14日报道)

《法兰克福书展2500平方米展出"中国印刷史"》是北京青年报发表的新闻报道,共900余字。我们来看看它的结构:

标题:法兰克福书展2500平方米展出"中国印刷史"。

导语:世上竟有如此山水:一张长约39米的宣纸,蜿蜒成"山";1100个大型木活字,堆砌成"池";池水约20平方米见方,不断有墨"滴"入水,由浓转淡;水墨交融时,一个个汉字浮现……这,便是第61届法兰克福书展主宾国主题馆;它,以"中国"命名。

2500平方米的中国主题馆,成就了本届书展上的最大亮点,也成就了中国出版印刷史最大规模的一次海外展示。

主体:在导语之后有四个自然段,共671个字,占整篇新闻总字数的72%。

背景:"2009年的中国主题馆,由奥地利籍华人设计师李继伟负责设计搭建,袁行霈、白钢等中国学人参与完成脚本。"这句话是对中国主题馆设计搭建工程的说明,属于新闻背景的介绍。

结语:新闻的最后一个自然段。

通过分析,可知标题、导语、主体是这篇新闻的主要部分,结语和背景只是辅助部分。

《法兰克福书展2500平方米展出"中国印刷史"》这篇新闻在背景介绍方面,既没有介绍法兰克福书展的历史,也没有介绍中国组团参展的过程,只用了一句话介绍中国主题馆搭建工程的设计师。之所以选择这样介绍背景,是因为记者花了很多笔墨介绍中国主题馆的场景和气派。由此可见,新闻背景的介绍须与新闻的主体部分有关。新闻背景的介绍既可以放在新闻主体之中,也可以安排专门的段落。

《法兰克福书展2500平方米展出"中国印刷史"》这篇新闻,如将主体部分中背景介绍的一句话和结语去掉,这篇报道仍然可以成立。换言之,对于一篇新闻而言,标题、导语、主体不可或缺,而背景和结语并非必须。

(三)新闻写作的要素

新闻重在叙事。其写作要素与记叙文的写作要素基本一致。这些要素可概括为"6个W":Who(何人);When(何时);Where(何地);What(何事);Why(何因);How(何果)。

换言之,新闻叙事就是将事件所涉及的人物、时间、地点、经过、原因和结果一一交代清楚。要素不全、叙事不清,不但影响新闻传播,而且可能产生误导。

必须说明,Who(何人)并非只指人物,也包括新闻报道的主要对象。如《法兰克福书展2500平方米展出"中国印刷史"》的Who(何人),是指第61届法兰克福书展中国主题馆。

我们再以《人民日报》2017年6月21日刊登的报道《巴黎航展:中国展团展出九大类15项重点产品和系统》为例,对其导语进行分析:

该报道的导语为:"6月19日,第五十二届巴黎—布尔歇国际航空航天展览会(巴黎航展)在法国巴黎北郊布尔歇开幕,成为火热夏季的一桩盛事。在让人眼花缭乱的展馆和展台之中,10余家中国航空航天企业参展,向世界同行显示出了中国航空航天事业的整体实力。世界500强之一、世界级航空装备制造和提供商——中国航空工业集团公司(简称中航工业)围绕军机、民机、机载设备等主线,组织了九大类15项重点产品和系统参展。"

在这段两百余字的新闻导语中,清楚交代了这篇新闻的要素:何人——中航工业集团公司;何时——2017年6月19日;何地——巴黎北郊布尔歇;何事——参加第五十二届巴黎航展。何因与何果的要素,则被作者放在新闻的主体中叙述。

第二节 会展新闻传播的意义

会展新闻在传播上具有鲜明的行业特征。会展主办方传播会展新闻,旨在宣传行业、宣传项目和宣传自己。

一、传播会展新闻的媒体

新闻必须借助媒体传播,会展新闻也不例外。

传播会展新闻的媒体,包括报刊、广播、电视、网络等。从会展主办方的角度,这些媒体可分为自媒体和外媒体两种。

(一)自媒体

自媒体,指会展机构自行创办的媒体,包括会刊、会报、简报、网站、微博、QQ、微信公众号、视频号等。其中,会刊、会报、简报,属于传统的纸质媒体;网站、微博、QQ、微信公众号、视频号,属于依托互联网的新型媒体。在新媒体中,基于手机阅读的微信公众号、微博、视频号,具有社交媒体性质。

在互联网时代,越来越多的会展业者尤其是会展主办方,纷纷采用新媒体+自媒体的模式,按照媒体运营的方法,长期地、制度化地生产新闻和传播新闻,业已成为具有新闻媒体性质的机构。

(二)外媒体

外媒体,指会展主办方之外的社会媒体,又分为公众媒体和专业媒体两类。

公众媒体,也称为大众媒体,指为服务公众或大众的媒体。在我国,人民日报、新华网、中央人民广播电台、中央电视台以及各地的党报、都市报、广播电台、电视台属于公众媒体。

公众媒体经常报道会展新闻。如中国国际进口博览会创办以来,中央电视台在其举办期间大量报道与博览会相关的新闻,包括制作专题访谈节目。

专业媒体,也称为小众或分众媒体,可分为会展业内和会展业外两种专业媒体。

会展业内的专业媒体,指专门服务于会展业的媒体。《中国会展》《中外会展》《海峡会展》等杂志期刊,以及诸多以报道会展新闻为主的网站、微信公众号(如广州商务会展促进中心创办的"中国广州会展"微信公众号),是会展业者常用的业内专业媒体。《中国贸易报》的"会展周刊"专版、《中国经济网》的"会展频道",则被认为是会展业的"央级"专业媒体。

会展业外的专业媒体,指服务于其他领域的专业媒体。这类媒体同样传播会展新闻。如中国纺织报(中国纺织工业联合会主办)经常报道纺织服装展览或会议的新闻,中国玩具婴童网(中国玩具和婴童用品协会主办)除报道协会自办展会外,还报道外国玩具与婴童用品展会。这些专业媒体传播的会展新闻,一般只会和这些媒体所服务的领域有关。

公众媒体或专业媒体经常会采用会展主办方提供的新闻,一般分为三种情况:一是,会展主办方投稿公众媒体或专业媒体,被其采用;二是,会展主办方与公众媒体或专业媒体订立合作协议,公众媒体或专业媒体依照协议转发会展主办方生产的新闻,或公众媒体或专业媒体根据会展主办方的意图采写相关新闻,予以发布;三是,因会展主办方生产的新闻价值独特,被公众媒体或专业媒体相中而转发。对会展主办方而言,第三种方式的传播效果最好。

此外,公众媒体或专业媒体如对某一会展特别感兴趣,常会主动报道。如每年年初在美国拉斯维加斯举办的国际消费类电子产品展览会(英文简称CES),因具有全球电子行业技术科技进步风向标的地位,引发国际媒体高度关注,纷纷派遣记者前往采访报道。

 案例2   展会主办方合作的外媒体

2017年第15届中国畜牧业博览会的合作媒体如表8-1所示。

表8-1　2017年第15届中国畜牧业博览会的合作媒体

媒体类型	合作媒体名称
广播电视媒体	中央电视台《聚焦三农》《科技苑》，中国网络电视台，中央人民广播电台农广信息网《三农早报》
平面媒体	中国畜牧兽医报、中国饲料添加剂、中国农村、中国畜牧业、北方牧业、国外畜牧学猪与禽、饲料研究、中国动物保健、猪业观察、饲料博览、南方农村报、农财宝典、饲料与畜牧、饲料工业、中国猪业、赛尔兽药与养殖、赛尔饲料工业、赛尔养猪市场、中国家禽、禽业导刊、养猪、国际畜牧、黑龙江畜牧兽医、吉林畜牧兽医、饲料博览、饲料科技与应用、养猪行业分析预测、畜牧兽医科学
网络媒体	中国畜牧业信息网、中国农业新闻网、中国饲料行业信息网、中国饲料工业网、中国畜牧养殖设备网、中国饲料添加剂信息网、中国畜牧软件网、中国养殖网、中国养猪网、中国动物保健、中国兽医信息网、中国禽病网、山东畜牧人才网、搜猪网、猪场动力网、畜牧人、猪e网、豆粒养猪、安徽畜牧水产网、青麦田、新牧网、鸡病专业网、赛尔畜牧网、牛羊天地网、畜牧大集网、蓝鱼网、猪兜网、健康养猪哼哼会、饲料兽药招商、今日头条

说明与评点

(1) 中国畜牧业博览会由中国畜牧业协会主办，是国内规模最大的畜牧业展会。

(2) 表8-1中媒体名单公布于2017年第15届中国畜牧业博览会的官方网站。

(3) 这61家媒体都是主办方合作的外媒体，分为广电、平面和网络三种媒体类型。其中，网络媒体30家，平面媒体28家。由此可见，中国畜牧业博览会合作的外媒体主要是网络媒体和平面媒体，且偏重网络媒体。在网络媒体中，既有网站，也有App。

(4) 参与合作的平面媒体多数是期刊。可见期刊对于中国畜牧业博览会信息的传播作用强于报纸。

(5) 这61家媒体除《今日头条》之外，均为专业媒体（中央人民广播电台、中央电视台和中国网络电视台虽是公众媒体，但中国畜牧业博览会是与其相关的专业栏目合作）。《今日头条》是公众媒体，无畜牧业栏目，但其受众广泛，又是手机阅读的热门客户端，故被中国畜牧业博览会选为合作媒体。

二、生产和传播会展新闻的意义

会展主办方生产并传播与自身经营业务相关的新闻，有四重意义：

一是,扩大知名度。任何会展主办方组织展览、会议或活动,无不希望受众知晓,而且希望知晓者越多越好。坚持生产和传播新闻,有助于扩大会展主办方及其所办展览、会议或活动项目的知名度。

二是,提升美誉度。会展主办方自行生产的新闻,无论是宣传项目、宣传客户,还是宣传自身,基本是从积极、正面的角度予以报道。这些报道有利于增加受众对于会展主办方及其项目的好感。

三是,增强用户黏度。用户黏度指商业合作方之间相互使用的程度。如参展客户多次或长期参加某一展览,其与展览主办方相互使用的次数越多,彼此作为用户就会产生越强的黏度。

对于展览主办方而言,用户黏度也可用来测试参展客户对于展览的忠诚度。在互联网时代,海量的信息通过各种媒介不断地涌现,而且绝大多数信息属于免费供应。因此,争夺受众注意力就成为增强用户黏度的前哨战。具有吸引力的会展新闻报道,可以在争夺受众注意力的过程中发挥积极作用。

四是,发挥信息传播的"长尾"效应,"长尾"系统计学名词。美国《连线》杂志主编克里斯·安德森在2004年首次提出"长尾"理论。该理论认为商业或文化产品的大量需求并不在产品的发布之初,而在于需求曲线中那条无穷长的尾端,即满足用户长时间的持续需求。

在互联网时代,信息传播的内容可以长期保留在网上,人们可以根据需要通过网络搜索而随时查阅。这种状态即为信息传播的"长尾"效应。会展新闻通过互联网传播,其吸引关注不仅仅在信息发布之时,"长尾"效应将会满足持续关注的需求。

第三节 会展主办方新闻生产的特点

了解会展新闻生产的特点,对于掌握会展新闻的写作规律大有帮助。

一、会展新闻的宣传对象

在会展业中,展览、会议或活动的主办方是生产会展新闻较多的机构。生产新闻一方面是市场营销的需要,另一方面是"互联网+"的需要。主办方在经营展览、会议或活动的过程中,需要通过新闻宣传持续吸引受众的关注;同时,与展览、会议或活动相关的行业、议题或主题,其发展的动向、热点也需要通过新闻传递给受众。而互联网推动了新媒体和自媒体的迅速发展,主办方通过创办网站、微信公众号、微博、视频号以及微信群、QQ群等自媒体(媒介),自行生产和发布新闻,对于市场营销能产生重要作用。在互联网的推动下,运维自媒体,持续生产新闻,业已成为会展主办方日常性的业务工作。

展览主办方服务市场营销而生产的新闻,其宣传对象主要有三,如表8-2所示。

表8-2 展览主办方新闻的宣传对象

宣传对象	宣传内容
宣传主办方	展览资源整合情况、组展工作进展情况、配套会议/活动进展情况、相关服务措施
宣传项目主题	行业发展现状与前景、政府相关政策、行业发展重大事件
宣传客户	参展企业介绍、参观客户介绍、参展产品介绍、参展客户关心的话题

宣传主办方,就是报道主办方运作展会的情况。这方面的新闻,基本是从主办方的角度展开报道。

宣传项目主题,就是报道会展项目主题所关联的行业。这方面的新闻,更多是传播该行业受众希望知晓的专业信息。如机器人展会的主题是机器人,主办方围绕机器人产业所作的新闻报道,主要是传播机器人产业的专业信息。

宣传客户,就是报道客户参展、参会、参加活动的情况。这方面的新闻,既要从客户的角度报道,也要兼顾宣传项目主题和宣传主办方的需要。

在这三种宣传对象中,主办方和客户所占比例较高。宣传主办方和客户的新闻,也是主办方"文编"人员需要原创生产的新闻作品。

我们举例说明。

由上海万耀企龙展览公司主办的亚洲宠物展览会,是目前亚洲地区规模最大的宠物展会。第20届亚洲宠物展览会于2017年8月24—27日在上海新国际博览中心举行。以下是亚洲宠物展览会官方微信公众号2017年8月发布新闻的标题。

 案例3　　展会微信公众号的新闻报道

第20届亚洲宠物展览会微信公众号2017年8月新闻报道的标题如表8-3所示。

表8-3　第20届亚洲宠物展览会微信公众号2017年8月新闻报道的标题

时间	新闻标题	宣传对象
2日	鸡年来搞Ji｜中国首届训鸡公开赛首登亚宠展	主办方
3日	通知:8.5狗狗运动会场地更改至虹桥南丰城	主办方
3日	"冠能杯"五星全犬种电视邀请赛｜中国首场电视直播犬赛	主办方
4日	亚洲宠物展20周年｜听说很多明星要来?	主办方
5日	InnovAction新品新风尚｜亚宠展2017宠物新品抢鲜看	参展商

续表

时间	新闻标题	宣传对象
8日	Pet Fashion Show 亚宠国际时装秀丨秀场新品一览	参展商
	晶品夏夜湿身趴招募开启丨"耐威克杯"狗狗运动会	参展商
	这项"运动赛事"也许你有些陌生丨中国敏捷运动大师赛	主办方
9日	贾乃亮：来亚宠展不玩够不许走！	参展商
	亚洲宠物展20周年丨听说很多明星要来?!	主办方
	"亚洲宠物展"要不要带宠物？这是个问题	主办方
	Ispet 秋冬新品系列曝光丨Pet Fashion Show 国际时装秀	参展商
11日	如果不能带回家 就帮它造个家丨亚宠&极有家旧物捐赠征集	主办方
	优基福利大放送丨女神爱心礼包&美食大比拼	参展商
	Petman 秋冬新品系列曝光丨Pet Fashion Show 国际时装秀	参展商
13日	亚宠新品荐丨这五款德国家居清洁神器 给爱宠过一个洁净无螨的夏季	参展商
	Pet Fashion Show 秋冬新品曝光丨"Fida"一根惊艳全球的中国牵引	参展商
	这项"运动赛事"也许你有些陌生丨中国敏捷运动大师赛	主办方
14日	年度剁手盛宴丨宠物用品一站购 折扣清单抢先看	主办方
	亚宠新品荐丨Dyo迪约带你走进宠物SPA的世界	参展商
15日	淘宝极有家带着"造物节"好店来亚宠展搞事情啦！	参展商
	"约跑"来拿亚宠展门票丨8.19狗狗运动会虹桥南丰城见	主办方
	DOGY POO 哆基朴秋冬新品系列丨Pet Fashion Show	参展商
	你的狗粮"李维嘉"承包了丨疯狂小狗喊你来亚宠展拿10000份狗粮	参展商
16日	八馆图在手 亚展随你走丨2017亚洲宠物展扫货地图公布	主办方
	亚宠展"水中花园主题生态馆"丨带你看不一样的宠世界	主办方
17日	亚宠展搬家后如何快速入场？在哪吃饭？丨逛展实用攻略	主办方
	关注导盲犬，耐吉斯从未停止……	参展商

续表

时间	新闻标题	宣传对象
19日	带着宠物去旅行丨上海携宠吃喝玩乐全攻略	主办方
	DOGISMILE 秋冬新品系列曝光丨Pet Fashion Show 国际时装秀	参展商
	Cheepet 秋冬新品系列曝光丨Pet Fashion Show 国际时装秀	参展商
	华元田田 秋冬新品系列曝光丨Pet Fashion Show 国际时装秀	参展商
20日	憋个大招：年度萌宠网红新势力 周一见	主办方
	Ruffwear 秋冬新品系列曝光丨Pet Fashion Show 国际时装秀	参展商
	优秀"铲屎官"速成大法	主办方
21日	"年度萌宠网红新势力"榜单揭晓丨亚宠展&极有家倾情呈现	主办方
	恭喜中宠股份A股上市 亚宠&中宠携手20载与中国宠物行业共成长	参展商
	来旺找"兄弟" 千里来寻你	主办方
	Alice D 秋冬新品系列曝光丨Pet Fashion Show 国际时装	参展商
22日	七夕新玩法丨来亚宠展看"于朦胧"撒狗粮	主办方
	国民老岳父在亚宠展带着故事等你来	参展商
	京东宠物放大招丨亚洲宠物展20周年见	参展商
23日	密室独处挑战营丨听说来过的人都是哭着回去的	主办方
	@所有人 你有一份亚宠展20周年超大福袋等待领取	主办方
24日	亚洲宠物展参观提醒	主办方

亚洲宠物展微信公众号二维码

说明与评点

(1) 亚洲宠物展微信公众号2017年8月份共发布45篇新闻作品,基本是原创新闻。

(2) 在8月,该公众号只有11天没有发布新闻。为配合展会开幕,从8月9日开始,平均每天新闻发布的数量在3篇以上。

(3) 在发布的45篇新闻作品中,没有宣传展会主题的作品,全部是宣传主办方和客户的作品。其中,宣传主办方的23篇,宣传参展商的22篇,大体各占一半。

(4) 在宣传主办方的新闻中,除《八馆图在手 亚展随你走 | 2017亚洲宠物展扫货地图公布》《"亚洲宠物展"要不要带宠物?这是个问题》《通知:8.5日狗狗运动会场地更改至虹桥南丰城》《亚洲宠物展参观提醒》4篇外,其他是报道展会期间即将举办配套活动。

(5) 在宣传主办方的新闻中,《亚洲宠物展20周年 | 听说很多明星要来?》和《这项"运动赛事"也许你有些陌生 | 中国敏捷运动大师赛》,各发表了两次。

二、会展新闻的报道类型

会展主办方原创生产的新闻作品,可以分为新闻通稿、及时性新闻两类。

(一)新闻通稿

新闻通稿,原指媒体机构(新闻通讯社,如美联社、新华社)将独家采写的新闻以统一的稿件形式提供其他媒体转发。后来,许多企业在市场营销中为统一宣传口径,也向媒体提供新闻通稿。

会展主办方通常在展览、会议或活动开幕时,或在相关的新闻发布会(新闻吹风会)上,向外媒体提供新闻通稿。会展主办方以外的媒体记者(即外媒体记者)拿到主办方提供的新闻通稿后,一般不会照抄照转,而会根据各自需要进行改写,有时候会增加自身采访的内容,然后发表于本媒体上。本章案例4介绍了第122届广交会通过新闻发布会发布新闻通稿后,四家媒体将通稿改写成了自家的报道。

(二)及时性新闻

及时性新闻,指日常最新的消息报道,包括事件报道、专题通讯、人物访谈和新闻评论等体裁。

会展主办方的自媒体如网站、微信公众号,日常登载的新闻基本是及时性新闻。

一般而言,会展主办方原创生产的及时性新闻多为消息报道,篇幅在千字以内;而新闻通稿属于综合性报道,篇幅基本在千字以上。从产量上看,会展主办方的新闻通稿因需求有限,产量很少;而及时性新闻需求旺盛,产量很大。

三、会展新闻的生产方式

会展主办方生产新闻的方式,可以分为原创、整合编辑和转载三种。

(一)新闻作品的原创

原创的新闻作品,指会展主办方自行生产并完全拥有知识产权的新闻作品。

主办方原创新闻作品的全过程,包括新闻主题选定、新闻素材采访、新闻稿撰写及审定和新闻报道发表。

由会展主办方原创的新闻作品,主要是主办方的员工自行写作/创作的新闻作品。主办方以外的人员如外媒体记者,其接受主办方委托写作并以主办方名义发表的新闻作品,也属于主办方原创的新闻作品。

(二)新闻作品的整合编辑

采用整合编辑的方式生产新闻,也可称为新闻改写。其生产方式是,主办方人员围绕新闻主题,将收集到相关素材(包括媒体已经发表的新闻)通过改写形成新的新闻作品。

采用整合编辑的方式生产新闻,其要义是围绕自定的新闻主题,对收集的相关素材通过深入挖掘,进行有所取舍、有所补充、有所剪裁的二度创编,生产一篇新的新闻稿。其中的取舍,指根据主办方自定新闻主题的需要,选用合适的素材,舍弃不合用的素材;其中的补充,指加入写作者自己采访获得的素材,或增加具有个性观察的评述;其中的剪裁,指对收集素材中不准确的信息或不合用的语句进行订正或调整。

这种整合编辑的二度创作,就是按照新闻主题及其报道内容的需要,做到四个"重新",即重新设计新闻的标题,重新排列素材的顺序,重新写作新闻的导语,重新编写连接或贯通关联素材的过渡性文字。在整合编辑新闻稿时,统一文稿的文字风格,也是二度创作的重要工作。

需要注意的是,在整合编辑新闻的工作中,会展主办方的人员不是做相关素材的"搬运工"或"裱糊匠",即不能大篇幅或大段落地照搬照贴他人已经发表的内容。一般认为,以整合编辑方式生产的新闻稿,其利用相关新闻素材(指已经发表的新闻报道)的篇幅不宜超过50%。而且,新闻稿的结构要有大的调整。在图片使用上,要用不同于原始新闻(已发表新闻)的图片。

(三)新闻作品的转载

会展主办方在自媒体上转发其他媒体机构已经发表的新闻作品,就是转载新闻。

转载其他媒体机构已经发表的新闻作品涉及知识产权。原创新闻作品的媒体机构,有的不反对甚至希望被转载,但要求注明新闻来源;有的声明须经授权方同意才能转载;也有的不同意转载。但现实情况中,国内多数网络媒体都会转载其他机构的新闻,会展主办方的自媒体也是如此。

四、会展新闻生产的组织管理

会展主办方的新闻生产必须自行组织。即便是外包服务,如将官方网站、微信公众号、微博等自媒体委托经营与维护(这种情况多见于政府项目,往往是自媒体的外包维护与项目的外包经营有所关联),主办方对服务商生产新闻的工作必须提出明确要求(通过外包服务合同予以约定),而且要指导新闻策划、提供新闻素材和负责重要新闻稿的审查。

会展主办方自行组织新闻生产,需要有科学的管理。

首先,在概念上应将自身视为媒体。既是媒体,生产并传播新闻就是职责所在,业务所需。同时,须按媒体职责遵守相关法律法规。

其次,要建立新闻生产的管理制度。主办方应根据经营管理及其自媒体传播新闻的需要,建立包括新闻内容的边界、主题策划、写稿编辑、审查修改、推送方式等在内的系列制度。新闻内容的边界,指自媒体内容生产的范围。如规定,展会自媒体不生产娱乐性新闻。缺乏管理制度的新闻生产,不但不利于主办方自媒体维护的持续性和规范性,也不利于主办方管控新闻生产的质量。

第三,要配备新闻生产人员。在会展主办方,新闻生产与文案写作业务多有关联,人员配置或在主办方的市场部门,或在展览、会议或活动的项目团队之中。负责新闻写作的岗位称为"文编"。管理规范的主办方,对于"文编"岗位的人员素质、职责范围、工作计划和业绩考核会有明确要求。在自媒体的新闻报道中,"文编"如需出现在作品中,往往自称"小编",而不会如同在传统纸媒般自称"记者"。

第四节 会展主办方新闻写作的方法与案例

会展新闻的写作方法,与通常的新闻写作并无本质不同。

写什么和怎么写,是会展主办方新闻撰写者面临的主要问题。写什么,是要解决会展新闻报道的内容问题;怎么写,是要解决会展新闻写作的技巧问题。

一、新闻素材的收集

写作新闻必须收集素材。所谓素材,指用于写作新闻的原始资料。这些原始资料包括新闻事件的事实、背景、人物以及与此相关的社会反映。没有素材,就写不了或写不好新闻。

如"亚洲宠物展"主办方(上海万耀企龙展览公司)的"文编"人员,为自媒体(网站或微信公众号)写作"亚洲宠物展"配套活动的新闻,就必须收集配套活动组织工作的情况,包括活动名称、内容、举办地点、时间、参与者邀请、工作进度等方面的素材(原始资料)。如果没有素材或缺乏必要的素材,"文编"人员就写不了或写不好"亚洲宠物展"配套活动的新闻。

新闻素材主要依靠撰写者采访获得。所谓新闻采访,指新闻的撰写者通过采集和访问的方式获得写作新闻所需的素材。其中,采集是指查询或汇集与新闻事件相关的素材;访问是指通过走访或拜访(包括电话、微信采访),询问并了解与新闻事件相关的素材。一般而言,采集的素材往往与新闻事件的背景、社会反映有关;而访问的素材往往与新闻事件的事实或当事人有关。这是因为,访问的对象往往是新闻事件的当事人或目击者,故而所获素材多是写作新闻的第一手资料;而采集素材的来源往往是信息平台,如电子图书馆等互联网平台,故而采集所获的素材多是写作新闻的第二手资料,甚至是第三手资料。因此,在互联网时代,有新闻记者将素材采访的方法总结为"采集靠百度,访问靠自己"。

收集会展新闻的素材,需要注意以下问题:

一要围绕新闻报道的主题收集素材。如报道展会期间将要举办的技术交流会,"文编"人员需要收集的相关素材,包括会议的主办者(展会期间的技术交流会,许多并非主办方举办,往往是行业协会、学会、专业媒体或参展企业举办)、会议的内容(包括会议的具体名称)、主讲人、与会人员邀约、举办时间、地点以及相关背景等方面的资料。

二要运用采集和访问相结合的方法收集新闻素材。可先利用互联网采集新闻写作所需的背景资料,而后再根据写作的需要访问新闻事件的当事人或目击者。

三要重视在会展活动的现场收集新闻素材。会展活动的现场是产生新闻较为集中的地方。在会展现场通过采访收集的新闻素材,是第一手资料。这种采访包括撰写者的观察和体验。如本章案例1《法兰克福书展2500平方米展出"中国印刷史"》的报道,北京青年报的记者如不是亲临书展现场,报道的开头就不可能写得那样直观、生动。

四要善于判断素材的真实性和价值。并非收集到的素材都是真实的或有用的。撰写者需要审视素材,下一番去伪存真、去粗取精、由表及里的功夫,再根据写作需要补充有价值的素材。

二、新闻主题的预设与提炼

新闻作品所表现的中心思想,就是新闻的主题。新闻主题是新闻作品的灵魂和精髓。如本章案例1《法兰克福书展2500平方米展出"中国印刷史"》的主题,就是中国主题馆以传统和现代相结合的形式亮相法兰克福书展。

对于会展主办方而言,会展新闻的主题不但要有价值,而且要鲜明而独特。具有价值的新闻主题,既强调新闻对于展览、会议或活动的受众具有吸引力,又强调新闻对于主办方有推广作用。鲜明而独特的新闻主题,要求新闻报道的内容鲜活并具有特色。

会展新闻主题的形成,一般分为两种情况:

一种是预设新闻主题。所谓预设,指主办方通过策划,预先设计新闻报道的内容。这种策划既是主办方对于新闻宣传的总体规划,也是主办方对于每篇新闻所要反映内容的具体要求。会展主办方预设新闻主题之后,"文编"须围绕这个主题收集相关素材,并进行写作。

以"亚洲宠物展"的微信公众号为例,其主办方——上海万耀企龙展览公司"亚洲宠物展"项目的市场部需要提前策划新闻报道的内容,而且要具体到每天安排报道内容。在策划新闻内容时,要明确每篇新闻所需表达的主题。在大体确定内容和主题后,"亚洲宠物展"项目市场部的"文编"就可以有针对性地收集新闻素材,并按计划写作新闻。

一种是提炼新闻主题。所谓提炼,意思为提取和淬炼。在科研或工业领域,从化合物或混合物中获取所需的元素或原材料,必须依靠物理学或化学的方法进行提取或淬炼。所谓提炼新闻主题,是借用科研或工业领域的工艺方法作为比喻。提炼新闻主题,指新闻主题产生于撰写者感知新闻事件的信息之后。如美国记者斯诺的"红星照耀中国"的新闻主题,产生于他亲身前往中国共产党管辖的陕甘宁边区进行大量采访之后;北京青年报记者报道法兰克福书展中国馆的新闻主题,产生于该记者亲临法兰克福书展现场采访之后。

一篇新闻的中心思想,应该贯穿、融汇并隐含于新闻报道之中,而不宜用文字直白地宣示。这类似于文艺作品的创作。小说的中心思想应该贯穿、融汇并隐含于故事之中。如果直白或刻意地在小说中宣示,往往会降低阅读者的兴趣。采用后一种方法创作的作品会被评论界批评为"标语口号式"的作品。

考察会展主办方自媒体新闻生产的实践,我们看到,原创或整合编辑的新闻主题,大多通过预先策划形成。

三、新闻标题的设计

(一)新闻标题的定义与用法

新闻的标题,是在新闻作品的正文之前用于提示新闻内容的简短文句。

新闻的标题,一般是一句话,也可由两句话或多句话组成。两句话或多句话组成的新闻标题,称为多级标题,包括引题、正题或副题。

如人民日报2017年5月26日报道在杭州举办的中国国际茶叶博览会,其标题是《中国好茶 香飘世界 首届中国国际茶博会吸引47个国家参加》。这是一篇两级标题的新闻。其中,"中国好茶 香飘世界"为引题;"首届中国国际茶博会吸引47个国家参加"为正题。

再如浙江日报2017年5月9日报道"广交会"的新闻,标题是《广交会回暖 浙江外贸企业订单多 出口成交增长7.7%》。这是三级标题的新闻。其中,"广交会回暖"为引题;"浙江外贸企业订单多"为正题;"出口成交增长7.7%"为副题。

(二)新闻标题的作用

新闻标题的作用,在于通过点明新闻主题或新闻事件要点,达到吸引读者关注的目的。

在移动互联网时代,通过手机"网读"日益成为新闻阅读的主流方式。在"网读"背景下,读者阅读新闻普遍存在"二八开"现象:大约80%的人只看新闻标题,另有20%的人可能为新闻标题所吸引而点击阅读。由此可见,新闻标题在"网读"中具有吸引阅读的重要作用。

(三)新闻标题的设计方法

会展主办方自媒体发布的新闻,包括提供给外媒体发布的新闻稿,在设计新闻标题时,需要注意以下方法。

1. 紧扣主题,明确点题

在设计新闻标题时,一方面要扣题,即将新闻的主题通过精练的文字体现在标题之中;一方面要点题,即将新闻的核心内容通过标题告知读者。如人民日报《中国好茶 香飘世界 首届中国国际茶博会吸引47个国家参加》这一新闻的标题中,"47个国家参加展会"就是扣题,而"首届中国国际茶博会"就是点题。假如这则新闻的标题设计为《中国好茶 香飘世界 首届中国国际茶博会杭州盛大开幕》,扣题效果显然不如《中国好茶 香飘世界 首届中国国际茶博会吸引47个国家参加》所宣示的展会国际化的意义;假如这则新闻的标题设计为《中国好茶 香飘世界 47个国家参加茶博会》,读者则不能从新闻标题中明了报道的是哪一个茶博会。新闻标题扣题点题不到位,不利于新闻传播。

宣传展览、会议或活动主办方的新闻,应尽可能在标题中标明展会、会议或活动的名称。这是有经验的主办方设计新闻标题时的惯常手法。例如,广交会官方网站2017年5月5日发布了四则新闻,标题如下:

《第121届广交会召开闭幕新闻发布会》;

《广交会反映我国外贸呈现回稳向好和结构优化升级的良好态势》;

《第121届广交会与会采购商数量和质量均有提升》;

《广交会贯彻"一带一路"倡议成果丰硕》。

在这四则新闻的标题中,"召开闭幕新闻发布会""我国外贸呈现回稳向好……态势""采购商数量和质量……提升"和"贯彻'一带一路'倡议成果丰硕"均属于扣题。同时,这四则新闻在标题中都标明了广交会,明确显示了展会名称。

2. 依据内容,虚实结合

新闻标题在表现方法上可分为实题和虚题两种。实题以叙事为主,客观反映新闻的看点;虚题以评点为主,突出反映发布者对于新闻事件的看法。

还要注意,实题可以单独使用,虚题则须与实题搭配使用。如浙江日报《习近平向首届中国国际茶叶博览会致贺信》,就是实题。而浙江日报《广交会回暖 浙江外贸企业订单多 出口成交增长7.7%》就是虚实结合的标题。其中,"广交会回暖"是虚题,反映发布者

(浙江日报)的看法;"浙江外贸企业订单多 出口成交增长7.7%"是实题,客观反映事件看点。如没有实题,这篇新闻标题中所评点的"广交会回暖",就缺乏根据,读者也不可能知道新闻的内容与浙江省外贸行业有关。

3. 注重修辞,力求精彩

修辞,意为修饰文辞。具体讲,修辞就是运用各种语文材料或各种文字表现手法为文稿词句润色,以增强语言表达的效果,使之准确、鲜明、生动,并富有美感。

新闻标题的文句虽然简短,但因其担负"吸睛"重任,所以要通过修辞增色出彩。

会展主办方的新闻以自媒体传播、手机阅读为主,其标题在修辞中需要注意以下问题:

一是,标题字数不宜太多,一般不要超过20个字(包括标题中的空格和标点符号)。供手机阅读的新闻标题,最好控制在10个字左右。

网站、网络搜索工具对于新闻标题的字数都有一定限制,标题太长会造成网站首页或搜索工具显示的标题残缺,从而影响传播效果。

二是,标题文句应言简意赅地表达新闻主题的内涵,避免不知所云、不得要领、晦涩艰深和啰里啰唆。

如报道2017年5月26日在杭州举办的首届中国国际茶叶博览会,如新闻标题仅为《中国好茶 香飘世界》,就属于不知所云。虽然这八个字说的是茶叶,但与首届中国国际茶叶博览会扯不上关系。如新闻标题为《请来杭州喝茶 中国国际茶叶博览会有好茶》,就属于不得要领。虽然茶叶博览会上确有好茶可品,但农业部联合浙江省政府举办中国国际茶叶博览会,旨在促进中国茶业的产业化发展,推动国际行业交流,绝非以茶客品茗尝鲜为办展目的。如新闻标题为《首届中国国际茶叶博览会杭州盛大开幕 1700余家国内外专业客商参展 车俊致辞开幕 韩长赋主旨演讲 袁家军出席》,这48个字的标题就显得冗长啰唆了。

我们来看看相关媒体报道首届中国国际茶叶博览会开幕的新闻标题:

人民日报《中国好茶 香飘世界 首届中国国际茶博会吸引47个国家参加》;

新华社《万种茶类咖啡参展 首届中国国际茶博会开幕杭州》;

中国农业新闻网《首届中国国际茶叶博览会在杭州开幕》;

浙江日报《习近平向首届中国国际茶叶博览会致贺信》;

杭州日报《中国国际茶叶博览会永远落户杭州》。

以上五家主流媒体的新闻标题中,人民日报、新华社采用的是两句话标题,其他采用的是一句话标题。从标题内容看,各家媒体对于中国国际茶叶博览会的关注点虽有不同,但都做到了文字精练,扣题点题。从标题字数看,最长的27个字,最短的15个字。如以"吸睛"的要求加以评论,中国农业新闻网的新闻标题缺乏个性,相对一般。

三是,掌握常用的修辞技巧,简化、活化、美化新闻标题。

新闻标题的文句需要锤炼。这种锤炼一方面是追求新闻标题的扣题点题,一方面是追求新闻标题的言简意赅、文辞传神。

追求新闻标题的言简意赅、文辞传神，首先，要做到新闻标题文通字顺，不是病句、错句，不引起歧义。这是修辞的原则，或者说是最基本的标准。

其次，要下功夫新闻标题的文句炼字炼句。这种功夫就是修辞学上常说的"推敲"。

"中国会展集训营"微信公众号对2015年12月在上海举办的第六期活动所发的四篇新闻稿，标题如下：

《三年六期 中国会展集训营的"两气"特色》；

《有图有真相 朱家角集训场景发你看》；

《政府展改革 第六期集训营"干货"晾晒》；

《陈先进分享国际展览业发展趋势分析 展望2030年》。

会展集训营微信公众号

以上新闻标题的文句，都经过认真锤炼，反复推敲。

再次，要运用修辞手法提升新闻标题的生动性、鲜活性，体现文辞的时代气息和美感。

文字对仗、词组搭配、讲究语序，是新闻标题修辞所惯用的手法。如"中国会展集训营"微信公众号以图片新闻的形式对第十一期活动（2017年8月在昆明举办）进行的回顾报道，连续三篇的新闻标题分别是《济济一堂 孜孜以学 昆明集训营场景分享》《循循善诱 累累干货 昆明集训营场景分享》和《多多交流 满满收获 昆明集训营场景分享》。这三篇采用图片报道的新闻标题设计，不但在文字风格上保持了一致性，而且刻意将每个标题开头的八个字分为四个字一组，每一组开头的两个字全部采用叠字，增强了趣味性。

为了吸引青年读者，在新闻标题中使用网络流行语言，卖萌逗趣，已成为"网读"传播的一大趋势。如"亚洲宠物展"微信公众号2017年8月的新闻，《优秀"铲屎官"速成大法》《贾乃亮：来亚宠展不玩够不许走！》《你的狗粮"李维嘉"承包了｜疯狂小狗喊你来亚宠展拿10000份狗粮》等，就属于这一类标题。其中，"铲屎官"指爱猫爱狗人士，是网络用语；贾乃亮、李维嘉是娱乐明星，为广大青年粉丝熟知。

此外，提问式、场景式的新闻标题也能吸引关注，如《"亚洲宠物展"要不要带宠物？这是个问题》（"亚洲宠物展"微信公众号新闻标题）、《美食酷饮轮番登场 行业争霸激战正酣》（上海国际酒店用品博览会微信公众号新闻标题）。

四、新闻正文的写作

新闻正文是在新闻标题之后正式的新闻内容，一般由导语、主体、结语和背景四部分组成。

(一)新闻导语的写作

新闻的导语,指新闻正文开头的第一段文字,用以反映新闻事件的要素和主要"看点",起到引领受众阅读的作用。

写作新闻导语,需把握三个要点:

一是,配合新闻标题,介绍新闻事件"六要素"("6个W")中最重要的内容。

 案例4 展后新闻报道

第五届进博会有哪些成果?一组数字带你看

第五届中国国际进口博览会于10日闭幕。本届进博会共有145个国家、地区和国际组织参展,举办了24场虹桥论坛活动,284家世界500强和行业龙头企业参展。从11月5日开始到10日闭幕,本届进博会有哪些成果?一组数字带你看。

多个首次

首次搭建"数字进博"平台

第五届进博会首次创新搭建"数字进博"平台,在线提供云展示、云发布、云直播、云洽谈、云签约服务,吸引368家技术装备企业线上参展,组织直播或转播活动64场,浏览量达60万次。

首次为参会主体进行颁奖

主办方举行中国国际进口博览会五周年颁奖仪式,公布了连续4年、5年参展的企业、机构以及采购团名单。50家单位获进博会突出贡献奖。

全球十五大药企巨头首次齐聚

进博会医疗器械及医药保健展区吸引全球十五大药品巨头、十大医疗器械企业参展。

438项代表性首发

来自127个国家和地区的2800多家企业参加企业商业展;展示438项代表性首发新产品、新技术、新服务,超过上届水平。

按年计意向成交735.2亿美元

截至今日12时,累计进场46.1万人次。本届进博会按一年计意向成交金额735.2亿美元,比上届增长3.9%。

69个国家和国际组织亮相线上

本届进博会还举办了线上国家展,69个国家和国际组织参加,累计访问量达到5900万次。

284家世界500强和行业龙头企业参展

共有284家世界500强和行业龙头企业参展,数量超过上届,回头率近90%,展台特装比例达到96.1%,均高于上届水平。

食品及农产品展区参与企业来源最广、数量最多,共有104个国家的1076家企业参展。

汽车展区突出智能低碳,展示全球汽车工业最新发展成果。

技术装备展区聚焦"双碳"、集成电路、人工智能等热点领域,集中展示前沿技术和高端装备。

消费品展区发布了众多首发展品,积极倡导绿色可持续生活方式。

服务贸易展区汇聚39家世界500强和行业龙头企业。

创新孵化专区153家科技创新小微企业集中展示创新产品。

98场配套现场活动成功举办

98场配套现场活动成功举办,涵盖政策解读、对接签约、产品展示、投资促进、研究发布等多个类别。

展中贸易投资对接会累计达成合作意向293项,意向签约总金额超59亿美元。

组织82场集中签约活动,达成意向合作超过600项。

开展94场新品发布活动,展示171项前沿科技产品。

人文交流活动总展示面积增至3.2万平方米,为历届之最。

715家机构参与展示,参展单位数量较上届增长16%。

多家艺术表演团体共呈现54台高水准文化公益演出。

第六届进博会企业展招展工作已全面启动

在2022年中国国际进口博览会参展商联盟大会上,近60家企业和机构现场签约第六届进博会,已有70多家参展商联盟成员确认参加第六届进博会。

目前,第六届进博会企业展招展工作已全面启动,企业签约报名展览面积超过10万平方米。

(来源:2022年11月10日央视新闻客户端)

说明与评点

(1)这是中央电视台2022年11月10日对于第5届中国国际进口博览会的报道。进博会于当天闭幕,故而此篇新闻可以看成展后报道。

(2)此篇新闻以多个小标题介绍第五届进博会的成绩(在"多个首次"标题下安排四个小标题,介绍第五届进博会上四方面"首次")。

(3)报道以统计数据反映进博会成就,回应了新闻标题《第五届进博会有哪些成果?一组数字带你看》。

(4)此篇新闻不到1100字,但分为30多个段落,有的段落只有一句话。这种写法在当今新闻报道中越来越多见。这种写法看似简单,但需要记者在撰写前大量收集素材,并分门别类梳理。

(5)此篇新闻是央视报道,具有电视口播新闻特点,而且配有视频画面,较之图文报道更加直观生动。本案例可以为会展机构视频新闻报道文本写作借鉴。

(6)提问:作为央视的视频新闻报道,此报道是先有视频资料、再写报道文本,还是先有报道文本、再收集视频资料?

《第五届进博会有哪些成果?一组数字带你看》,是央视新闻客户端2022年11月10日发表的报道。其新闻导语是该报道的第一段文字:"第五届中国国际进口博览会于10日闭幕。本届进博会共有145个国家、地区和国际组织参展,举办了24场虹桥论坛活动,284家世界500强和行业龙头企业参展。从11月5日开始到10日闭幕,本届进博会有哪些成果?一组数字带你看。"

作为展后报道,这一导语将此篇新闻"六要素"("6个W")中最重要的内容提炼出来:

一是Who(何人)——第五届中国国际进口博览会;

二是When(何时)——11月5日开幕,11月10日闭幕;

三是What(何事)——145个国家、地区和国际组织,284家世界500强和行业龙头企业参展,举办24场虹桥论坛活动。

四是Where(何地)——进博会定址上海举办,已连续举办五届,故而导语没有交代举办地。

导语用"本届进博会有哪些成果?一组数字带你看"结尾,起到了点题作用。

二是,简明导引,为之后更多的新闻内容提供铺垫。

《第五届进博会有哪些成果?一组数字带你看》的导语仅用了100个字,没有使用一个形容词。但145个国家、地区和国际组织、284家世界500强和行业龙头企业参展,举办24场虹桥论坛活动的介绍,以及结尾的"本届进博会有哪些成果?一组数字带你看"这句话,对导语之后的报道内容作了铺垫,可以引发受众的阅读兴趣。

新闻导语的写作,还可以参看案例5。

 案例5　展后新闻报道

内含案例说明与评点

从消博会看消费新趋势 "高、新、优、特"产品备受消费者青睐

三是，运用写作技巧，增强可读性。

为使新闻导语生动活泼，引人入胜，可以采用场景、故事、提问或评论，甚至"借题发挥"等方式开头，以获得别开生面的效果。

——以场景开头，如北京青年报2009年10月14日报道《法兰克福书展2500平方米展出"中国印刷史"》的新闻导语：

> 世上竟有如此山水：一张长约39米的宣纸，蜿蜒成"山"；1100个大型木活字，堆砌成"池"；池水约20平方米见方，不断有墨"滴"入水，由浓转淡；水墨交融时，一个个汉字浮现……这，便是第61届法兰克福书展主宾国主题馆；它，以"中国"命名。2500平方米的中国主题馆，成就了本届书展上的最大亮点，也成就了中国出版印刷史最大规模的一次海外展示。

——以故事开头，如"中青网"2019年5月14日报道《消费在海南》的新闻导语：

> 海南海口，中国国际消费品博览会新疆馆展区，"95后"新疆姑娘阿丽耶头戴一朵新疆棉花，在会场推介自己设计的民族潮牌服装。她介绍，作为被邀请的创业公司，政府负担了绝大部分的参展费用。

——以提问开头，如《杭州日报》2014年11月12日《世界互联网大会为什么选址乌镇》的新闻导语：

> 由国家网信办和浙江省人民政府主办的首届世界互联网大会将于11月19日至21日在浙江乌镇举行。不仅如此，今后，乌镇将作为世界互联网大会的永久会址。这两天，进入乌镇，随处可见"世界互联网大会"的宣传海报。不少游客惊讶，一个是江南千年古镇，一个是前沿的科技产业，这两者怎么就搭上界了？

——以评论开头，如新华社2017年10月15日《第122届广交会昨日开幕 感知中国外贸"暖气"》的新闻导语：

> 在广交会琶洲展馆，正呈现出一墙之隔内外"冷热两重天"的现象：展馆外，广州气温骤降，风冷雨急；展馆内，全球采购商摩肩接踵，热闹非凡。

——以"借题发挥"方式开头，请看案例。

案例6 展前新闻报道

内含案例说明与评点

消费市场回暖　珠宝世界流光溢彩

（二）主体、结语和背景的写作

1. 新闻作品的主体、结语和背景的定义

新闻的主体，是叙述新闻事件、阐发作者观点的主要部分，旨在反映事件的全貌，体现报道的意图。

新闻的结语，一般指新闻结尾的一句话或一段话，起到总结报道的作用。

新闻的背景，用于介绍被报道事件的历史情况或当下发生的原因，其可以在主体部分叙述，也可以专门叙述。

新闻的标题、导语和主体，是所有新闻作品不可或缺的内容，而新闻的结语和背景并非新闻作品必须的内容。如案例1《法兰克福书展2500平方米展出"中国印刷史"》属于主体、结语和背景内容俱全的新闻，而案例5《从消博会看消费新趋势 "高、新、优、特"产品备受消费者青睐》，就只有主体的内容，而没有结语和背景的内容。

2. 写作新闻的主体、结语和背景需要注意的问题

一是，按"六要素"（"6个W"）叙述新闻事实，将新闻事件的人物（或对象）、时间、地点、经过、原因和结果一一交代清楚，避免遗漏。

二是，为体现新闻主题而谋篇布局，然后有逻辑、分层次、有重点地展开新闻事件的报道。在写作中，要避免报道内容的重复或矛盾。

三是，根据需要介绍新闻事件的背景或结语。背景介绍须与新闻事件密切相关，但在篇幅上不能喧宾夺主。结语须有实质性内容，如案例4《第五届进博会有哪些成果？一组数字带你看》的结语："在2022年中国国际进口博览会参展商联盟大会上，近60家企业和机构现场签约第六届进博会，已有70多家参展商联盟成员确认参加第六届进博会。目前，第六届进博会企业展招展工作已全面启动，企业签约报名展览面积超过10万平方米。"这一结语，不但介绍了第六届进博会筹备工作的开展情况，而且披露了第六届进博会的招商成果。

凡缺乏内容价值或内容可有可无的结语，应尽量不写，以免画蛇添足。

四是,把握会展新闻"软文"写作的特点,一般不涉及批评或针砭的内容。

"软文"写作,源于广告业,是与"硬广告"(也称为硬性广告)相对应的概念。"硬广告"指企业在媒体上发布的广告作品,如电视台播放的某一汽车品牌的广告片、报纸登载的某房地产开发商的售楼广告、电影院售票厅悬挂的某部电影的海报,等等。相对于"硬广告","软文"不是单纯的广告,而是采用文字形式对产品进行的新闻宣传。

会展主办方自行生产的新闻作品基本属于"软文"写作。这种新闻报道不会写入不利于主办方的内容。必须指出,"软文"虽具广告意味,但写作内容必须有事实依据,不能虚构。

五、新闻通稿的写作

会展主办方的新闻通稿,主要用于新闻发布会、路演或项目运行的某个时段(如展览开幕之前或之后)的宣传。

新闻通稿主要向媒体记者散发,旨在满足前来采访的媒体记者写作新闻稿的需要。

会展主办方写作的新闻通稿,一般在1500—3000字,属于篇幅较大的新闻稿。在写作中需要注意以下问题:

一是,服务于主办方宣传项目的需要,应避免自说自话,拔高宣传。

如某主办方为新办展览项目造势而举办新闻发布会,其邀请外媒体记者与会,自然是希望受邀媒体能够发稿报道。主办方所提供的新闻通稿,一方面要全面介绍创办新展的意图、组展情况,另一方面要满足记者的需要(不同媒体对于新办展览项目的关注并非一样),介绍适于媒体报道的项目热点或亮点。如果主办方提供的新闻通稿只反映自己想宣传的内容,而且自吹自擂、自我拔高,而缺乏记者想报道的内容,被记者采用的可能性就很低,甚至会引起他们的反感。

二是,综合、全面地介绍项目信息,应避免内容单薄,空泛议论。

主办方应根据会展项目的进展情况和宣传需要,在新闻通稿中提供可供报道的事实(这些事实应该真切、丰富),而不应大讲概念,空洞宣传。用大量篇幅讲述项目的意义,在表达上充斥和堆砌自以为"高大上"的概念或形容词,对记者所关心的相关事实却语焉不详或轻描淡写的通稿不但对记者的写稿少有帮助,反而可能引起质疑。

以展会期间的新闻通稿为例,其应综合、全面地介绍展会信息,一般包括参展展品、现场活动、展览亮点、权威人士应邀出席、现场服务措施以及相关背景等方面的内容;要善于使用数据印证报道的内容,如通过展览总面积、参展商及展位和观众数量的历史比较,加深媒体印象。

三是,分类叙事,锤炼标题,应避免颠三倒四,杂乱无章。

由于新闻通稿的篇幅较大,所包含的内容较多,在写作时应通过划分段落,分类叙事。为方便阅读,每个段落(不是指文章中的自然段,而是按内容形成的段落)要设置一个小标题。如果不按叙事内容分类分段写作,难免层次不清、素材打搅。如果不在每个段落设置小标题,一文贯底则不利阅读。

新闻通稿的标题,无论是新闻的总标题还是其中区分段落的小标题,都需要用心设计。小标题在设计上应追求文字风格的统一。

 案例7　　展会新闻通稿及媒体报道

内含案例说明与评点

第 122 届广交会召开开幕新闻发布会

 案例8　　展前的新闻通稿

内含案例说明与评点

FMC China 2012 现场活动 多样 精彩 聚焦热点

 案例9　　会前新闻通稿及媒体报道

内含案例说明与评点

世界足球大会暨展览新闻通稿及媒体报道

六、及时性新闻的写作

会展主办方的及时性新闻以展览、会议或活动的开幕时间为节点,分为前、中、后三个阶段的新闻。如展览新闻分为展前、展中和展后新闻。其中,因项目操作时间一般在半年以上,为服务项目的营销推广,展前新闻的数量远远多于展中和展后新闻。

会展主办方的及时性新闻以宣传对象划分,大体分为宣传主办方、项目主题和客户三类(宣传对象的分析详见本章第三节)。其中,宣传客户的新闻在数量上是最多的。

会展主办方及时性新闻的写作,需要注意以下问题。

一是,主题选择"切口"要小,应避免大而无当或面面俱到。

拥有自媒体的会展主办方,无论这些媒体是按日维护(日更)还是按周维护(周更),其新闻生产的数量都很大。如"亚洲宠物展"的微信公众号2017年8月发表新闻的数量就达45篇!为保证新闻生产长流水、不断线,在主题选择上不宜"求大"(指新闻主题一味追求"高大上")或"求全"(指新闻内容包罗多个方面),而应围绕项目的进展从不同角度生产新闻,将"高大上"或综合性的大主题细分为若干小主题,以适应新闻产量的需要。

二是,篇幅要短小,应避免冗长"害读"。

提供"网读"特别是手机"碎片化"阅读的新闻,每篇不宜超过1000字。新闻篇幅太长会降低读者的兴趣。

三是,标题设计要新颖,应避免平庸老套。

如"亚洲宠物展"的微信公众号上的新闻标题,十分注意贴近宠物展的受众,求新求变,因此很能吸引"粉丝"眼球。

以下案例,分别介绍展前、展中、展后新闻以及宣传主办方、宣传项目主题和宣传客户三种类型的报道。

 案例10 展览开幕的新闻报道

世界六大直升机巨头齐聚天津 国产直升机将朝高速化方向发展

新华社天津9月14日电(记者 邓中豪 杨庆民) 第四届天津直博会14日在天津空港经济区正式开幕,美国贝尔等世界六大直升机主机厂同台亮相。专家指出,未来国产直升机将朝着高速化、智能化方向发展。

据天津空港经济区管委会主任杨兵介绍,天津直博会是中国唯一的由国务院批准的国际直升机专业展会,也是世界上唯一具有飞行表演的直升机展会。经过前三届的成功举办,天津直博会已成为全球第二大、亚洲最大直升机专业展,初步形成"南有珠海航空航天综合展,北有天津直博会直升机专业展"的格局。

在本届直博会,世界六大直升机主机厂——法国空客直升机、美国贝尔、美国西科斯基、意大利阿古斯塔、俄罗斯直升机、中国直升机同台亮相。

展会重点展示国内外先进的直升机整机、发动机、机载设备、无人机、模拟器、零配件、地面设备和配套服务等。展场面积共16万平方米,共计有来自全球22个国家和地区的400余家企业参展。参展参演飞机98架,飞行模拟器14台,大比例飞机模型15架,发动机展品8台,特种车辆9辆,智能机器人4台。标志着中国重型直升机研发的新起点的航空工业重型直升机模拟舱在此首次展示。

中航工业直升机设计研究所所长助理方永红表示,近年来我国直升机产业取得长足发展。目前,我国直升机行业在理论研究方面与世界先进水平差距不大,但在应用领域还有一定的差距。方永红表示,可垂直起降、悬停是直升机的优点,但在快速飞行方面也存在明显的不足,这一缺点在高铁提速的背景下就更加明显。未来国产直升机要朝着高速化、智能化方向发展,以适应多元化的任务。

近年来,作为天津直博会永久承办地的天津空港经济区航空产业迅猛发展,已成为中国最重要的航空产业基地之一。2016年,天津空港经济区实现航空产业产值超700亿元,预计到"十三五"末,航空产业规模将突破1000亿元。

说明与评点

(1)这是新华社对于中国天津国际直升机博览会的展中报道。其标题聚焦世界六大直升机主机厂齐聚天津,同时强调国产直升机产业的发展。

(2)这篇新闻没有报道展会开幕式以及展会现场的情况,而是在介绍参展客商和展品情况后,用了40%的篇幅介绍中国直升机产业的发展情况,同时介绍天津发展航空产业的情况。这是典型的背景报道,旨在说明举办直升机博览会以及举办地选址天津的意义。

(3)这篇新闻仅700余字,语言简洁,每个自然段各说明一层意思,写作逻辑十分清晰。

(4)这篇新闻的不足之处在于,未在新闻导语中使用中国天津国际直升机博览会的全称,而是直接使用天津直博会的简称,会令不熟悉这个展会的读者有所困扰。

案例 11   展前新闻报道

内含案例说明与评点

 2017 中国包装容器展　倾心打造品牌终端用户包装采配对接会

 案例 12   宣传客户的新闻报道

天威墨水"彩动"上海国际广告展

美通社 2012 年 7 月 26 日电　7 月 11—14 日,全球规模最大的广告标识展览盛会——第二十届上海国际广告技术设备展览会在上海新国际博览中心隆重举行。全球最大通用耗材制造商天威之中国销售公司天威泛凌,以"绿色彩动世界"的缤纷特装展位,大幅面墨水、纺织墨水及其应用产品参展,吸引了大批参客户驻足、咨询。

灵动的鹦鹉叼起"绿色彩动世界",绚丽彩格展示自然的纷繁——"创意"与"环保"水乳交融的结合,使天威展位成为此次上海广告展的亮点。为了让买家拥有更真实全面的体验,天威将丰富的墨水应用制品带到了现场。天威墨水输出的相册打印清晰、色泽纯净鲜亮、饱和度高,吸引不少婚纱摄影业的客户。以画卷展示的名家画作,在天威墨水精细的表达下,充满艺术感染力。穿梭于天威展台的靓丽模特,身着数码打印的真丝裙,成为天威墨水的"活广告",引得客户纷纷走进展台,与她们互动,并去看更多面料输出品的效果。

天威此次展出大幅面及纺织墨水两个系列,天威大幅面墨水以其色泽纯净鲜亮、饱和度高、图像还原性能优秀、适合多种介质打印的优势,在广告影像行业素有口碑并应用广泛;而纺织墨水系列中的热转印墨水及活性墨水,广泛应用于各种纺织面料,与传统印染工艺比较,小批量生产更节约成本、更环保,再加上色牢度、层次上的出色表现,成为纺织印花行业不少客户的信赖之选。

据天威参展人员介绍,天威墨水原料来自国外知名供应商,墨水经过多重微过滤和十万级无尘灌装,性能稳定,颗粒精细,流畅性一流,呵护打印头,尤其是精密设计的配方体系,可以与国内外的主流介质匹配,适应面非常广泛。

为期四天的展览,给天威及客户提供了充分接触的机会。在实地考察了天威墨水的品质及效果后,一些客户表达了合作意向,也有不少客户表示有兴趣到天威墨水基地——珠海进一步参观了解。

(来源:珠海天威泛凌贸易公司)

说明与评点

(1)这是一篇展后新闻报道。新闻稿的提供者——珠海天威泛凌贸易公司,是第二十届上海国际广告技术设备展览会的参展商。"天威墨水"是珠海天威飞马打印耗材公司的产品。天威泛凌贸易公司是珠海天威飞马打印耗材公司的产品代理商。代理商代表生产商参展,在国内外十分普遍。

(2)这篇700余字的新闻,从标题到导语再到正文,通过场景化的描述,以生动的笔调介绍"天威墨水"的性能。这篇新闻没有报道上海国际广告技术设备展览会的情况,也没有旁及其他参展商的情况,而是从头至尾专注于"天威墨水"的宣传。

(3)新闻标题《天威墨水"彩动"上海国际广告展》,扣题点题,修辞传神。新闻正文中没有背景报道,最后一个自然段为结语。

(4)这篇由参展商提供的新闻稿,旨在推销其所代理的"天威墨水"。虽然是展后报道,但经美通社采用后,国内诸多媒体纷纷转载,扩大了新闻宣传效果。由此可见,自媒体必须和外媒体相结合,才能令新闻传播的效果最大化。

案例 13 宣传展览主办方的新闻报道

内含案例说明与评点

杜塞尔多夫展览(上海)有限公司
2017 年强劲增长 业绩飘红

七、人物访谈新闻的写作

人物访谈报道是及时性新闻的一种。其写作难度高于事件类新闻(如报道展会开幕、展商参展展品、展会配套活动等),且日益受到会展机构自媒体重视(甚至成为会展主办方营销服务的收费项目),故单独介绍写作方法。

通过采访特定人物,以人物的言论及其相关内容所做的新闻报道,即为人物访谈报道。

会展主办方自媒体采访的特定人物,主要有三:与展会主题相关的行业专家、参加展会的客商负责人和展会主办方及其项目负责人。这些人物均与会展项目有关,都可对项目发展产生影响力。

"文编"人员写作人物访谈新闻稿应掌握以下方法。

(一)预约对象,商洽采访时间与形式

采访须提前预约,因被采访的对象或是专家,或是单位负责人,预约除表示尊重外,关键是要获得应允。如获采访对象同意,"文编"须立即与其约定采访的具体时间及形式。

采访形式分为面对面、电话和书面三种。线上的视频访谈,是面访+电话访谈的新形式。视频访谈的资料可以剪辑成为人物专访的视频新闻报道。

(二)了解背景,拟定采访提纲

了解被访者的背景,对于人物访谈及其新闻写作具有重要意义,是基础性工作,不可或缺。被采访者的背景可从三方面了解:

(1)被访者的个人情况。

除了解年龄、性别、职务、履历等基本情况外,其思维习惯、工作方式、沟通特点等情况也应尽可能了解。这种人物画像式的了解,对于融洽采访气氛、扩展采访话题、获得有价值的内容大有益处。

(2)被访者所在单位的情况。

以采访参展商负责人为例,其所在单位的情况一般包括企业创办时间、经营范围、主要产品、在相关行业的地位等情况。了解这方面情况,不但可以增加访谈的深度,而且可以让被访者认为采访者懂行,有专业素质。

(3)与采访新闻内容策划相关的现实状况。

仍以采访参展商负责人为例,相关现实状况一般包括企业所在行业的发展趋势、市场动态、企业近期发展等方面情况。了解这方面情况,有利于访谈抓住要点、贴近被访者发声的需求。

想要了解被访者的背景,除通过网络检索相关资料外,还可以询问熟悉被访者的人(如在主办方内部询问熟悉被访者的同事)。

在收集被访对象背景资料的基础上,"文编"在采访前应拟定采访提纲。采访提纲由访谈的问题(提问)组成。提纲中的问题应按逻辑顺序罗列。提问要具体,可以设置前提。如采访参展商负责人的参展诉求,可以这样提问:"2023年国家调整疫情管控措施,贵公司对恢复线下展会有哪些创新举措"。其中的"2023年国家调整疫情管控措施",就是设问的前提。

案例 14　　人物采访提纲

展会自媒体采访参展商负责人的提纲

一、今年是贵公司创办20周年,贵公司"十四五"时期的发展目标是如何规划的?

二、科技部前不久授予贵公司新产品开发奖项,这种新产品的市场前景如何?

三、贵公司已是连续三届参加我们的展会,今年展览面积扩大为90平方米,参展对于企业市场营销有哪些积极作用?

四、您是高校教师下海办企业的成功人士,今年又当选全国行业协会的副会长,您创业成功的经验是什么?

说明与评点

(1)从这一提纲中,可以明显看出"文编"详细做过被访者的背景调查。

(2)提纲中的前两个问题是此次采访的铺垫,第三个问题是采访的关键,旨在体现展会主办方自媒体新闻宣传的意图。第四个问题则显示了人物专访的特征,意在突出被访者。许多被访者非常看重自我形象的宣传。

(3)采访提纲拟定的问题不宜少于三个超过五个。少于三个,难以获得撰写新闻所需要的素材;多于五个,则可能因占用被访者较多时间而引其不悦。

(4)采访提纲实际是写作提纲的反映。一般规律是,采访思路由新闻写作思路导引,访谈获得的素材就是写作报道所需要的素材。

采访提纲应在采访前发送被访者。为慎重起见,应通过电子邮箱将提纲发送对方(以利保存查阅)。提前发送提纲,除便于对方准备外,也是征求采访意见。如对方认为提纲所列问题不妥,可以在采访前协商修改。

(三)访谈交流,获取写作素材

在采访中,能够与被访者直接交流是理想状态,无论这种交流是线下还是线上(包括电话交流)。直接交流所获得的信息往往会超出采访预期,甚至会有意外收获。这些超出采访提纲的收获,可以对新闻稿写作产生增光添彩的作用。如在参展商负责人的办公室里,"文编"发现其书柜中有大量的历史书籍,就可以此作为话题开聊,并将一位喜读史书的企业家形象写入采访稿中。

由于参展商来自各地(甚至境外),当面采访的机会不多(展会现场是面对面交流的重要场合。因此,会展主办方要安排"文编"多在展会现场进行采访)。故而视频采访和电话采访成为直接交流的主要途径。无论是哪种形式的直接交流,"文编"都需要做好记录。

录音是保存原始记录的好方法。

书面采访是在直接交流不能实现情况下的选择。其好处是,被访者可以文本方式较为准确地回复采访提问。但实际上,许多被访者不愿意作文答问。因此,书面采访完成率偏低。

(四)写作中"三要",体现访谈新闻特点

一要设计好标题。在标题中要突出被访者的姓名或单位名称,以体现专访报道的特色。如新华社2021年11月6日发表的《专访:进博会创造双赢局面——访全球知名投资人吉姆·罗杰斯》,就是人物专访新闻的典型标题。

二要遵循访谈提问的逻辑。按照采访提纲或直接交流中提问的顺序写作,是人物专访新闻稿写作的一般规律。

三要较多反映被访者的言论。被访者的言论应成为报道的重点,占主要篇幅,"文编"的叙述起辅助作用。

案例15　人物采访新闻报道

专访:进博会创造双赢局面——访全球知名投资人吉姆·罗杰斯

华社纽约11月6日电　全球知名投资人吉姆·罗杰斯日前在接受新华社记者视频专访时表示,中国举办第四届中国国际进口博览会充分展现了中国对外开放的决心,进博会将创造双赢局面。

罗杰斯说,在中国上海举办进博会是一个非常好的做法,是一个创新之举。他说:"扩大贸易往来、促进繁荣是一种绝对明智的做法。"

"我曾在多次演讲中倡导开放的益处。我一贯认为,我们开放得越多,交易越多,互动越多,我们就会过得越好。贸易往来越多,朋友就越多。"罗杰斯说。

"如果中国从甲国进口更多的产品,甲国可能也会从中国购买更多的产品,"罗杰斯说,"这是双向的,而不是单向的。"

罗杰斯强调:"在过去几十年里,中国因实行开放而使一切局面都发生了改变。这对中国和世界都有好处。"

罗杰斯指出,中国已经成为世界第二大经济,具有举足轻重的地位。虽然在前进的道路上,中国难免也会面临一些挑战,但中国政府正在采取有力措施解决。

罗杰斯鼓励更多的商人参加进博会。"我从1984年就开始踏足中国。我热爱中国,初心不改,还将继续关注和热爱中国。我的两个女儿能说一口流利的普通话,因为我和她们都对中国的未来充满了热情和期望。"他说。

说明与评点

(1) 案例中的专访是在美国纽约完成的。但专访交流的内容是关于2021年11月5日在中国上海开幕的中国国际进口博览会。可以推断,专访并不是在此文发表的当天进行的,而是早于进博会开幕前的某天。专访是新华社常驻美国记者王建刚通过视频进行的。

(2) 此稿基本是由全球知名投资人吉姆·罗杰斯在采访中的言论构成的。新闻全篇以罗杰斯说或罗杰斯强调、指出,导引罗杰斯在采访中回应记者提问的言论。

(3) 新闻稿最后一个自然段,是此篇报道的结语,虽然没有直接关联进博会,但显现了被访者对中国的情感,而且有故事,为报道增光添彩。

(五)提请审阅,收集图片

人物专访新闻稿完成后,"文编"一定要提请被访者审阅。这样做的好处,除表示尊重外,还在于防止报道稿记载有误(包括纠正可能发生的技术性错误,如将被访者职务、设备名称、产品型号、专业术语或事件情节写错)。

人物专访新闻稿在会展主办方自媒体上的发表时间,一般根据主办方营销宣传需要而定。编发新闻前,"文编"应主动请被访者提供包括其本人近照在内的图片,以便用于采访稿的美编。被访者本人的近照,一般不是登记照或生活照,而以工作照为宜。如是在展会现场采访,应及时拍摄采访场景,以便发稿时配图。

在采访报道发布后,"文编"应在第一时间将报道(一般是电子稿)发送被访者。

案例16 展会现场采访新闻稿

专访杨××:中国红外热成像技术必将赶超世界先进水平

近年来,光电子信息工程科技的发展带动了航空航天、新材料、智能制造、生物技术等技术领域的加速演进,同时,光电子信息技术也对现代社会的发展起到了基础支撑作用。

8月5日,在2019年中国(北京)国际高新技术交流展洽会暨第十一届光电子·中国博览会上,北京蓝思泰克科技有限公司研发总监杨天领在接受环球网科技专访时表示:"虽然我国红外热成像技术起步较晚,但中国红外热成像技术必将赶超世界先进水平。"

北京蓝思泰克科技有限公司是专业从事红外热成像镜头的科技企业。公司业务涵盖红外热成像镜头的设计、制造、销售、装配等各个环节,成立至今已有十几年了。杨天领介绍称:"红外热成像原理与我们日常手机拍照所运用到的可见光成像原理有所不同。在自然界中,有温度的生物体会以红外光的形式将自身的热量发散到周围环境中,如果能将这些发散到空中的含有热量的红外光通过红外探测器进行收集,并通过镜头汇聚成像,便是我们常说的红外热成像技术。红外热成像技术最终所反映出来的是该生命体的温度信息,不同的温度在成像上的亮度也有所差异,温度越高、亮度越大,反之则越暗。"

中国红外热成像技术起步很晚,真正进入大众视野是在2003年"非典"期间。当时严峻的医疗环境要求医护人员在尽量不接触病人的前提下监控病人的体温,于是红外体温计便进入大众视野。这种体温计利用红外线技术,在不紧密接触的情况下便能吸收人体辐射的红外线,将红外热辐射聚焦到检测器上。检测器将辐射功率转换为电信号,该电信号在被补偿环境温度之后以摄氏度为单位显示在屏幕上。这种新型体温计因其无须直接接触的特性,极大地降低了医护人员被感染的风险,保护了医护人员的安全。借助这次机遇,我国的红外热成像技术也获得了一次快速发展的好机会。

"随着红外热成像技术日渐成熟,红外镜头技术也取得了长足的进步。现在,我国已经可以独立研发与国际主流对标的各种形式的红外镜头。当前,红外镜头已经成熟地运用在医疗卫生、安防监控、森林防火、电力巡检等多个领域。中国的红外镜头研发制造在全球已经处于领先行列,因此中国红外安防的集成商在全球也处于上游水平。"杨天领补充道。

谈及未来中国红外热成像技术的发展,杨天领表示,"红外热成像技术与红外镜头技术的发展应当是相辅相成的。随着国内红外探测器技术的发展,西方世界对我们的技术封锁被逐步打破,中国国产的红外探测器产品已经可以正面对标西方老牌产品,丝毫不落下风。当前,中国国产的红外镜头完全能够胜任主流的民用应用,也已经出口到全球多个国家和地区,服务很多应用场景。但在更高端应用市场上,我们的产品与西方先进产品水平还存在一些差距,我们还需跟随先进技术的发展而努力提高自身的水平,不断向前"。

说明与评点

(1)这是中国(北京)国际高新技术交流展洽会暨第十一届光电子·中国博览会(该展会2019年8月5日在北京举办)的主办方"文编"在展会现场进行人物采访后发表的新闻报道。

(2)此稿的采访对象杨先生,系北京蓝思泰克科技有限公司研发部总监。该公司系参展商。

(3)稿中被采访者言论较多涉及红外热成像技术,专业性非常强。"文编"若是外行难与被访者交流。

(4)此稿发表于展会主办方官方网站,请浏览 https://www.cipeasia.com/article/489,参看报道排版。

八、新闻写作常见的毛病

会展新闻写作中常见的毛病主要如下:
毛病一:主题不明确,或抓不住主题,或游离主题。
毛病二:标题写成口号,未能扣题点题;或者缺乏文采,了无新意。
毛病三:内容空洞,讲道理、讲意义多过讲事实。为了写长而写长。
毛病四:文稿中新闻"六要素"("6个W")不全。
毛病五:过分自我褒扬,甚至夸大事实,沦为虚假宣传。
毛病六:逻辑不清,颠三倒四,结构混乱。
毛病七:随意变换写作角度。
毛病八:不善于介绍新闻事件的背景,或背景介绍成为主要内容,主次颠倒。
毛病九:结语缺乏有价值的内容,空写概念,画蛇添足。
毛病十:全文不分段落,或乱分段落。
毛病十一:段落的小标题设计缺乏统一风格,不讲究。
毛病十二:使用称谓、术语、计量单位、数字缺乏规范。
毛病十三:文字语病较多,错别字较多。
毛病十四:不讲究修辞,词汇贫乏,或用词不当。
毛病十五:标点符号使用不规范。
毛病十六:不认真审读初稿,不仔细校对,不愿意修改。
如何对症下药提高新闻写作能力,请参看本教材第九章"写手修炼"。

思考题

1. 美国自由记者迈克尔·沃尔夫2017年底出版的《火与怒:特朗普白宫内幕》一书,是否属于报告文学,即广义新闻作品?
2. 怎样理解会展主办方在互联网时代已成为媒体机构?
3. 为什么说会展主办方生产的新闻被外媒体相中而转发,传播效果较好?
4. 什么是新闻传播的"长尾"效应?
5. 为什么媒体机构生产的新闻作品,在公开发表前都要进行审查?

6. 为什么说缺乏管理制度的新闻生产,可能对会展主办方的营销宣传造成负面作用?

7. 自媒体的"文编"如需出现在作品中,为什么自称"小编",而不自称"记者"?

8. 在案例9中,为什么《人民网》不采用灵硕公司新闻通稿对于会议名称的英文缩写——WSCE,而是使用"世界足球大会"的中文名称?为什么《人民网》不报道灵硕公司新闻通稿中的与会嘉宾?

9. 为什么说人物专访新闻写作难于消息类新闻写作?

Chapter 9

第九章 写手修炼

本章教学要点

在会展业成为写手,对于会展人尤其是对于会展新人的职业发展具有积极意义。写手需要在写作实践中不断成长。了解会展文案写作的步骤、方法及其可以利用的技巧,将增强突破写作瓶颈的能力。

开篇故事

任正非的文章

由美国大规模加征中国商品关税而挑起的新一轮中美贸易战,2018年9月开打。在贸易战中,中国华为公司遭到美国及西方国家的围剿,成为国内外舆论关注的热点事件。

2019年5月26日,中央电视台《面对面》节目播出了对华为公司创始人、CEO任正非的采访。

这是时隔四个月后,任正非再次接受《面对面》的专访。事前他提了条件,希望更多地谈论基础研究和基础教育。采访中记者提问:当外界都在担忧华为如此生死攸关的一个时刻,您反而有点超然物外要谈教育,教育还是您最关心的事情,为什么?

任正非说:我们从来没觉得我们会死亡,我们已经做了两万枚金牌奖章,上面题词是"不死的华为"。他进一步解释:我们根本不认为我们会死,我们为什么把死看得那么重?所以我们认为我们梳理一下我们存在的问题,哪些问题去掉,哪些问题加强,胜利一定是属于我们的。一些高端的产品美国也没办法,因为我们完全靠自己不靠美国。任正非强调:我关心教育不是关心华为,是关心我们国家。

通过电视采访,人们看到了华为的当家人面对市场变化的惊涛骇浪,神态自若,信心满满地与记者侃侃而谈,而且谈话的中心是中国的教育问题。

采访开始时,中央电视台的记者对年过七旬的任正非表示关心,问:今天上午两个半小时的记者会,而且今天中午又是没间断的会谈,下午再专访,您会不会感到有点累?任正非答道:不会,我中午还改了昨天德国记者采访的纪要。

由于美国和西方一些国家联手打压华为,任正非打破常规,在2019年频繁接受国内外新闻媒体的采访。亲自修改德国记者的采访纪要,说明任正非高度重视新闻传播的影响力,并以十分专业的态度把关新闻稿。

任正非,1944年10月25日出生于贵州安顺地区镇宁县一个贫困山区的小村庄。父亲任摩逊是乡村中学教师,家中还有兄妹6人,小学就读于贵州边远山区的少数民族县城,高中就读于贵州省黔南州都匀市都匀一中。重庆建筑工程学院毕业后当兵。1983年复员转业至深圳南海石油后勤服务基地。1987年,在人生路窄的时候筹资2.1万元创立华为技术有限公司。

任正非是一位善于通过文章表达思想的企业家。创办华为以来,任正非有数百篇文章或公布于华为的内部刊物上,或收录于出版物中,在社会上广泛流传。其中,许多文章是根据任正非在华为内部的讲话整理而成的。

通过收集信息,本教材将任正非在不同年代撰写的有代表性的76篇文章的题目罗列如下,以供大家感知一位著名企业家的思想历程。

1.《赴美考察散记》(1992)
2.《胜利祝酒辞》(1994)
3.《对中国农话网与交换机产业的一点看法》(1994)
4.《从两则空难事故看员工培训的重要性》(1994)
5.《致新员工书》(1994)
6.《上海电话信息技术和业务管理研讨会致谢词》(1995)
7.《在第四届国际电子通信展华为庆祝酒会上的发言》(1995)
8.《加强合作 走向世界》(1996)
9.《反骄破满 在思想上艰苦奋斗》(1996)
10.《赴俄参展杂记》(1996)
11.《坚持顾客导向 同步世界潮流》(1996)
12.《不要忘记英雄》(1997)
13.《在秘书座谈会上的讲话》(1997)
14.《建立一个适应企业生存发展的组织和机制》(1997)
15.《资源是会枯竭的 唯有文化才能生生不息》(1997)
16.《悼念杨琳》(1997)
17.《自强不息 荣辱与共 促进管理的进步》(1997)
18.《走过亚欧分界线》(1997)
19.《谈学习》(1997)
20.《为提高电信网营运水平而努力》(1997)
21.《我们向美国人民学习什么》(1998)

22.《华为的红旗到底能打多久》(1998)
23.《狭路相逢勇者生》(1998)
24.《要从必然王国走向自由王国》(1998)
25.《小改进 大奖励》(1998)
26.《全心全意对产品负责 全心全意为客户服务》(1998)
27.《不做昙花一现的英雄》(1998)
28.《在自我批判中进步》(1999)
29.《印度随笔》(1999)
30.《在实践中培养和选拔干部》(1999)
31.《创业创新必须以提升企业核心竞争力为中心》(1999)
32.《能工巧匠是我们企业的宝贵财富》(1999)
33.《中国人今天说不》(1999)
34.《答新员工问》(1999)
35.《活下去是企业的硬道理》(2000)
36.《凤凰展翅 再创辉煌》(2000)
37.《一个职业管理者的责任和使命》(2000)
38.《创新是华为发展的不竭动力》(2000)
39.《为什么要自我批判》(2000)
40.《雄赳赳 气昂昂 跨过太平洋》(2001)
41.《我的父亲母亲》(2001)
42.《北国之春》(2001)
43.《迎接挑战 苦练内功 迎接春天的到来》(2002)
44.《华为的棉袄就是现金流》(2002)
45.《华为的冬天》(2002)
46.《认识驾驭客观规律 发挥核心团队作用 不断提高人均效益》(2004)
47.《实事求是的科研方向与二十年的艰苦努力》(2005)
48.《我们鼓励自主创新就更要保护知识产权》(2005)
49.《打天下要与对手做朋友》(2005)
50.《我的青春岁月》(2006)
51.《天道酬勤》(2006)
52.《选拔财经干部的必要条件是品格和责任》(2006)
53.《上甘岭上不会自然产生将军 但将军都曾经是英雄》(2006)
54.《华为是如何选拔管理者的》(2007)
55.《人生是美好的 但过程是痛苦的》(2008)
56.《要快乐地度过充满困难的一生》(2008)
57.《从泥坑里爬起来的人就是圣人》(2008)

58.《在华为销服体系奋斗大会上为家属颁奖时的讲话》(2009)
59.《日出江花红胜火 春来江水绿如蓝》(2009)
60.《深淘滩 低作堰》(2009)
61.《谁来呼唤炮火 如何及时提供炮火支援》(2009)
62.《开放、妥协与灰度》(2009)
63.《坚持自我批判"蜂群"战术为今年重点》(2010)
64.《宽容是领导成功之道》(2010年)
65.《干部要担负起公司价值观的传承》(2010)
66.《一江春水向东流》(2011)
67.《最好的防御就是进攻》(2013)
68.《用乌龟精神追上龙飞船》(2014)
69.《在蓝血十杰表彰会上的演讲稿》(2015)
70.《决胜取决于坚如磐石的信念 信念来自专注》(2016)
71.《华为的胜利也是人力资源政策的胜利》(2017)
72.《方向要大致正确 组织要充满活力》(2017)
73.《一杯咖啡吸收宇宙能量 一桶浆糊粘接世界智慧》(2017)
74.《在攀登珠峰的路上沿途下蛋》(2018)

(根据百度文库、《任正非内部讲话》/新世界出版社 整理)

说明与评点

写于2000年的《华为的冬天》,是任正非文章中的名篇。

他写道:"十年来,我天天思考的都是失败,对成功视而不见,也没有什么荣誉感,自豪感,而是危机感。"2004年,他再次抒发感慨:"冬天也是可爱的,并不是可恨的,我们如果不经过一个冬天,我们的队伍一直飘飘然是非常危险的,华为千万不能骄傲。"

作为历经坎坷又不断创造辉煌的企业家,任正非既有华为不会死的高度自信心,又有如履薄冰的深度危机感。这恰恰反映了智者辩证思维的方法论。

一个年营业收入超过6000亿元人民币(2019年)、员工总数近20万人的超大型科技企业的掌舵人,在异常繁忙的经营管理工作中仍长期坚持写文章(包括审改讲话稿),说明任正非十分重视个人思想的书面表达。

任正非的文章以政论文为主,其传播对象主要是华为员工。这些文章的标题醒目提神,情感色彩鲜明,颇具冲击力。任正非所写内容大多与华为的发展及经营管理有关。这些文章篇幅不大,但具有主题鲜明、观点犀利、论证有力、语言生动的共同特点。在任正非的文章中,理想主义的高扬与现实主义的思考融为一体,读者既可从中吸取力量,生发热情,又可联系当下,触发思考。

任正非的文章除政论文外,还有少量散文作品,像《赴美考察散记》《我的父亲母亲》《我的青春岁月》《赴俄参展杂记》《悼念杨琳》等。这些作品不可能源自内部讲话,应该是亲笔撰写的。在这些作品中,读者可以感受到这位性格刚毅、一脸沧桑的企业强人温情而文艺的另一面。

扫码阅读:任正非《答新员工问》

任正非《答新员工问》

第一节 写手的概念与职业特点

会展写手是"职场写手",其写作的作品是会展文案(包括新闻,下同)。

会展主办方是会展业中写手需求较多、作品内容较复杂的机构。在会展主办方,写手分为管理型和业务型两种类型,同时分为机构级别和项目级别两个层次。

一、写手的概念

写手是"写作能手"的简称。被称为写手的人,类似于作家,其职业生涯或个人成就与长期写作密切相关。

广义的写手,指善于写作文章的人:既包括以写作为职业的作家、记者(在本职工作之外从事文学作品写作的人,也在其中),同时包括在公务机构、企业、事业单位长期从事公文或文字性材料写作的人,还包括代写文字性材料、新闻稿等文稿,并以此获得委托人酬劳的人。

狭义的写手,指在公务机构、企业、事业单位长期从事公文或文字性材料的写作工作,并具有相应写作技能的人。在公务机构,这种写作的工作常被称为"写材料"(所写材料内容宽泛,许多是用于所在机关向上级汇报工作的文字性材料,如调研、考察或专题报告以及机构领导在会议上的讲话稿)。"写材料"水平高的人,被认为是机构的"笔杆子"。在大中型企业、事业单位,写手一般供职于办公室、市场部(在国有单位还有宣传部)。这种人被称为"职场写手"(与公务机构的写手有所区别)。

狭义写手的写作,与其所在机构或单位的业务工作密切相关。他们的作品不是小说、剧本、诗歌、散文等文艺作品,也不是论文、教材,而是公务性质的作品,即为供职单位的公务需要而写作的作品。这些作品一般不涉及写作者个人的知识产权。

二、会展机构写手的职业特点

会展业的写手,属于"职场写手"中的一类,指在会展机构尤其是在会展主办方工作,具有会展业专业知识及相关写作技能的员工。其在会展机构长期从事文案写作工作,所写作品服务于本单位对内对外的信息交流。

在会展主办方供职的写手,可以分为管理型和业务型两种类型。

管理型写手主要写作与本单位及项目经营管理相关的文案;业务型写手主要写作与项目经营业务相关的文案,特别是根据项目营销推广的需要而写作。

因此,会展主办方的写手还可分为机构级别和项目级别两个层次。

机构级别的写手,指公司或单位重要文案的写作者。文案写作内容包括会展项目市场调研报告、组织工作方案、重要合同、重要公关函件、会议纪要、声明等。写作者往往是公司或单位的负责人,或是公司或单位内的部门负责人。

项目级别的写手,一般指会展项目团队内部写作文案的员工。文案写作内容包括邀请函、洽商函、配套活动方案、邀请与会嘉宾讲稿(代拟稿)、考察报告、总结报告、服务手册、电话话术脚本以及项目新闻稿等。这些文案的写作者,既包括项目负责人(项目总监、经理或副经理),也包括营销经理或专员以及"文编"人员。"文编"(文字编辑的简称)属于项目级别写手中的基层人员。

在会展主办方,项目级别与业务型写手的写作范围因项目规模和团队成员配置数量的差别而有所不同。在大中型展会的项目团队中,负责新闻写作的"文编",通常不负责邀请函、配套活动方案、与会嘉宾讲稿(代拟稿)、考察报告、总结报告、服务手册、电话话术脚本等文本的写作。这些文案另有员工负责撰写。而在小型展会的项目团队中,因人手有限,"文编"写作内容繁杂。机构级别与管理型写手的写作范围基本相同。但机构级别/管理型的写手应具备项目级别/业务级别写手的写作能力。

在展览展示工程服务领域,随着展厅陈列工程业务(简称为"展陈")的兴起,项目投标中的"展陈"方案成为要件。如为承接某市非物质文化遗产陈列馆的"展陈"项目,展览展示工程服务机构需要将相关历史文化与遗产实物及其生产(表演)技艺在一个物理空间生动呈现的构思,以文字+图示的形态提供给陈列馆投资方,通过方案"比稿"参与投标。这种方案的写作者必须具有宽口径的学识,包括独到的审美意识,并熟悉展览工程的设计施工技术。写作"展陈"方案的写手,无疑是会展业的高端人才。

第二节 修炼意义与成长路径

修炼成为会展写手，对于会展人的个人成长多有裨益。这种修炼需要明确目标，长期努力。

一、修炼的意义

对于会展从业者特别是会展新人，尤其是新加入会展业的高等院校毕业生，在从业实践中逐步成长为合格乃至优秀的会展写手，益处良多。

成为写手，除具有文字功底外，必须熟悉会展业务，而且需要从所在单位及其项目的经营管理角度思考写作问题，否则就写不了，或写不好。因此，成为写手的过程也是成为业务行家、管理骨干的过程。合格/优秀写手＋业务行家/管理骨干，自然是人才，而且是稀缺人才＋高端人才。

成为写手，在单位里多为领导所器重。其中的管理型写手，不但是对外文案的撰稿人，也是单位内部重要文案的执笔者(会展单位内部的重要文案包括企业发展规划、管理制度、业务流程、年度工作总结报告等)。因此，单位领导需要经常就经营管理中需要形成文案的战略问题或急难问题，和这样的写手深度交流，并听取意见或建议。这样的写手，如果是老员工，大多位居管理层；如果是普通员工，定会得到重用，较快获得晋升。

成为写手，认知能力必然在长期写作实践中持续获得改善。常言道：想不清的人，一般讲不清，也写不清。在想清楚和讲清楚之间，写清楚是梳理思维、逻辑表达的中间环节，需要通过文本体现。写清楚既是想清楚的文本呈现，也是讲清楚的严谨表达。鉴于写作是写手对于所写文案认知的文本表达，科学的认知方法就成为"想清楚"的思维基础。改善认知能力的要义，在于获得科学思维的方法论。通过写作修炼科学的思想方法，不但有益于提高写作水平，还有益于提升个人的思想理论水平。认知方法及其能力的进步，对于个人发展具有醍醐灌顶的重要作用，将令人终身受益。

二、成长的路径

入职会展主办方，与文案写作密切的岗位主要是展览项目团队中的营销职位(也称为市场职位)。展览项目的营销业务一般包括观众邀约、自媒体运行维护、配套活动组织、美工设计、市场调研五项业务。这些业务都需要以内容生产作为支撑，如电话邀约观众需要话术脚本，自媒体运维需要新闻稿，配套活动组织需要操作方案，美工设计需要文字稿，市场调研需要撰写报告。其中,展会项目自媒体的新闻稿属于产量最多的文稿。传播展会项目信息的微信公众号,如按周更新,每次更新4篇文章,每月就需要写作16篇文稿。如按日更新,每日一篇,即便双休日除外,每月也需要更新20—23篇文稿。

因此,入职会展主办方的营销岗位,是成为会展写手的重要选择。对于高校毕业生尤其如此。在会展主办方内部,热爱写作或希望锻炼写作能力的非营销岗位员工,可以申请转岗从事营销工作。

在会展主办方,写作新闻稿往往是迈向会展写手生涯的第一步。如果你负责展会项目微信公众号的新闻稿写作,每个月要写作10篇以上的原创稿件,那你就进入职场写手的工作状态了。在此基础上,如果你不断拓宽会展文案的写作领域,除写作参展/参观邀请函、广告文案外,还可以提供配套活动组织工作方案,那你作为会展写手又上了一级台阶。当你可以熟练写作客商负责人/行业专家访谈稿、与会嘉宾讲稿、展后总结报告,同时能够撰写服务手册、电话销售/邀约观众话术脚本,那你已经接近成为合格会展写手的目标了。

当然,展会新闻写作不可能没有质量要求,并非写出来了就算达标。如果你的作品不能达标,或经长期的工作磨炼(一般3—6个月)仍不能达标(包括写作技能提升速度缓慢),那么,用人单位将认为你不能胜任营销"文编"工作。如何检验作品质量,请参看本章第四节。

从展会写手的成长规律(见表9-1)来看,入职营销职位并从文编起步,通过新闻写作上手,进而在深入了解其他营销业务的过程中掌握多种文案的写作技巧,在逐步提升工作能力(包括对营销业务的管理能力)的同时获得职务或级别的晋升,直至成长为项目级别和管理型写手,有资格参与所在单位重要工作或发展战略问题的文案写作并提供个人意见,你就是合格甚至是优秀的会展写手了。

表9-1 会展主办方写手的成长台阶

台阶	职位	写作技能	履职状态	学训状态	修炼时长
第一级	入职营销文编岗位	写作项目新闻	从见习到独立顶岗	自学与接受辅导	6—18个月
第二级	营销岗位	改写新闻/写作人物访谈稿	文编骨干	自学与接受辅导	6—9个月
第三级	营销专员	其他营销业务文案写作	营销业务骨干	辅导新人	6—18个月
第四级	营销业务负责人	项目重要文案写作	管理营销业务	培训下属	12—18个月
第五级	公司中高层管理者	公司重大文案写作	管理会展项目	培训讲师	12—36个月

针对此表内容,特作如下说明:

(1)这是会展主办方写手成长的路径,主要是针对入行新人,尤其是针对高校毕业生而设计。从表中所列台阶可知,成长为合格乃至优秀的会展写手,不可能一蹴而就,需要长期修炼。

(2)写手成长的五个阶段,所需时间的长短因人而异。悟性好的人进步较快,悟性差的用时更长。

（3）在修炼过程中，尤其是前两级修炼，如果有人辅导（包括参加外训），成长速度会快很多。后三级修炼中的辅导新人、培训下属并成为培训讲师，表示写手综合能力的逐步提升。

（4）成长为会展项目经理，是写手登上第五级台阶的重要标志。项目经理是会展业的高端人才，也是短缺人才。

（5）表中"项目重要文案写作"，指与项目发展战略相关的文案，如项目经营管理分析报告、竞争对手分析报告、异地复制办展/新增展览板块调研报告、业务流程创新方案等。

（6）表中"公司重要文案写作"，指与公司发展战略相关的文案，如公司发展规划、公司管理制度、承办展会标书、承办政府展所需提供的代拟稿等。

第三节 写作方法

在人类的写作中，除个人日记外，其他写作均用于人与人之间的信息传播。用文本传播的信息，让阅读者顺畅、准确地接受信息最为重要。为了顺畅、准确地传达信息，文本写作要有章法（又称为文法）。章法即写作文章的方法。没有章法的文章，往往因逻辑混乱、表达糟糕而难以卒读。如此，信息传播非但不能产生应有的效果，甚至可能产生反作用。写作会展文案同样要有章法。本教材的前八章分别介绍了会展文案中不同作品的写作方法，本节主要介绍具有规律性的写作方法。

一、写作的问题导向

问题导向既是一种思想方法，也是一种工作方法。其内涵是，以解决工作中存在的问题为引导方向，进而有针对性地采取推动工作进展的措施。而这些措施的组合就形成了解决问题的方案。

对于会展文案的撰写者而言，文案写作是一项工作。既是工作，就可以采取问题导向的思想方法和工作方法。

在文案写作的问题导向方法中，基本问题一般有四个，即为什么写、写给谁看、写什么和怎么写。这四个问题各有指向，又相互关联：

为什么写，解决写作意图问题；

写给谁看，解决阅读者定位问题；

写什么，解决写作内容问题；

怎么写，解决写作方法问题。

这四个问题,撰写者在写作之前要缜密思考,在写作之中要有效解决。一般而言,思考并解决了这四个问题,个人就掌握了文案写作的问题导向方法。

二、写作工作的步骤

如何践行以"为什么写、写给谁看、写什么、怎么写"四个问题为导向?本教材将会展文案写作工作梳理为八个步骤,具体如表9-2所示。

表9-2 会展文案写作的八个步骤

步骤分解	工作内容	工作状态	工作重点
第一步	接受任务,弄清意图	沟通	明确两个问题,了解写作要点/难点
第二步	组织素材,掌握情况	查询/筛选	明确需要的资料及其来源,判别资料价值
第三步	选择体裁,确立主题	思考	明确文种及体例、提炼观点,设计标题
第四步	设计结构,划分层次	思考	明确怎么写,谋篇布局
第五步	动手写稿,化解障碍	写作/沟通/查询	明确写作内容,解决写作中产生的问题
第六步	自行审查,修改定稿	审读/写作	找出初稿中的毛病,进行修改
第七步	提交审查,再次修改	沟通/写作	修改文稿,以求符合写作任务的意图
第八步	终稿校审,防止疏漏	审读/修改	再次审读、校对

根据表9-2,对写作工作步骤做如下解析:

第一步,"接受任务,弄清意图",指写作者接受上级领导指令或根据岗位业务职责,领受或履行写作任务。在领受或履行写作任务的同时,写作者要弄清楚写作文案的意图。

明确写作文案的意图,既要弄清"为什么写"的问题,也要弄清"写给谁看"的问题。例如:有的是因为经营需要,如某会议公司主办会议拟请某学会给予支持,项目经理需要写作商请函;有的是因为上级需要,如某展览公司董事长想了解华南地区可供购并的展会项目情况,该公司市场部须提供调查报告;有的是因为公关需要,如某展馆在某展会期间发生了人身安全事故,虽然展馆不是主要责任单位,但因被媒体报道牵涉其中,需要发布新闻稿以正视听。无论因何种需要而写作文案,撰写者都应该弄清楚写作的意图。如意图不清就开笔写稿,只会耽误工夫。

在会展主办方营销岗位担任新闻写作的文编,尤其是负责自媒体运维的,其写作任务是根据岗位职责确定的。如每周需要写作3篇新闻稿;会展主办方生产新闻的意图,主要是服务用户,推广自己;新闻稿的阅读者主要是展会的客户(参展商和观众),也包括展会的利益相关方(展会服务提供商)和对此有兴趣的会展业者。

第二步,"组织素材,掌握情况",指撰写者根据写作文案的意图,收集所需信息资料,了解所写文案的背景。

写作文案所需素材须与文案所表达的内容密切相关。写作者没有素材或缺乏素材,就如同巧妇难为无米之炊。收集素材要有方向,既不能无从下手,也不能漫无边际。找到所需素材的来源途径,有利于提高写作工作效率。在收集素材的同时,要考订素材价值,以免因素材的信息失真而致写作的内容产生错误。

掌握情况,即了解所写文案的背景。一般而言,文案写作都有背景。所谓背景,与写作意图有关,体现为写作某个文案的特殊性需求:如新创办的科技展会,在总体方案中表述指导思想时,要强调与国家中长期发展规划相衔接,同时与本地科技产业发展相配合;如某展览公司为获得政府展的承办资格,所提供的承办方案中要写明国内外知名企业参展达到一定数量的承诺;如为某知名参展商撰写的新闻稿,应其要求须着重宣传参展新品。了解写作背景,既有利于深化认识"为什么写"的问题,同时有利于解决"写什么"和"怎么写"的问题。

会展文案中非新闻作品,尤其是展会组织工作方案、市场调研报告以及承办政府展所需要的相关文案(包括代拟稿)的写作,是撰写者根据上级指令而接受的写作任务。这种任务并非经常性的,往往是随机性的,有时甚至是紧急性的。这些文案往往在5000字左右,篇幅较大。

写作者应在领受任务的第一时间与任务的下达者深入沟通。沟通就是为了掌握情况,知晓背景。通过沟通,写作者在明了"为什么写"的同时,还要了解写作的要点和难点。所谓要点,指必须写的内容;所谓难点,指必须写但又难以把握的内容。

第三步,"选择体裁,确立主题",指写作者根据写作意图,以"写给谁看"为出发点,选定文案种类及其体例,确定文案主题及其标题,明确文案写作内容及其所要表达的观点。

在选择体裁方面,首先要明确是写作公文还是新闻。如果是公文,要根据主送对象,确定文种是请示、函、通知、报告、方案、合同还是其他;如果是新闻,要确定是及时性新闻还是新闻通稿。

选择会展公文的种类,主要根据文案的主送对象(即"写给谁看")而定。主送上级单位(会展主办方为整合办展办会资源,需要借助的权威机构——协会、商会、学会或知名企业,均可视为上级)的文案为上行公文(文件),所选择的文案种类一般为请示、报告或函;主送平行单位的文案为平行公文(文件),所选择的文案种类一般为函、合同或纪要;主送下级单位的文案为下行公文(文件),其所选择的文案种类一般是为通知、函或说明(指引)。确定公文(文件)是上行、平行还是下行,都是由写作公文的一方做出判断。

在选定文案种类及体例的同时,要根据写作意图明确文案的主题。文案的主题,指写作需表达的主旨或中心思想。在明确文案主题的同时,要明确文案内容所要表达的观点。弄不清文案的主题,或抓不到、抓不准文案要表达的观点,将导致写不清楚。

文案的标题往往可以体现文案的体裁和主题。拟定标题通常是选择文案体裁并提炼文案主题的"抓手",也是把握"为什么写、写给谁看、写什么、怎么写"的切入点。如《关于商请中国食品工业科技学会作为山东调味品展览会主办单位的函》，由标题可知：写作此文的意图是商请中国食品工业科技学会作为山东调味品展览会的主办单位；主送对象是中国食品工业科技学会，文种是函。又如《××省消费博览会总体方案》，由标题可知：此文是××省政府展会组织工作的文件，用于项目申办；此文是政府展会组织工作诸多文件中的一个，是在可行性报告、招商招展方案、经费预算方案、知识产权方案、应急预案等申办文件基础上的汇总方案；主送对象是上一级政府，文种是方案。再如《中国军工新品亮相珠海航展》，由标题可知：此文是新闻报道，受众是珠海航展的参展商和观众；报道的重点是中国军工新品参加珠海航空展览会。

一般而言，文案的标题对了，写作就不大会陷入误区；而文案的标题不对，写作就难以顺手。如何拟定会展公文或会展新闻的标题，本教材第二至第八章已有介绍，不再赘述。

第四步，"设计结构，划分层次"，指写作者在写作之前对文稿谋篇布局，以解决"怎么写"的问题。

文稿的结构，犹如建筑工程的框架。文稿的层次，犹如建筑物的楼层。构思写作时，一般是先设计文稿的结构，再划分文稿的层次。篇幅大的文稿，如展会方案、新闻通稿，其结构设计多为"树状"；篇幅小的文稿，如参展邀请函、及时性新闻，其结构设计多为"块状"。划分文稿的层次，就是安排内容写作的顺序，即先写什么、后写什么、再写什么。文稿的层次分为两方面，一是文稿整体的层次，二是文稿中每个层次中的段落安排，甚至每个句子的顺序。

在文稿谋篇布局的阶段，写作者要同时考虑素材（指收集的资料）的运用。

第五步，"动手写稿，化解障碍"，指写作者进入边写作、边思考、边解决写作中遇到的问题的"三边"状态。

在此阶段，写作者要将思路和素材结合起来，转化为书面文字。如写得顺手，说明前四步的工作到位。如若不顺，就需要分析原因，化解困难：如是资料缺乏，则应补充收集；如是结构不妥或层次不清，则应进一步框架结构或梳理层次。得心应手的写作，往往表现为文稿写作时间和完成质量接近于预期。

在文案写作中，"三边"状态是为常态。脱离思考的写作，不可能存在。写作的思路混乱，不是写不成，就是写不好。在写作中遭遇障碍，是经常性的，必须想办法化解。

第六步，"自行审查，修改定稿"，指写作者自行审读写成的初稿，发现问题后予以修改。

写作者自审初稿，着重于三方面：一看内容有没有遗漏；二看有没有错别字、掉字或标点符号错误；三看文稿在表达上有没有瑕疵。如发现毛病，就应修改。

第七步，"提交审查，再次修改"，指写作者将初稿提交上级审查，根据审查意见进一步修改。

如果审查者对文稿没有"大改"的意见，或只有字句方面"小改"的意见，那表明此文质量过关，任务达成。如果审查者认为文稿需要"大改"，写作者应及时与审查者沟通，了解其"大改"的理由及其具体修改意见。如写作者不赞成审查者"大改"的意见，可以向其说明自己的看法,以求达成共识。如审查者坚持"大改"的意见,且言之成理,作为下级的写作者就必须对文稿进行"大改"。这种"大改"或是变更体裁,或是优化主题/观点,或是调整结构,或是大幅度增删内容。修改后的文稿,提交审查如获通过,即为达成写作任务。"大改"文稿可以认为是重写。

第八步,"终稿校审,防止疏漏",指文稿通过审查后,写作者在发送前认真校核文稿,以避免出错。

文稿发送前的校审环节非常重要,不可或缺。对于重要公文稿,有经验的写作者不但自己校审,而且会请相关人士审读(如呈递政府部门的公文,会请该部门的相关人士审读)。此外,不可忽略公文印制格式(包括字型、字号)的规范性。对于新闻稿,写作者在发送或发布前同样要校审,包括会展项目团队中营销负责人的最后把关。

以上工作步骤俱是从写作者的角度出发,从领会意图到达成任务的文案写作路线图。必须说明,这是本教材编著者写作经验的总结,旨在提供学习者参考。会展文案写作的工作步骤会因人而异,也会因作品的体裁与复杂程度的不同而变化。

需要特别强调的是,写作属于脑力劳动,主要依靠写作者的思维驱动。在写作中,写作者的思维活动具有连贯性,同时具有发散性;加之写作者对于写作中相关问题的认知处于螺旋式上升状态,故而对于所写内容的思考会伴随写作过程而不断加深,甚至产生升华。因此,写作过程中的思维活动以及具体工作步骤经常是相互交叉的,不会如同工业品生产的流水线作业,每一步动作都可以不与前后工序打搅而独立存在。例如,写作者在动手写稿后,发现对领导交代的意图还有疑问,此时就需要再次与领导沟通;或者发现之前收集的素材不合用,此时就需要重新收集。在写作中推翻原定框架结构而重新设计的情况,并非鲜见。

三、写作的思路及文案结构设计

文案的写作思路,就是写作者为"怎么写"而进行的思考。想清楚了,就有了写作思路。想不清楚,就形不成写作思路。

写作者的思考一般分为两个层次:首先是根据写作意图,梳理文案写作的总体思路;其次是根据总体思路,设计文案的结构。所谓"打腹稿",就是写作者动笔之前在头脑中思考文案"怎么写"。

(一)梳理文案写作的总体思路

文案写作的总体思路,来自写作的逻辑思维。何为逻辑?即人们思维的规律。

对于写作者而言,文案写作的总体思路一般产生于两个方面:

一是来自所写文案种类及其体例的逻辑。如会展项目的组织工作方案(如政府展申报材料中的总体方案),其文案内容从指导思想到工作措施已形成范式,在写作思路上遵循即可,无需另辟蹊径而大费周章。又如会展新闻,无论是及时性新闻还是新闻通稿,大体由新闻的标题、导语、主体、结语和背景五部分组成,写作思路基本清晰。

一是来自文案内容的逻辑,如竞品展会的调研报告,通常的写作思路是比较自身展会与竞品展会的优劣,并提出改进经营管理的建议;又如会展主办方自媒体对于参展商的新闻报道,因属"软文"性质的写作,反映参展商的"亮点"惯为写作思路。

在写作实践中,以上两方面的写作思路经常会混合运用。

(二)设计文案的结构

文案结构,指文案内容所构成的框架。设计文案结构,指写作者根据写作文案的总体思路,对于文案内容的构成框架做预先安排。写作者设计文案结构所思考的问题,主要如下:

全文分为几个部分(层次),每个部分(层次)分为几个段落?

在各个部分(层次)中,先写什么,后写什么,再写什么?

哪些是重点内容(需要详写),哪些是过程性、背景性内容(可以略写)?

内容呈现的方式除文字外,是否需要图表辅助?

如何开头,如何收尾?

全文计划写多少字(篇幅预计)?

设计文案的结构,就是作文的谋篇布局。只有总体写作思路而缺乏结构设计,是写不出文案来的。当然,文案谋篇布局的过程也会反作用于总体写作思路,促使写作者对于写作总体思路的认知不断深化或升华。

 案例 1　　会展文案写作的结构设计

 C省创办消费博览会的可行性研究报告

内含案例说明与评点

(三)利用思维导图辅助文案写作

思维导图,又称为心智地图,是将发散性思维转化为逻辑性思维的一种图形表达工具。

写作文案时,当明确写作意图后,写作者在设计文案结构和组织素材过程中的思维,

属于发散性思维。这种思维往往是网状的、分散的、碎片化的,因而需要通过整合梳理,将其转化为可用于写作的逻辑性思维。思维导图就是以图形方式将经过整合梳理的要素呈现出来,要素在图中的排列应体现明确的逻辑关系。思维导图实际是将文案写作的提纲图形化。通过建立思维导图,写作者对于文案的谋篇布局会更加清晰直观。

案例2　写作会展文案的思维导图

展览新项目营销工作方案写作的思维导图

展览新项目营销工作方案写作的思维导图如图9-1所示。

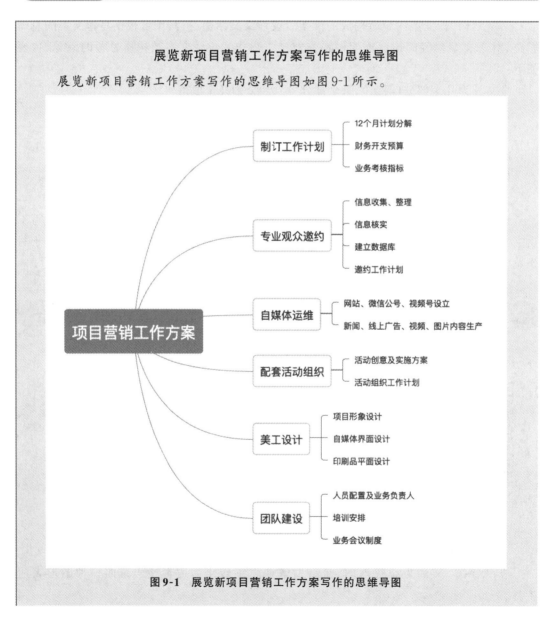

图9-1　展览新项目营销工作方案写作的思维导图

说明与评点

（1）这是展览新项目营销工作方案写作的思维导图。其以"树状"方式呈现图形。

（2）该图主干包括6个要素，即制订工作计划、专业观众邀约、自媒体运维、配套活动组织、美工设计和团队建设。每个主干之下有若干分支。在分支下，还可以细分。如配套活动组织中的活动创意及实施方案之下，还可以再分为开幕式、技术交流会、现场赛事三个活动。

（3）以思维导图呈现工作方案的写作结构，是将文案结构设计通过图形而具体化，促使写作思路清晰，层次分明，不致产生逻辑混乱，也可避免重大遗漏。

四、常用的写作技巧

会展文案写作是一项职业技能。但凡技能，就蕴含技巧。所谓写作技巧，就是有利于提高工作效率、保障作品完成度的写作窍门。以下写作技巧是本教材编著者实践经验的归纳，供学习者参考。

（一）模块化写作

文案的模块化写作，指某些文案的写作结构在会展业内已获普遍认可，写作者按此结构铺排内容，文案送审的认可度一般不会太低。

如展览新项目组织工作方案一般由展会要素、经营指标、团队组建、经营措施和风险控制五个模块组成。其中，展会要素包括展会名称、举办时间/地点、组织机构（主办方/承办方）等；经营指标包括展会面积、营业收入/利润、现场观众登记数量等；团队组建包括项目经理和团队员工配置；经营措施包括营销、销售、运营以及重要配套活动、与利益相关方合作等；风险控制包括财务/经营/安全等风险的防控。在写作展览新项目组织工作方案时，写作者按照这五个模块的结构，分门别类写入相关内容，就可形成内容较为完整的初稿。

（二）格式化写作

文案的格式化写作，指某些文案的写作样式在会展业内已相对固定，写作者按此样式装填内容，其完成度就可以保障。

如国内展会主办方向客商提供的格式条款参展合同，一般采用表格形式，合同条款相对固定且内容简明。与主办方长期合作的客商，对签订这样的合同参展大都习以为常。如一个新展会要为客商提供格式条款参展合同，写作者只需参照通行的格式条款参展合同进行修改就可以了。这种写作易于掌握，但要注意简单复制而不做修改经常会导致错误。

用于会展项目推广的客商邀请函，通常采用格式化方式写作。

(三)清单式写作

清单,即记载有关事项明细的文本,常为表格形式。文案的清单式写作,指某些文案可以按清单梳理事项的方式进行写作。

通知、会议纪要、服务手册、电话话术脚本等以罗列事项为主的文案,可以采用清单式写作。清单式的写作,其写作逻辑或为相关事项的进展顺序,如写作会议通知,一般由会议主题、会议时间、会议地点、出席人员、联系方式等事项组成;或为相关事项的重要性,如写作会议纪要,通常根据会议讨论的事项,依据重要、次要、一般的顺序罗列。

 案例3　会展文案的清单式写作

机电产品博览会现场摄影提纲

机电产品博览会现场摄影提纲如表9-3所示。

表9-3　机电产品博览会现场摄影提纲

序号	拍摄内容	拍摄时间、地点说明
1	开幕典礼台全景	典礼进行时
2	开幕典礼主持者近景	典礼进行时
3	开幕典礼致辞者近景	典礼进行时
4	开幕典礼现场气氛	典礼进行时
5	专业观众在登记处登记场景	展馆序厅,开展上午
6	展商服务中心提供服务场景	展馆序厅,开展上午
7	观众参观场景	全景、中景、近景
8	知名展商展台接待参观场景	突出展商代表,显示特装展位效果
9	观众围观机器演示场景	
10	重要人物参观展会情景	跟随拍摄
11	知名展商、重要人物现场接受采访情景	市场部安排
12	其他需要拍摄的情景	如国外观众参观、主办方领导拜访客户

> **说明与评点**
>
> （1）这是一个真实的案例。某展览主办方为展会现场摄影制订的提纲。其采取了清单式写作方法。
> （2）展会现场摄影现已成为项目营销工作中的常规事项，聘请专业摄影师负责摄影，是知名展会的通行做法。在摄影前，主办方营销人员与摄影师沟通，提出具体要求，以利其了解主办方的需求。主办方提供摄影提纲，旨在将要求文本化。

（四）需求导向式写作

根据文案需求方的要求而写作，在会展文案写作中也很多见。

会展主办方的某些文案，其需求方会提出明确要求（包括审查初稿后提出的修改要求）。写作者在此类文案写作中必须满足这些需求。如某知名企业同意在展会期间举办产品推介活动，其要求展会主办方组织300位专业人士到场参与。在展会主办方提供的活动方案中，必须包含如何落实参展商这一要求的具体工作措施。为避免事后扯皮，该方案还须说明专业人士的概念与邀约范围。又如会展主办方通过某协会邀请重量级权威人士作为嘉宾出席展会开幕式并致辞。该协会要求会展主办方提供致辞讲稿，强调讲稿时长不超过8分钟，内容不但要符合嘉宾身份，而且要有结合宏观经济形势、贯彻近期中央方针的内容。

（五）提升阅读美感的写作

阅读美感，指读者在阅读文案过程中产生的好感。这种好感，包括吸引读者的注意力，引发读者赞许、满意或重视等心理活动。对于写作质量不佳甚至低劣的文案，读者的差评、反感甚至厌弃，或导致写作任务失败（如审查文案的上级领导不满意），或导致不接受文案传播的信息（如自媒体新闻阅读量低下）。读者对于文案的好感、无感、差感甚至是恶感，实际是读者接触信息或完成阅读而产生的审美反映。

提升会展文案的阅读美感，可在以下方面下功夫：

一是，锤炼文案的标题。

标题是文案写作的重要指引，标题不对，内容写作有可能跑偏；标题不好，尤其是新闻的标题不好，可能会降低受众的注意力。

会展机构公文性质的文案，其标题要符合公文的规范，标题显示的文种，如请示、报告、方案、通知、会议纪要等，不能搞错。公文性质的文案标题，其文字表述必须准确、精练。

会展机构自媒体的新闻标题，要有营销意味。新闻标题可以活泼、有趣、引人入胜，应有"吸睛"效果。

文案内容中设置的小标题，其表达文字也要锤炼。以对仗、统一语序等方式锤炼的小标题，可以提升阅读的美感。如写作展会项目总体方案，在组织工作措施一节，细分为六个方面陈述,其小标题可以设计为完善体系、加强领导;承办创新、商业运作;整合资源、确保规模;双线营销、突出重点;规范服务、提升体验;严格防疫、确保安全。这些小标题全部用"四言八句"方式设计,字数相同,语序协调,对仗工整,可使阅读者对文案撰写者的文字功力产生积极印象。

二是,设计文案的段落。

文案一定要分段,忌讳写成"一块板"。分段不但可以体现写作逻辑,也有利于阅读。

文案全篇的段落既要有结构性的设计(按文案的结构设计分段),也要有结构性段落内的自然段设计。设计结构性段落,要注意在内容铺陈、文字篇幅、表述风格上大体平衡或协调,不应各式各样。结构性段落内自然段的设计,要体现结构性段落中表述内容的逻辑关系。这种逻辑关系一般反映为表述内容的层次。

设计结构性段落,篇幅较大的文案(文字篇幅超过3000字),如可行性研究报告、市场调研报告、会展项目总体方案、经营计划等,应以层次性符号排序,以显示文案结构。

按通行公文的结构格式,此类文案最多分为四个层次:"一、""(一)""1.""(1)"。也有采用科技论文结构格式的,一般分为三个层次:"1.""1.1""1.1.1"。

本教材建议,由于会展文案不是科技论文,应采用公文的结构格式划分结构性段落。

为避免公文性的文案结构过于呆板,划分结构层次的符号也可以灵活标示,如采用第一、第二、第三或一是、二是、三是予以划分。

无论是按"一、""(一)""1.""(1)"的规范性层次划分,还是以第一、第二、第三或一是、二是、三是等形式的灵活性层次划分,一般需要在层次符号后设置标题。如本章案例4《C省创办消费博览会的可行性研究报告》,其以"一、""(一)""1.""(1)"规范性符号划分全文的层次:第一层次的一、二、三、四、五、六、七排序,分用立项目的、市场需求分析、创办必要性分析、项目设计建议、项目组织工作措施建议、风险预测与规避建议和结论作为标题;第二层次多数设有标题,如"五、项目组织工作措施建议"之下,按(一)(二)(三)(四)排序,分用明确组织架构、多途径展开组织工作、全方位展开营销推广、合理解决运作经费作为标题。设置标题,既有利于清晰撰写思路,也便于阅读。

对于文字篇幅不大的商业性文案,划分结构性层次多采用灵活性形式。如参展邀请函,可采用前言、展会概况、本届亮点、展览范围、参展须知、联系方式作为小标题,分层次写作。如做平面美术设计,可在前言、展会概况、本届亮点、展览范围、参展须知、联系方式小标题后加|(竖杠),以示层次,而不必标明一、二、三、四、五、六。

新闻性文案的篇幅多在千字左右,其结构性段落划分后,不会用"一、""(一)""1.""(1)"或第一、第二、第三等符号表示层次。为适应碎片化阅读潮流,应在文稿中设置小标题以区分结构性段落。

三是,打磨文稿的语言文字。

孔子曰:言之无文,行之不远。意思是,说话或作文如果没有文采,就不可能广为传播。打磨文稿语言文字的目的,就是通过丰富语言文字的色彩,从而增强文案的传播力。

打磨文案的语言文字的方法,就是写作者对文稿使用的语言文字进行修辞。文稿修辞主要看文案中的每句话、每个字词在表达上是否准确、规范、通顺和简明。

——准确,指文案中的文句、字词表达要恰如其分,不能乱用错用。如新创办的展会,不宜在文案中自诩为"品牌展会"。

——规范,指文案中的文句、字词表达要符合文案的种类及体例、发文者的身份,不能逾越规矩。如上行的请示文案,主送对象只能是一个,而不能是多个;文尾落款之前不能忽略"特此请示,请复"的文句。

——通顺,指文案中的文句表达要贯通顺畅,不能有病句。如展会开幕式的新闻稿,"来自国家级协会、国务院部委、中国工程院、国际500强的领导登上典礼台",就是病句。

——简洁,指文案中的文句、字词表达要简明干净,不能言不及义、含混啰嗦。如创办会展项目可行性研究报告的结论,不应写成"经过以上调研考察,尤其是市场分析和拜访参展商和大量观众,加上听取专家意见,包括国内外知名学者意见,在调研团队反复研究评估论证后,经过近半年的调研工作,我们认为该项目可以上马。但必须要有懂行的项目经理操盘,首届有可能亏损。"此段表述不但是病句,而且废话太多,逻辑混乱,言不及义(可对照本章案例1,体会可行性研究报告结论的简明写法)。

公文性、商业性、新闻新会展文案的文字运用与修辞,各有特点,不能一概而论,如表9-4所示。写作公文性文案应使用规范的书面语言。写作商业性文案应针对阅读者需要。写作新闻性文案应有利营销,可以根据报道内容的需要进行必要的渲染。

表9-4 不同性质会展文案的语言风格

分类	文案种类	针对性	语言风格
公文性文案	请示、报告、方案、公务函件等	服务公务需求	简明、严谨、不事渲染
商业性文案	合同、邀请函、服务手册、商业函件等	服务公务+商务需求	合同写作必须合法、规范,其他写作均有推介意味
新闻性文案	新闻通稿、及时性新闻	服务市场营销需求	宣传意味浓厚

四是,丰富文案的呈现形式。

公文性会展文案中的方案、可行性研究报告,可以根据需要使用图表。这些图表或是展示相关统计数据,或是展示某种场景(如展会展位布置图)。

在文案中使用的表格,其横栏和左边竖栏的标签设计,须有内在的逻辑关系。统计表格用以展现相关数据之间的逻辑关系(勾稽关系),须符合统计学(会计学)规范。

会展新闻应配置图片,尤其是反映新闻内容场景的照片。

(六)缩减式与扩容式写作

缩减式与扩容式写作,简称为缩写与扩写。

缩写,指将较大篇幅的文章改写为短小篇幅文章。扩写,则是将短小篇幅文章改写为较大篇幅的文章。

缩写,只需保留文章的精华。因此,无须引述资料来源、介绍写作背景、诠释概念、论证观点和予以评述。凡不影响文章要义的内容尽可能精简。缩写的文章,风格要朴素,语句要简明,多用短句,少用形容词。

扩写,则与缩写相反,需要通过材料、背景、概念、论证、评述的铺陈,体现文章内容的完整性、严谨性(说明道理),并达到预设的篇幅。扩写文章类似于写论文。但要明白,扩写内容的铺陈必须言之有物,不应以空话、套话、废话或堆砌材料充抵篇幅。

在会展文案写作中,缩写与扩写往往不是改写文章,而是写作者在作文之前确定作品是缩写还是扩写。换言之,就是先明确作品的篇幅,再选择缩写或扩写。如会展主办方自媒体编发的新闻基本是及时性新闻,文字篇幅多在千字左右,这无疑是缩写。而会展主办方的新闻通稿,文字篇幅一般在3000字左右,就需要扩写。再如会展项目可行性研究报告、总体方案、展会项目工作总结报告、竞品展会调研报告,文字篇幅一般较大,有的可能超过万字(如项目可行性研究报告),因此需要扩写。

(七)智能化写作

智能写作,指人类利用AI技术生成的工具而进行写作的行为。智能写作可以帮助人类提高写作效率和质量。

因文字作品应用需求不同,人类采用智能工具写作分为两种情况:一种是智能工具不需要人工干预的自动性写作(如股市分析),一种是智能工具为人类写作提供帮助的辅助性写作。后者是智能化写作的主要应用。

智能工具在会展文案写作中只能起辅助作用。一般分为三种应用场景:

一是,为丰富写作资料,向智能工具提问。如写作会展项目市场调研报告,就相关产业的发展情况询问智能工具。

二是,为获得文案模板或素材,向智能工具寻求。如写作嘉宾出席开幕式致辞的代拟稿,就表达内容咨询智能工具。

三是,为规范文案格式或表达文字,向智能工具求助。如写作邀约参观的手机短信,借助智能工具润色文字。

在采用智能工具辅助会展文案写作时,使用者一般需从"定角色、设背景、派任务、提要求"四个维度提示智能工具,令其提供自己所需要的内容。其中,"定角色"——文案给谁看;"设背景"——文案应用场景;"派任务"——需要智能工具做什么;"提要求"——提出智能工具完成任务的标准。

智能工具提供的内容,一般不能直接用于文案。使用者需要认真核查其准确性、逻辑性和适用性,还要结合使用者的原有文稿,在文章结构、语言文字等方面进行调整或修改。

以上写作技巧可以混合使用。本教材编著者认为,以上技巧中,模块化、格式化、清单式写作是基础技巧。而累积相关案例作为参考,对于写作者尤其是新入行者熟练运用写作会展文案的技能,具有促进作用。

第四节 作品质量控制

古人认为,好文章应该是"文质并重,言意兼得"。这一审美尺度在今天仍有现实意义。会展文案的写作能否做到内容与形式的统一(文质并重),所写文字对于作品意图能否做到准确、顺畅并显示文化底蕴的表达(言意兼得),依然是衡量写作质量的基本标准。对于职场写作的质量,除依据写作理论进行评判外,还需要通过文案的应用效果予以检验。

一、写作质量存在问题的表现

会展文案写作质量存在的问题,主要表现如下:

一是,没有搞清楚"为什么写",不理解写作意图,以致文案主题不明确,或抓不住主题;

二是,没有搞清楚"写给谁看",以致文种错选、风格错搭或语言错用;

三是,没有搞清楚"写什么",以致写作缺乏内容,反映为观点模糊、素材单薄,或是空话套话连篇;

四是,没有搞清楚"怎么写",以致写作思路混乱,反映为缺乏结构设计、颠三倒四;

五是,对文案中的文字表达缺乏审美意识,以致表达不通顺、不准确、不简明,或是病句、错别字较多,标点符号运用不正确。

以上五个问题中,前四个反映写作者的写作思维存在问题,第五个说明写作者的写作技术存在问题。

一般而言,存在以上前四个质量问题的文案,送审后很难通过,往往需要"大改"或重写。如果"大改"或重写后仍不能过关,上级领导可能会换人写作。如果是这样,这就表明原写作者的写作已告失败。长此以往,此人可能因为缺乏写作能力(包括改善写作水平的进步过于迟缓)而不得不离开相关业务岗位。存在第五个问题的文案,一般通过"小改"可以过关。

会展新闻写作中的常见毛病,本教材第八章已经指出,不再赘述。

二、通过修改提升文案的写作质量

经验表明,有质量的文案都是修改甚至是反复修改的结果。以下通过案例展示一个会展文案的修改过程。

案例 4　会展文案的修改

"请示"的撰写与修改

案例背景介绍

"中国东北地区投资贸易博览会"是国家级展会,每年轮流在黑龙江、吉林、辽宁和内蒙古四省(区)举办。2018年该博览会定于吉林省长春市举办。为扩大展览规模,博览会组委会决定整合长春市当地展会资源联合办展,但要求入选展会必须是专业展览(B2B),展览面积不少于2万平方米。长春伟迅展览公司得悉这一信息,随即拜访博览会组委会了解联合办展的意图及要求,遂决定将公司主办的机械装备作为联合办展的项目。公司布置该展会的项目经理王先生撰写文案申报,以求获得博览会组委会的批准。

以下是伟迅展览公司项目经理王先生用一天时间撰写的文案原稿。

关于恳请纳入第五届中国东北地区投资贸易博览会的报告

吉林机械装备与技术展览会是吉林省机械行业联合会指导下,由长春伟迅展览公司联合吉林省机械行业会联合会共同创办于2010年的一个在国内具有较强吸引力的B2B展览项目,每年一届,至今已连续成功举办六届。一贯秉承市场化、专业化、品牌化、规模化的办会宗旨,已经具备一定的品牌美誉度和广泛的影响力,对吉林省区域经济和机械制造产业的发展起到极大的促进作用,同时也成为长春市向外界展示良好的城市形象的一个窗口。

吉林机械装备与技术展览会立足吉林,发展态势良好,2014年至2016年展览面积、展商数量、专业采购商和现场成交额情况如下:

年份	展览面积(平方米)	展商数量(家)	采购商(人次)	成交额(万元)
2014	15000	246	14100	18500
2015	18000	273	15200	22600
2016	20000	325	16300	28700

2018年预计展览面积可达23000平方米,其中,特装展位12000平米左右,占比52%以上,展商数量400家以上,专业观众及采购商将达19500人次。将集中展示工业机器人、3D打印技术设备、无人机等智能制造装备、高端数控机床、新材料和新能源汽车、工业节能环保技术设备、工业自动化技术装备、焊接切割设备等。同时还将举办数场大型智能制造技术与应用论坛和企业新产品发布会。

"第五届中国东北地区投资贸易博览会"由商务部、工业和信息化部、国家工商总局、中国贸促会、全国工商联、中国工业经济联合会、黑龙江省、吉林省、辽宁省和内蒙古自治区人民政府联合主办,定于2017年9月18日至20日在长春会展中心召开。吉林机械装备与技术展览会无论是展会名称、举办时间地点还是展览内容都与"投资贸易博览会"形成极高的契合度和关联度,如能够纳入其中,成为"投资贸易博览会"的一个专业装备制造专题展,必将彼此映衬、相得益彰,顺应商务部关于提升中博会国际化、专业化、市场化的要求,同时也是贯彻落实党中央、国务院决策部署,充分发挥市场在资源配置中的决定性作用的一个务实之举。

特此报告,盼回复!

省机械联合会
长春市伟迅展览公司

王先生撰写的文案稿,由伟迅公司送吉林省机械行业联合会,希望联合会盖章后呈送博览会组委会。联合会秘书长范女士审读后,认为此稿行文不规范,不能呈送。范女士请联合会一位精通公文写作的杨先生修改此稿。作为联合会的资深写手,杨先生通过电话向伟迅公司负责人及王先生了解相关情况后,用两个小时修改了文案。修改稿如下。

关于"吉林机械装备与技术展览会"列入第五届中国东北地区投资贸易博览会的请示

第五届中国东北地区投资贸易博览会组委会秘书处:

吉林机械装备与技术展览会(以下简称吉林机械展)由吉林省机械工业联合会与长春伟迅展览公司联合创办于2010年,至今已连续成功举办六届,是吉林省历时最长、规模较大的机械专业展会,每年5月定期举办。

据悉,"第五届中国东北地区投资贸易博览会"(以下简称博览会)将于2018年5月18—20日在吉林举办。为共襄盛举,借助博览会的影响力,同时丰富博览会的内容,尤其是增加服务吉林制造业的专业展(B2B)的元素,我们申请将吉林机械展列入博览会的展览内容,作为博览会的子项目。如同意,我们承诺,吉林机械展览面积将达2万平方米,专业观众达1万人/次。同时,将配套举办东北制造业智能化发展论坛等活动。

特此请示,盼复。

附件:

1.吉林机械装备与技术展览会及其主办方简介;
2.第七届吉林机械装备与技术展览会组织工作方案(草案)。

吉林省机械行业联合会(盖章)
长春市伟迅展览公司(盖章)
二〇一七年八月三日

> **说明与评点**
>
> (1)"请示"是文案中的一个种类,属于上行文件。
> (2)以上文案的素材来自一个真实的案例。只不过本教材采用时更换了地点、时间和展览项目主题以及撰稿人。
> (3)在这个案例中,"请示"者即文案的生产单位——吉林省机械行业联合会和长春市伟迅展览公司;被"请示"者即文案的主送单位——第五届中国东北地区投资贸易博览会组委会秘书处。
> (4)在这个案例中,从文案的原稿到修改稿,两相比较,可以体会文案在表达上做到准确、规范和简洁的重要性。两稿的相关具体分析,详见下文。
> (5)从本教材第四章的案例10"展会代理销售的合同文案写作的故事"中,同样可以体会修改对于提高文案质量的作用。

结合以上案例,我们来分析会展文案写作中的常见毛病。

(一)文案种类选择不当

所谓选择不当,是指写作者没有弄清楚文案的针对性,采用了不合适的文案种类。

案例4中,文案的种类应该是"请示",但项目经理王先生的原稿将文案种类选为"报告"。要知道,按政府处理公文的规定,"请示"是必须回复的,而"报告"则无须回复。伟迅公司呈送此文案的目的,就是希望获得博览会组委会的回复。因此,此文案选用"报告"这一文案种类是错误的。而修改稿将文案种类改为"请示"是正确的。

(二)游离主题,诉求模糊

每一件文案都有一个主题。文案的主题要体现在文案的标题上。同时,为反映主题,在文案的正文中要表明行文的诉求,即体现写作文案的目的。

案例4中,文案的主题是"吉林机械装备与技术展览会"申请列入第五届中国东北地区投资贸易博览会。项目经理王先生的原稿在标题中没有写明"吉林机械装备与技术展览会",致使主题意涵残缺。如将王先生的文案上呈,不但降低了博览会组委会审阅文件的注意力,也会对博览会组委会的文件归档工作造成困扰(文件归档,是指收文单位对文件按主题进行分类,以便编目备查)。

在文案原稿的正文部分,项目经理王先生用了一半的篇幅介绍"吉林机械装备与技术展览会"的情况,包括列表反映近三年的经营数据。其中有许多是空话,如:"一贯秉承市场化、专业化、品牌化、规模化的办会宗旨,已经具备一定的品牌美誉度和广泛的影响力,对吉林省区域经济和机械制造产业的发展起到极大的促进作用,同时也成为长春市向外界展示良好的城市形象的一个窗口"。而且,在"请示"中列表说明情况甚为不妥。"吉林机械装备与技术展览会"及其主办方的情况介绍,可以作为附件放在"请示"之后。文案原稿的最后所写的"'第五届中国东北地区投资贸易博览会'由商务部、工业和信息化部、国家工商总局、中国贸促会、全国工商联、中国工业经济联合会、黑龙江省、吉林省、辽宁省和内蒙古自治区人民政府联合主办定于2017年9月18日至20日在长春会展中心召开",实属多余。接受"请示"的博览会组委会负责操办此项目,根本无须"请示"者絮叨这方面的信息。而"无论是展会名称、举办时间地点还是展览内容都与'投资贸易博览会'形成极高的契合度和关联度,如能够纳入其中,成为'投资贸易博览会'的一个专业装备制造专题展,必将彼此映衬、相得益彰,顺应商务部关于提升中博会国际化、专业化、市场化的要求,同时也是贯彻落实党中央、国务院决策部署,充分发挥市场在资源配置中的决定性作用的一个务实之举"这段话,不但诉求表达不够简洁,而且措辞很不得体,颇有拔高自己、舍我其谁的味道,不符合"请示"者的身份。这种表述可能会引起博览会组委会的反感。

案例4的修改稿,在标题上和正文中都明确反映了文案的主题,较好体现了文案的意图。

(三)思路不清,逻辑混乱

造成写作者思路不清的原因,有的是没有深入了解写作文案的意图,有的是没有全面掌握文案主题所涉及的基本情况,有的是没有理解上级对于写作文案的要求,有的是没有弄清文案受众(尤其是文案主送对象)的需求。

写作者思路不清,在写作文案时就可能逻辑混乱。写作逻辑混乱还表现在内容表达的颠三倒四、使用概念的前后不一、诉求表述的含糊不清等方面。如,讲展会项目的重要性,开头讲了,后面又讲,意思差不多;讲会展中心的占地面积,文案中亩、公顷、平方米等计量标准混用;讲新上展会项目,却没有明确表达是否可行的意见,等等。

案例4的文案原稿就是写作者思路不清的产物。而修改稿则展现了写作者清晰的思路。

(四)要件不全,有碍沟通或传播

案例4中,文案原稿在标题之后没有主送单位;在落款处,"省机械联合会"没有采用"吉林省机械行业联合会"的全称;同时,没有注明成文的时间。这种残缺对于文案质量大有影响,不但可能遭致收文单位拒收,也有损呈文单位的公共形象。这些毛病在修改稿中得到了纠正。

在会展文案中,写作要件不全的情况经常可见,如,展会招商邀请函遗漏主办方的联系方式;展会新闻稿缺少展会举办时间、地点的信息;展会主办方与服务提供方设立的合同缺乏经济纠纷的处理条款,等等。这些要件的残缺,轻则降低文案的传播效果,重则带来经营风险。

(五)体例错用,文字表达失范

在会展文案中,公文性、商业性和新闻性的文案各有诉求,写作所用体例差别明显。

将公文写成新闻,将新闻写成公文,将洽商函写成请示或报告,将邀请函写成通知,将嘉宾致辞写成新闻或公文,是会展文案写作中常见的体例错用。

由于文案的体例用错,文字表达也会随之出现问题。按新闻稿的渲染方式写作公文,是许多写作者常见的毛病。

案例4原稿因未能把握请示文案的体例,没有摆正下级与上级、地方展会与国家级展会之间的关系,以致过分褒扬自己、用语不恭,如原文呈送,将会失礼。

(六)堆砌内容,不得要领

在没有理解写作文案意图的情况下,许多写作者担心文案篇幅偏小,不能引起阅读者重视,惯于堆砌资料。

这种堆砌资料,有的是长篇累牍地引用公开发表的规划、政策、行政文件,甚至是智库研究报告的内容,如会展公司为政府展项目代拟可行性研究报告,以复制粘贴方式大量抄录国家或地方政府的发展规划、行政文件的原文;有的是大写与文案诉求无关的内容,如某大型会议中心接待某国际知名医学会议,需要制订接待工作方案。该方案的标题为《××国际医学会议接待工作的方案》,但因写作者认识偏差,在"方案"中以大量篇幅介绍该医学会议的历史,国内机构申办会议一波三折的经历,以及会议主办方来会议中心考察的过程,而对于会议接待工作的措施只提出成立领导小组、向市政府有关部门汇报、培训员工三条,而且只有寥寥数语。

这种毛病反映为该写的没有写或写不好,而不该写的却占据大量篇幅。这种不得要领的长篇大论,必会遭到上级领导"打板子",只能重写。

(七)文字粗糙,错漏较多

文案中的文字粗糙,既有病句问题,也有用语、用词不妥以及错别字、标点符号错用问题。

案例4文案原稿开头的第一句话"吉林机械装备与技术展览会是吉林省机械行业联合会指导下,由长春伟迅展览公司联合吉林省机械行业会联合会共同创办于2010年的一个在国内具有较强吸引力的B2B展览项目",就是典型的病句。

原稿中文字表达的错误较多。例如,"2018年预计展览面积可达23000平米"。而面积的计量单位应为平方米,而不是平米。又如,"同时也成为长春市向外界展示良好的城市形象的一个窗口"和"同时还将举办数场大型智能制造技术与应用论坛和企业新产品发布会",这两句话中,"同时"一词后的"也"或"还"字,实为语义重复。

本章以上所评述的写作毛病,主要针对公文性、商业性的会展文案。有关会展新闻写作中的毛病,可参看第八章评述。

三、写作质量的考核

由于会展文案写作属于职场写作,写作者所在单位会对作品质量进行考核。单位考核分为两种情况。

（一）有指标的考核

这种考核主要是针对自媒体的新闻写作。如上海某著名展览公司对展览项目微信公众号（服务号）新闻生产的考核指标设计为：

每周发布4篇新闻，其中原创新闻不少于3篇，转载新闻可以有1篇；

展会开幕前一个月，每周发布新闻不少于6篇，其中原创新闻不少于4篇，转载新闻可以有2篇；

原创新闻的阅读量达公众号粉丝总数的5%为及格，达10%为优秀（公司规定，公司微信公众号粉丝总数须占展会现场观众登记总数的15%以上）；

每篇原创新闻被粉丝转发的数量不少于25次。

以上考核指标既有数量规定，也有质量要求。质量要求体现在阅读数量上。

必须说明，在该公司展览项目团队中（一个展览面积超过10万平方米的专业展会），从事自媒体新闻内容生产的小组由4人组成。其中，"文编"2人（负责写作新闻稿），"美编"1人（负责新闻的美术编辑），"网编"1人（负责网络编辑及维护）。该小组的新闻生产须根据项目营销工作计划而进行。每周三召开会议策划下周新闻内容（编前会）。会议由组长主持，项目营销负责人参加。根据需要，邀请项目销售负责人或销售代表参加（根据销售需要生产新闻，包括研讨特定人物的新闻专访事宜）。该公司展览项目按月对自媒体新闻内容的生产情况进行考核。考核结果与小组成员的收入分配挂钩。

（二）上级领导对于文案写作完成度的考核

会展文案是写作者为其所供职的会展机构而写作的。其中，事关单位重要事项的文案，在以单位名义发布、发表或提交（呈送政府部门或民间社团）之前，须经本单位领导审查批准（这种审查批准，包括上级领导的口头批准或文字批准的两种形态）。

文案经上级领导审查，未能获得批准发布、发表或提交，并被要求修改，可视为写作者的写作质量存在问题。如被要求"大改"（包括重写），可视为写作质量存在严重问题。如上级决定换人写作，则表明写作者不能胜任此项任务。因此，写作者的上级对于文案写作的考核，除涉及文案质量是否达标外，也关乎研判写作者是否适任。后者因关系到写作者的职业生涯，考核不佳的后果更为严峻。

第五节　培养良好习惯

提高写作能力，改善写作质量，需要长期努力。即便是从业经历丰富的职场写手，也需要持续充电，不断赋能，以适应形势变化和写作创新的需要。

本章前述内容，都与会展人提高写作能力有关。下面，着重从新手尤其是大学毕业生成长为会展写手的角度，就提高写作能力、改善写作质量的修养提出建议，即培养"四个习惯"。

一、养成阅读的习惯

"读书破万卷，下笔如有神"。唐代诗人杜甫通过诗句，形象地说明了阅读对于写作的重要影响力。

阅读对于写作的意义，在于扩充知识面，助益发散性思维。人类的知识构成中，间接知识远多于直接知识。而在间接知识中，通过个人阅读获得的知识占相当比例。在互联网时代，终身学习成为人的发展需要。而阅读是人自我学习的主要途径。阅读是写手获得宽口径知识的重要来源和激活发散性思维的动能之一。

阅读对于写作的意义，在于优化认知能力。通过阅读，写手在扩充知识面的同时，可以获得观察世界、认识世界的思想方法。认真学习马克思列宁主义、毛泽东思想、邓小平理论、"三个代表"重要思想、科学发展观、习近平新时代中国特色社会主义思想，认真学习党和政府的重要文件，认真学习法律法规，认真学习时事政治，对于写手树立积极的世界观、人生观、价值观，保持政治敏感度，坚持正确的政治方向，提高政治站位，具有极其重要的作用。

宽泛的阅读兴趣，有益于改善人的思想能力和审美意识。而思想能力和审美意识的持续改善，对于优化人的认知能力具有潜移默化的积极作用。如阅读《论语》，可以感知2000多年前孔子的思想方法，进而体会儒家学说。如阅读《红楼梦》，可以了解清代中期官宦家族的生活状况，领略中国古代小说巅峰之作的艺术成就及讲故事的方法。如做食品行业的展览项目，应经常阅读行业分析报告，掌握发展动态，以利与业内人士进行专业交流。

阅读对于写作的意义，还在于汇集和判断有价值的信息。但凡写作，就离不开素材。而素材大量来自人们可以接触到的信息之中。从海量的信息中筛选有价值的素材，在很大程度上要依靠阅读。写作者通过阅读，在审视素材的过程中通过去伪存真、去粗取精，提取有价值的素材用于写作。

养成阅读的习惯，就是培养自我学习的能力。而扩展阅读的范围，既阅读与会展业相关的内容，也阅读文史、政治、哲学、经济、科技等方面的内容，对于丰富知识、提升认知并保持学习热情，大有裨益。

阅读方式有泛读、选读、深读、浅读、审读、乐读、速读等。其中，泛读，也称为粗读，即粗略的浏览；选读，即有选择性的阅读；深读，也称为精读或研读，即因研究需要或因个人爱好进行的深入阅读、精细阅读或反复阅读；浅读，即浅层次、碎片化阅读（如通过手机阅读）；审读，即因审查需要而进行的阅读；乐读，即符合个人兴趣的阅读；速读，即快速的阅读。

阅读可分为纸读、网读、听读等形态。听读指通过网络音频"听书",如听"得到""樊登书屋"App所提供的音频节目。

一般而言,不喜欢阅读、不善于阅读,或阅读能力较弱的人,写作能力不会好,写作质量难以提高。因此,凡想提高写作水平、改善写作质量的会展人,尤其是希望成为合格或优秀会展写手的人,一定要重视阅读,养成阅读习惯。

二、养成深入思考的习惯

毛泽东说:"脑筋这个机器的作用,是专门思想的"(引自《学习和时局》)。围绕工作需要的职场写作,写作者从领受任务开始就进入了思想阶段。写作者在,领会写作意图、收集素材、谋篇布局、动手写稿,到文稿审校和交付的写作过程中,一直处于思想过程中。正因为人的思想活动支配写作活动,对于写作者而言,提高思想水平对于提高写作水平具有决定性的作用。

如政府会展项目的总体方案,必须写明举办该项目的"指导思想"。"指导思想"即发挥指引导向作用的思想。政府会展项目的总体方案中的"指导思想",就是主办方为举办该项目提出的具有指引导向作用的思想。在此类文案的写作中,"指导思想"具有开宗明义的作用,故而需要最先写出来。

此类文案中的"指导思想"部分,文字篇幅一般在200字左右,非常简短。因其既要成为全案内容的总纲,又要为全案内容的展开提供导引,而且只能抽象表达(务虚性质),往往十分难写。对于写作新手来讲,写好文案中的"指导思想"往往是检验思想能力和写作水平的一大课题。

写作此类文案中的"指导思想",写作者在动笔前必须深入思考,反复琢磨。我们以《海南国际旅游贸易博览会总体方案》(海南省政府2016年1月印发)为例,略做分析。该方案中的"指导思想"如下:

> 围绕国际旅游岛建设的战略定位,以海南国际旅游贸易博览会作为建设国际购物中心的重要载体,发挥"生态立省、经济特区、国际旅游岛"三大优势,积极融入"一带一路"国际战略,最大程度释放免退税购物政策效应,引领消费升级,提升商贸服务业和旅游业水平。转变政府职能,创建"企业主体、市场运作、政府推动"的会展模式,通过3—5年努力,将海南国际旅游贸易博览会打造成为国家级国际品牌展示交易、旅游购物、休闲娱乐等要素资源集聚的重要平台,培育国际化、市场化、品牌化展览,形成海南国际旅游岛又一张靓丽名片。

这段240字的指导思想由两个复合句构成:第一句写明了举办博览会的意义与作用;第二句写明了博览会的运作方法和发展目标。

第一句,包含了建设国际旅游岛、建设国际购物中心、"生态立省、经济特区、国际旅游岛"优势、"一带一路"、免退税购物、消费升级等宏观政策性概念。这些概念具有时代性、宏观性、系统性和原则性的特点,俱是博览会的创意来源。换言之,兴办博览会既是贯彻政策,又是为政策落实提供服务。

第二句提出了创建"企业主体、市场运作、政府推动"的会展模式,打造国家级展会的发展目标。第二句是第一句的延展,是对举办博览会的概括性、总体性的基本要求。

从宏观政策到基本要求,通常是写作政府会展项目总体方案中"指导思想"的套路。两种都是抽象表达,但第一句话的务虚程度高于第二句话。

对于写作者而言,写作《海南国际旅游贸易博览会总体方案》的"指导思想",需要熟悉创意博览会的政策来源,以及这些政策实施的相互关系(如建设国际旅游岛与建设国际购物中心的关系),同时需要从海南会展业的发展角度,把握博览会的发展定位(如转变政府职能与创建"企业主体、市场运作、政府推动"会展模式的关系)。写作者必须在研读相关政策文件,并与决策者沟通交流(听取并领会指示)的基础上,通过深入且反复的思考,形成对兴办博览会的认知。

必须指出,养成深入思考的习惯,并不仅仅是为了提高职场写作水平,更重要的是通过提升人的思想水平,不断改善人的素质,从而促进人的发展。

三、养成写作的习惯

写作属于人的一种技能。但凡技能,都需要长期练习,直至达到熟能生巧的程度。

职场写作并非在校学生的作文练习,而是职场写手的业务工作。因此,职场写手的练习往往是和业务工作需要结合在一起的。对于职场写手而言,除因个人兴趣进行的写作外(如写手在工余时间写小说,或通过网络媒体发表言论),根据本职工作需要进行的写作都是工作性质的写作。以练习的心态从事公务性质的写作,对于新手的成长乃题中应有之义。

新手养成写作的习惯,既有工作需要,也是自我修炼。所谓写作习惯,就是保持个人经常写作的状态,甚至于每天从事写作工作(会展项目营销人员中的文编,如运维自媒体一般会每天写作)。有此习惯的人,不会视写作为畏途,反而会因越写越好、越写越顺,且能在作品不断获得认可的过程中产生成就感,进而喜欢写作。达此境界,"习惯成自然"的写作就会更加得心应手,写作范围也会随着时间的推移而逐步扩大,最终让写作成为重要的从业技能。

四、养成修改文稿的习惯

"文章不是写好的,而是改好的",这是许多优秀写手的经验之谈。其意思是,文章很难一次写好,往往需要多次修改才能达成写作质量。历来的文章大家,对自己的文章都会反复修改的,直至满意为止。被誉为中共党内"一支笔"的胡乔木(曾长期担任毛泽东的秘书),总是反复修改自己撰写的文章,包括已经发表的文章。每看必改,是胡乔木的写作习惯。

想提高会展文案的写作质量,写作者一定要养成修改文稿的习惯。修改文稿分为两个层次:一是自行审读后进行修改;一是上级审查后进行修改。

自行修改,是写作者在完成文稿后,自己通过审读发现问题,并进行修改。这种修改一般是对文稿文字进行纠错、调序和润色。纠错,指纠正病句,改正错别字、标点符号错误;调序,指调整段落的次序或文句的语序;润色,指推敲文字的修辞。这种修改虽不涉及文案的结构,且兼有校对性质,但属于文稿送审前的修改,所改均为写作中的常识性错误或毛病,非常有必要。如不自审修改,送审后经上级指出文稿中的常识性错误或毛病,写作者将颇为不堪。

上级审查后的修改,是写作者根据上级审查文稿后提出的意见进行的修改。按上级的意见,修改文稿的程度可分为"大改"和"小改"两种。"大改"涉及调整文种体裁、改变文案结构,补充观点及资料等方面。其中,推翻原稿的重新写作,是"大改"意见中最为严厉的要求。"小改"一般不会伤筋动骨,审查者动笔改动也是一种修改。对于推倒重来的"大改",写作者不要有抵触情绪,要根据审查意见再次写作。这种"大改"对于提高写作水平大有助益。

较之上级审查后的修改,自行修改应成为撰写者的自觉行为和习惯性动作。不愿意或不善于自行修改的人,文案写作水平和作品质量不可能提高。

轻声阅读文稿,是许多文章大家自审文稿的常用方法。凡读得不顺畅的地方,一般是文字表达有问题的地方。为提高文稿的自审水平,会展文案的写作者可以借鉴这个方法。

五、养成收集文本案例的习惯

基于模块化、格式化、清单式的写作方法,在会展文案尤其是公文性质文案写作中应用广泛。因此,收集有代表性的文案案例以为借鉴,是有经验的写手经常要做的功课。

收集会展文案案例,主要是收集知名、大型、特色展会项目的文案,一般是通过公开渠道,如网络进行收集。收集后,要仔细阅读,建立印象,并用电脑分类存档,以便利用时查找参考。阅读收集的文案案例,应研究案例的结构、格式,洞察撰写者的写作思路,同时体会文字表达的风格或独到之处。

思考题

1. 如何领会文案的写作意图？如果需要与布置写作任务的上级沟通，主要讨论哪些问题？

2. 为什么说没有章法的文章，在传播信息时非但不能产生效果，甚至可能产生反作用？

3. 为什么说"言之无文，行之不远"？

4. 为什么说展会开幕式的新闻稿中"来自国家级协会、国务院部委、中国工程院、国际500强的领导登上典礼台"是病句。病在哪里？请尝试修改。

5. 成为会展写手有哪些益处？

附录

扫码阅读附录一

 党政机关公文处理工作条例

扫码阅读附录二

 党政机关公文格式

扫码阅读附录三

 新闻报道中的禁用词(第一批)

参考书目

[1] 张凡.会展策划[M].武汉:华中科技大学出版社(修订版),2019.
[2] 张凡,张岚.展览项目管理[M].武汉:华中科技大学出版社,2021.
[3] 陈涛涛.党政机关公文写作实用精解[M].3版.北京:中国法制出版社,2016.
[4] 徐成华,孙维,房庆,等.GB/T 9704—2012《党政机关公文格式》国家标准应用指南[M].北京:中国标准出版社,2012.
[5] 王益峰.企事业单位公文写作 讲稿撰写 活动策划[M].北京:人民邮电出版社,2016.
[6] 万盛兰.职场写作从入门到精通[M].北京:人民邮电出版社,2021.
[7] 张剑虹.合同文书写作实用模板与范本[M].北京:中国纺织出版社,2011.
[8] 木下是雄.报告的写作技术[M].奚望,监译.日研智库,译.北京:海洋出版社,2014.
[9] 谢东江.麦肯锡文案写作与沟通技巧[M].北京:北京时代华文书局,2017.
[10] 布拉德伯恩,萨德曼,万辛克.问卷设计手册:市场研究、民意调查、社会调查、健康调查指南[M].赵锋,译.重庆:重庆大学出版社,2011.
[11] 洪佳士.怎样写新闻:与初学者谈新闻专业写作技巧[M].杭州:浙江大学出版社,2014.
[12] 许颖.新闻采访与写作[M].北京:中国传媒大学出版社,2011.
[13] 詹新惠.网络新闻写作与编辑实务[M].北京:中国传媒大学出版社,2011.

后记

《会展文案写作》是华中科技大学出版社"会展实务丛书"中的一本,2018年6月出版,当年修订出了第二版。三年以来,此书多次加印,不但成为许多高校的教材,而且成为广大会展业者的培训课本和手边书。

此次修订第三版耗用三个月时间。与第二版比较,第三版有如下变化:

一是,根据高校老师和业者的建议,增加了第九章"写手修炼"。同时调整了第一章"导论"中与此重合的内容。第九章系统梳理了会展文案写作的方法论。这一梳理既是对前八章所涉多种会展文案写作方法的总结,以求反映写作方法的普遍规律;同时从培养"会展写手"的角度,向学习者介绍了提升素质、自我修炼的方法与路径。编著者认为,方法论对于掌握写作技能、提高写作能力至关重要,具有"一通百通"的作用。

二是,根据新颁行的《中华人民共和国民法典》,对第四章"合同"进行了修改。

三是,根据会展营销中新闻内容生产的需求,在第八章"新闻"中增写了"人物访谈新闻的写作"。在会展项目及时性新闻的写作中,人物访谈新闻日益成为项目自媒体内容生产的热门,但写作难度较大。故而增写以满足学习者需要。

四是,由于增写第九章"写手修炼"以及"人物访谈新闻的写作",新增了案例。

五是,对全书文字再次进行修辞及润色,修改有数十处。

六是,修改了包括课件在内的教学辅导资料,以利高校教学。

第三版请广州大学杨铭德先生、31会议研究院杨正先生、广东省组展企业协会刘勇先生协助校对,特表感谢。

《会展文案写作》是高校会展专业大学生和从业者训练应用技能的"教科书+工具书"。希望各位专家、学者、业者和读者继续指教第三版,让我们与时俱进,共同为中国会展业的发展出力。

张凡
2023年10月于武昌

教学支持说明

会展实务丛书系华中科技大学出版社"十四五"规划重点教材。

为了改善教学效果,提高教材的使用效率,满足高校授课教师的教学需求,本套教材备有与纸质教材配套的教学课件(PPT电子教案)和拓展资源(案例库、习题库视频等)。

为保证本教学课件及相关教学资料仅为教材使用者所得,我们将向使用本套教材的高校授课教师赠送教学课件或者相关教学资料,烦请授课教师通过加入旅游专家俱乐部QQ群或公众号等方式与我们联系,获取"电子资源申请表"文档并认真准确填写后发给我们,我们的联系方式如下:

地址:湖北省武汉市东湖新技术开发区华工科技园华工园六路

邮编:430223

电话:027-81321911

传真:027-81321917

E-mail:lyzjjlb@163.com

旅游专家俱乐部QQ群号:306110199

旅游专家俱乐部QQ群二维码:

群名称:旅游专家俱乐部
群　号:306110199